日本植民地研究会編

日本植民地研究の現状と課題

［執筆者］
岡部牧夫／戸邉秀明／三ツ井崇／谷ヶ城秀吉
竹野　学／千住　一／山本　裕

アテネ社

序　文

小林　英夫

多くの学問がそうであるように、植民地研究もまた時代の要請の変化や研究者の関心の移行にともない方法論や問題点が変容を遂げることは避けられない。もっともそうした変化の道筋をきちんと整理することは、今後の方向を予測するためにも必要不可欠なことである。

本書の目的は、植民地研究のこれまでの歩みを課題別（帝国主義論、ポストコロニアリズム）、地域別（朝鮮、台湾、樺太、南洋群島、満州）に整理し、残された課題と今後の研究方向に示唆を与えることにある。この課題は、一見容易に見えるが、大変困難な問題を内包している。というのは、方法論の軸足を帝国主義論に置くか、それともポストコロニアリズムに置くかで、整理の視角も問題点も微妙なずれを見せ、両者は混ざり合いながらも、なかなか融合することが困難な点を含んでいるからである。帝国主義論が植民地問題を支配と抵抗の論理から分析するのに対して、ポストコロニアリズムは脱支配と抵抗の多様性もしくは融合の論理から分析するため、両者はメダルの表裏の関係にありながらも、その強調する側面にズレが生じているのである。このズレの背後には、東アジアで日清戦争後の台湾占領を契機に帝国形成の道を歩み、一九四五年の「大東亜共栄圏」の崩壊をもって東アジアの主役の座を降り、その後は専ら己の経済成長とアジアへの経済力の影響を希求した日本と、逆にその後民族独立闘争を通じて同地域のかつての欧米日植民地が独立を達成し、脱植民地化の道を歩んできたという、両者の歴史的事実の並存が横たわっているからである。

そこで直面した問題には、かつての植民地遺制の負の側面が色濃く残存したことは事実だが、脱植民地化のプロセスはそれだけにとどまることなく、新しい問題も内包していた。それは、植民地支配からの脱却とともに生ずる新しいシステムの構築に際し、これまでの遺制と称するものの中で打ち捨てられるか、過小評価されてきた諸要素─ジェンダー、マイノリティ、宗教や文化活動、生活、スポーツ、和解と共生、記憶と記録などなど─に再度光を当てる必要性が生じてきたのである。それは単に負の遺産の告発という側面だけではなく、告発という内実を否定するものではないが、それにとどまるものではなく、さらに脱植民地化へ向けた諸要因への素材提供の意味合いも含めて問題提起がなされてきているのである。

本書では、帝国主義論を岡部牧夫が、ポストコロニアリズムを戸邉秀明がそれぞれ担当している。岡部は、長年日本植民地研究を手掛けてきた「長老」だし、戸邉は主として沖縄近現代史を専門としながら、ポストコロニアリズムについても積極的に発言している新進気鋭の「若手」歴史研究者のひとりである。帝国主義論とポストコロニアリズムからそれぞれが植民地問題の整理を行い、将来展望を提示するという「仕掛け技」は、日本植民地研究会ならではのものではないか、と心ひそかに自負しているわけである。したがって、両者の論点の相違や共通点などは、読者の判断にゆだねられるべきであって、私がここで筆を挟む内容ではない。

地域という点では、朝鮮、台湾、樺太、南洋群島、満州の五地域が学説史整理の対象とされる。満州全域を植民地と定義すべきか否かに関しては、議論の余地もあろうが、実態から判断すれば、南洋群島も含めて植民地研究の担当領域として設定することは、あながち唐突とはいえまい。この地域に関しては朝鮮を三ツ井崇が、台湾を谷ヶ城秀吉が、樺太を竹野学が、南洋群島を千住一が、満州を山本裕がそれぞれ執筆担当した。いずれも植民地研究をこれから担う若手の研究者である。

この地域の研究史整理と展望も、先の課題別研究整理の時と同様、一見簡単そうに見えて、いざ着手してみるとさまざまな困難に逢着する。第一これらの地域は、植民地というタームで括るにはあまりに多様すぎることだ。かつて私は『「大東亜共栄圏」の形成と崩壊』（御茶の水書房、一九七五年、増補版二〇〇六年）という書物を上梓したことがある。私の処女作だから記憶に鮮明なのだが、台湾、朝鮮、満州、中国占領地、南方占領地を資金、資材、労働力の三点から植民地・占領地の戦時「工業化」政策に関して論じた際、その共通項でこれらの地域を括ることに苦労した。既存の動員機構を活用しながら戦時動員をかけるわけだが、それぞれの地域で植民地化前の機構が異なるため、同一歩調をとることがすこぶる困難な事情が存在していたのである。仮にそのカバーする範囲を植民地である台湾、朝鮮、満州だけに限定した場合でもその苦労が軽減されることはあるまいと思われたほどである。

日本に植民地化される以前の状況は各国で異なるし、植民地化されたあとでもその歩みには異なる内容が包含されているからである。極論すれば、ロングランで考えれば植民地化されたという点を除けば共通点が稀薄であるとさえいえる状況で、植民地化状況を整理し、問題点を出すこと自体に無理があるともいえるのである。しかし植民地化されたという一点にこだわって強引とも言える手法で、これらの地域をひとまとめにして整理するというのも、これまた課題発見という点では意味のあることで、この過程を通じて、相互の違いが検出できるという利点があるのである。それが特に意味を持つのは、脱植民地化過程で、この植民地体験が多様な遺制として、戦後の過程に陰に陽にその影を落としているからである。したがって、ポストコロニアルの課題を検討する素材は、これまでの植民地研究の蓄積の中には有り余るほど残されているわけで、元来帝国主義論で扱う対象とポストコロニアリズムで扱う対象は、おそろしいほどにオーバー・ラップしているのである。現に今回対象とされた各地域別問題整理をみても、帝国主義論的道筋とポストコロニアル的道筋が混交して絡まりついている論考が多い。研究史整理を戦後の、とりわけ二〇〇〇年以降にまで延長してフォローすれば、こうした事態は当然起きる事柄だと言わなければならない。

その意味では、帝国主義論とポストコロニアリズムの対比の中で、地域レベルで表れているさまざまな素材を通じた両者の擦り合わせは必ずしも不可能なことではないように思われる。問題は、そうした素材の提示が大前提になるわけで、今回の地域別研究史整理は、素材の振り分けを行ったという意味でその一助になるものと確信している。本書の序文を書くに当たって、次回企画されるであろう書物の課題を提示するというもの気の早い話だが、そうした意味で、今後の植民地研究の貴重な第一歩だという位置づけを持っているわけである。

そうした作業にまで突き進むには、さらにいくつかの方法が考えられる。戦後研究の領域には、台湾、朝鮮、満州であれば、欧米および現地での研究者の優れた研究に直面することが少なくない。彼らの植民地時期の時代認識は、当然のことながら、日本人のそれとは大きく異なるわけで、この点の交流と吸収の成果は、戦後の展望を考察する際に貴重な視角を提供してくれる。今回は日本人の研究を中心に据えるなかで、こうした外国人の研究を取り上げたが、それとは反対の取り上げ方もあり得るだろう。また今回は植民地地域の学説史整理に集中したが、今後は中国占領地や南方地域の問題に関しても考察の領域を拡大する必要があろう。さらには、今回は帝国主義論とポストコロニアリズムを総括の章に据えたが、実は、近年の学問分野の広がりは、境界領域での研究成果を内包しつつ、社会学、人類学、心理学、医学といった多彩な分野からの植民地研究を包含しつつ研究は広がりを見せ始めている。その意味では、帝国主義論とポストコロニアリズムでは括りきれない多様な分野の研究を、大きく自然科学と人文・社会科学分野に分けた大括りでの分野設定が必要となるかもしれない。

本書は、そうした課題を内包してはいるが、今回の植民地地域の研究成果の整理と将来展望の提示という作業は、日本植民地研究会としては初めての試みだといわなければならない。二〇〇六年の日本植民地研究会全国研究大会における共通論題諸報告をベースに、その成果がこうしたかたちで一冊の書物として結実したことは、これまでの日本植民地研究会の歴史にはなかったことで、これ自体が、植民地研究にとって画期的なことだといわなければならない。

振り返って見れば、日本植民地研究会が発足してから、およそ二〇年が経った。発足当初は、毎回報告者を決めての月例会の連続だったが、会の連続性を保持するというのが、最大の課題だったように思われる。系統的な研究会を持つというところまではいかなかったし、ましてや植民地研究の学説検討などは思いもよらなかった。当時は牧歌的な雰囲気のなかで、今にはない会員相互の忌憚のない論議があったことは事実だが、そのぶん、現在のような体系性を求めるところまではいかなかった。その意味でもこうしたかたちで植民地研究の学説史検討の書物が世に問われることは会の運営の一端にかかわったものとしては無常の喜びでもある。

むろんこうしたかたちで本書が世に問われるには、多くの方々の協力と支援があってのことであることはいまさらいうまでもない。企画全般にわたり労を惜しまずに努力された安達宏昭編集委員、須永徳武事務局長、及び執筆者各位にお礼を申し上げるとともに、本書ができる限り多くの読者の目にふれんことを念願する次第である。

凡例

一、年号は西暦を用いた。

二、漢字の正字・旧字は、おおむね常用漢字を使用した。ただし、歴史的用語については、執筆者の判断に委ねたものもある。

三、日本の植民地支配にともない使用されたが、今日では不適当な呼称（「満州」「満州国」「満蒙」「支那」など）である地域名については、本来「　」を付すべきだが、当時の歴史的用語としてそのまま表記し、目次・本文では原則的に「　」を省略した。また、当時の用語についても、同様の措置をとった。

日本植民地研究の現状と課題

目次

序　文　――小林英夫

凡例

◉第1部　方法論の視点から

第一章　帝国主義論と植民地研究　――岡部牧夫

はじめに　………20
第一節　日本における帝国主義論の問題関心　………20
第二節　戦後植民地研究の出発　………24
第三節　植民地研究の多様化と問題性　………27
おわりに　………37

第二章　ポストコロニアリズムと帝国史研究　――戸邉秀明

はじめに　………56
第一節　ポストコロニアリズムの歴史的文脈　………57
一　その発生現場と問題関心
二　日本における差異の位相
三〈課題としての植民地〉の現在
第二節　日本植民地研究の現状と問題群　………63

一　文化論的転回
二　空間論的転回
三　脱植民地化／脱帝国化のゆくえ
おわりに　………77

◉第2部　地域の視点から

第三章　朝　鮮　――三ツ井崇

はじめに　………92
第一節　戦後朝鮮史学のなかの植民地期研究　………93
一　通史・概説書の刊行、研究史整理とアクセス
二　戦後史学史のなかの植民地期朝鮮像①
三　戦後史学史のなかの植民地期朝鮮像②
第二節　政治化する歴史認識問題　………100
一　歴史認識問題に関する政府の関与
二　日韓における歴史認識問題
第三節　争点化する「近代」　………105
一　「植民地近代化論」
二　「植民地近代論」
三　「植民地近代」・「植民地公共性」・対日協力
おわりに　………112

第四章　台　湾　――谷ヶ城秀吉

はじめに　……122
第一節　台湾史研究の位置　……125
一　台湾史研究の位置
二　台湾史研究へのアプローチ
第二節　日本における植民地期台湾史研究　……127
一　一九九〇年代までの植民地期台湾史研究
二　一九九〇年代以降の植民地期台湾史研究
第三節　植民地期台湾史研究のフレームワーク　……133
一　ナショナル・ヒストリーとしての植民地期台湾史研究の動向
二　日本近代史としての台湾
三　帝国史研究
四　新しい視角と植民地期台湾史研究
おわりに　……140

第五章　樺　太　――竹野　学

はじめに　……156
第一節　一九九〇年代までの樺太史研究　……157
一　戦後における樺太史「通説」の形成
二　「通説」批判
三　経済史以外の分野と樺太関係資料目録の整備

第二節　一九九〇年代以降の樺太史研究の動向……159
一　樺太史研究の変化
二　経済史研究での進展
三　民族問題
四　対象領域の拡大
五　資料基盤の充実
第三節　海外研究者による樺太史研究……166
一　通史的研究
二　サハリンにおける研究の進展
第四節　今後の課題……167
一　比較分析の有効性
二　「南」樺太の再発見
三　日本人とロシア人の「共生」
四　未解明の課題
五　資料に関する問題
おわりに……174

第六章　南洋群島　――千住　一

はじめに……188
一　本章の目的
二　南洋群島統治の概要
第一節　研究の動向……190

一　一九八〇年代までの動向
二　一九九〇年代の動向
三　二〇〇〇年代の動向
四　考察対象別の動向
第二節　研究の環境　………194
一　機関ごとの所蔵状況
二　文字史料の復刻状況
三　沖縄における取り組み
四　研究動向との関わり
第三節　研究の方向性　………201
一　史料への着目
二　未着手領域への着目
三　視点の多様化への着手
四　南洋群島研究の新たな課題
おわりに　………207
一　南洋群島研究に対する評価
二　南洋群島経由の日本植民地研究へ

第七章　満　州　——山本　裕

はじめに　………218
第一節　研究サーヴェイ論文において提出された成果と課題　………219
一　日本帝国主義史の立場から見た成果と課題の整理

二　「満州国」政治史の立場から見た成果と課題の整理
第二節　研究トピックの現状　……221
一　「帝国史」・「帝国」研究の現状
二　「帝国」研究で提起された課題に、研究はどう応えたのか
第三節　新たな論点の提起と考察　……226
一　「満州支配・侵略」研究・再考
二　満州経済史・産業史・企業史研究の現状
三　新たな『研究の「担い手」』の登場
おわりに　……237
あとがき　――須永徳武・安達宏昭　……249
執筆者一覧　……254

第1部

方法論の視点から

第1章

帝国主義論と植民地研究

岡部牧夫

はじめに

この章の目的は、日本の歴史学ないし社会科学の展開において、その基本的な認識枠組の一環である帝国主義論の視点から、植民地の諸問題がどのように研究され、論述されてきたかを長期的にふりかえり、今後の植民地研究の課題を模索することである。まず戦後早い時期の実証的植民地研究をとりあげ、その通奏低音に戦前からの歴史を持つ帝国主義論があったことを確認し、それを現在の多様な研究に接続させて、読者がより長期の視点と複合的な視野から研究史の意味を理解し、あらたな理論問題と実証研究の領域を発見する手助けになるよう心がけた。

第一節　日本における帝国主義論の問題関心

日清戦争以来、日本は植民地の獲得・拡大を重ね、東アジアで唯一の帝国主義国家を形成した。そして一九三〇年代には、ファシズムと総力戦の体制を構築し、そのなかに国民の全階層を強制的に包摂・同質化した。この十五年戦争の過程では、歴史学・社会科学などの客観的で批判的な学問は、権力による弾圧をうけて低迷せざるをえなかった。十五年戦争の完全な敗北をうけて再出発した戦後の社会科学にとって、当面の緊要な解決課題が、日本の帝国主義、天皇制、ファシズムの本質解明にあったのはごく当然である。ただ、帝国主義論についていえば、戦前・戦中にも一定の重要な研究蓄積があったことを忘れてはならない。

日本の資本主義化が、先進国に比べて後発的なだけに、明確な政策意図をもって急速に進められ、きわめて短期間に生産の集積をとげ、独占段階に達して帝国主義化したのは周知のとおりである。このことは学界では戦前から常識になっていた。ホブスン、ヒルファーディング、レーニンなど、社会主義・マルクス主義の帝国主義論はすでに一九二〇年代から翻訳されており、[1] それをうけて矢内原忠雄、猪俣津南雄、細川嘉六らをはじめ、帝国主義論や植民地研究の先駆的な業績も少なくなかった。[2]

ホブスンは帝国主義を、全体としての国民の経済的利益に反するものの、金融資本家の利益には合致することを多角的に論証した。彼が念頭においている金融資本家の典型はロスチャイルドやモーガンなどの独占的な国際金融財閥である[3]。そして、帝国主義の植民地獲得の要求の基底にあるのは、商品と市場の過剰であると考えた。ヒルファーディングは、近代資本主義の特徴を、独占化による「競争の止揚」と、銀行資本と産業資本の癒着による金融資本の形成にもとめた[4]。この両者の帝国主義研究を批判的に摂取したレーニンは、(一) 生産と資本の高度の集積、(二) 銀行資本と産業資本の融合による金融寡頭制の成立、(三) 商品輸出とならぶ資本輸出の重要性の獲得、(四) 資本家の国際的独占団体による世界の分割、(五) 資本主義列強による地球上の領土分割の完了の五点を帝国主義成立の条件とし、そのような発達段階における資本主義を帝国主義と定義した[5]。

日本の戦後歴史学・社会科学では、このレーニンの帝国主義規定をそのまま踏襲して議論することが多かった。とくに一九五〇、六〇年代にはその傾向が著しい[6]。しかし、日清戦争から日露戦争にかけての日本の植民地獲得は、資本主義が生産に関しても資本の面でも独占段階に達しておらず、金融資本の成熟も不充分な時期に行われており、明らかにレーニンの定義とはずれがあった。この問題が古くから論者を悩ませ、日本資本主義の発達の特殊性をめぐる煩瑣な論争をひき起こしたのは周知のとおりである。

村上勝彦は植民地研究の立場から簡潔にこの論争にふれ、「日本帝国主義成立に関する理論的困難は、『レーニン説』に依拠した時の独占資本主義未成立と侵略主義を中心とする政治的特徴との乖離の存在」であるとした。そしてその打開法として、(一) 帝国主義を政治的範疇に引きよせつつ独占資本主義成立を世界的段階としておさえる労農派の立場、(二) レーニン説によって独占資本主義の成立を近代的帝国主義の前提とし、日本の場合は近代的帝国主義の一変種である軍事的封建的帝国主義であったとする軍封帝国主義論、(三) 社会の経済基盤と成立した帝国主義との日本的特質や独占の段階的進展に注目する説が出されたとのべている。そして「日本帝国主義成立における一つの鍵は、『資本主義確立＝帝国主義転化』説が時間的同時性の確認にとどまることなく二者の有機的関連性において究明されることにある」とする[7]。論争史の整理および今後の研究課題としてはそのとおりである。

しかしレーニンの帝国主義論は、当時最先端の資本主義国である独、仏、英、米の事例を論拠にした議論であり、そこでの帝国主義の定義は、すべての時代、すべての国に適用される法則のようなものではない。レーニン自身、「およそ定義というものは現象の全面的関連をその完全な発展においてとらえることはけっしてできない」と明記し、「あらゆる定義につきものの制約的・相対的な意義をわすれることなしに」と断ったうえで上記の五つの条件を示している。また、このような純経済的概念だけでなく、帝国主義の段階が資本主義一般にもつ歴史的地位や、労働運動の傾向と帝国主義との関係を念頭におけば、「帝国主義はこれとは別様に定義することができるし、また定義しなければならない」とものべている。自分の帝国主義定義を金科玉条にするなと、あたかも後世の学問の展開を予測するかのように釘をさしているのである。

後発の日本資本主義の経歴を「現象の全面的関連」のなかに組みこんで考えれば、世界史の現実はすでに帝国主義の段階に達しており、その列国対峙の国際体制への参入を政策目標とした日本が、独占段階以前で金融資本も未成熟なうちに、意図的・早熟的に植民地を獲得し、資本輸出を策したとしてもなんら不思議はない。そのような後発帝国主義の存在を前提とする新しい帝国主義の定義を、必要に応じてつくればよいのである。現にレーニン自身、『帝国主義』の執筆を準備する過程でそれを実践した。のちに刊行される『帝国主義に関するノート』で、独立国だが金融的には英米などに従属する日露戦後の日本などにあたえた、β型資本主義国なる規定である。[8]

この定義によれば、日本資本主義の特質は、日清・日露戦争をへて軍事力を突出させ、独占段階以前に早熟に帝国主義化し、その過程で先進国に金融的に従属しつつ、β型帝国主義国としてγ型（半植民地）の中国とδ型（植民地）の朝鮮を支配したところにある。

日本資本主義論争は、一面では理論的な議論を大きく発展させ、それがそのつど新たな実証研究を促したが、論争の発端は、現実の歴史過程を定義に合わせて説明しようとする論理の逆転から生じており、その意味では非生産的な議論だったともいえる。日本の歴史学・社会科学は、マルクス主義の現実への適用という問題意識に強く規定されてきた。日本資本主義論争はその一環であり、帝国主義認識をめぐる理論上の多様な議論もその一翼に連なる。理論問題に多くの精力を注ぐことは、学問構成をいわば頭でっかちにしがちであるが、戦後、学問の再出発にあたっては、理論問題を整理することが緊要の課題だという必然性を持っていた。十五年戦争をもたらした日本資本主義・日本帝国主義の歴史的性格、世界史のなかでのその独自性と普遍性、天皇制との関連などの諸問題が、同時代史の失敗の強烈な記憶をともなって、研究者の主体的関心をさそったのはあまりにも当然のことであった。

この失敗の結果植民地をすべて喪失し、日本人の旧植民地への残留も連合国によって原則的に否認されたことは、敗戦直後の時期に植民地の研究を著しく停滞させる要因になった。過ぎ去ったことは忘れてしまうような社会的心理も働いただろう。それに、当時は学問への権力による干渉がなくなっただけで、戦前・戦中の研究環境が根本的に改善されたわけではなく、植民地の実証的研究に不可欠な一次史料もごく限られていた。このような研究動機の減退と史料の不足は一九六〇年代のはじめまで続いた。注（2）にあげた柳沢・岡部編のアンソロジー『展望日本歴史　二〇（帝国主義と植民地）』（以下、『展望日本歴史』と記す）の「解説・帝国主義と植民地」は、戦後研究史の具体的な概説であるにもかかわらず、一九六〇年代以後のものしか取りあげていない。後述のように、それ以前にも成果がないわけではないから、その点でもこの解説は不充分だったと思うが、一九五〇年代までは植民地研究への関心が全般に低調だったことは否めない。

そのなかで例外的なのは、一九五〇年に出た井上晴丸・宇佐美誠次郎『国家独占資本主義論―日本経済の現段階分析』[9]である。この本は前編「戦争経済と国家独占資本主義」の第二章「危機の激化と国家独占資本主義への移行」で大恐慌を契機に植民地侵略への衝動が高まったことを指摘し、三「植民地における日本資本主義」という節を設けたほか、第三章「植民地侵略と国家独占資本主義」で十五年戦争期における国家独占資本主義の成立と植民地支配との関係を分析し、帝国主義的収奪の実態を活写した。これらの論稿は、『潮流』一九四八年一月号初出の「戦争経済の遺産」（井上・宇佐美・内田義彦）を端緒とし、同年一〇月号からはじまる特集「日本ファシズムとその抵抗線」のための研究会に触発されて書きつがれ、翌年七月の「国家資本主義と人民民主主義」で完了した[10]。植民地支配の一次史料がほとんど知られていない時期にもかかわらず、具体的な事実を広く指摘して国家独占資本主義の構造的把握をおこない、講座派帝国主義論の理論水準を高めた先駆性にあらためて驚かされる。目前の世界史の動向を直接反映して、人民民主主義の実現による国家独占資本主義の革命的止揚を予想する後編の部分には大きな難点があるが、この研究は、マルクス主義に立脚するのちの経済史研究者に顕著な影響を与え続けた[11]。

第二節　戦後植民地研究の出発
――一九五〇・六〇年代

戦後の歴史学・社会科学の認識枠組の一環に、帝国主義論が大きく位置づけられたのは、日本帝国主義が十五年戦争期に、自国民と植民地人民の権利を徹底的に抑圧し、戦争違法化体制を模索する国際情勢に背をむけ、無秩序な競合状態に固執して、非抑圧民族の解放運動の趨勢や、先進連合国の一定の民主的な国民動員体制から見て明らかに時代錯誤の政策を推進したためである。国民がそれに対して有効に抵抗できなかったことへの反省も学界に共有されており、研究者には、この同時代的失敗と破滅を徹底的に批判し、総括しなければ、戦後の日本の針路に展望は開けないという思いが根づよかった。課題の核心は、日本帝国主義と、それを体現した国家体制である天皇制、およびその戦時期の形態としての日本ファシズムの、歴史的特性をそれぞれ解明することにあった。こうして必然化した帝国主義論・天皇制論・日本ファシズム論の枠組は、当面、それ以外の近現代史認識の方法を想起させないほどの自明性を備えていた[12]。

帝国主義論による日本資本主義の特質解明の営為は、戦後初期には帝国主義本国の政治経済構造を直接の対象に行われた。井上・宇佐美の指摘はあったものの、植民地問題への関心は、前述した植民地の喪失や史料的制約による研究の動機づけの低下もあって、相対的に希薄だった。しかし一九五〇年代になると、植民地・占領地の諸問題を研究や歴史認識の対象に組み入れる姿勢が端緒的にあらわれてきた[13]。

たとえば、一九五〇年代のはじめにすでに植民地時代をふくむ朝鮮史を刊行し、のちの朝鮮史研究の盛行をリードした旗田巍[14]、続いて三・一運動研究に先駆的論考を発表した山辺健太郎[15]、アジア太平洋戦争期の東南アジアの抗日運動の研究をはじめた谷川栄彦[16]、朝鮮の植民地化をめぐる研究に従事したが早逝した李在茂[17]らの仕事がその代表である。また五〇年代後半には早稲田大学を舞台とする注目すべき共同研究がはじめられた。ひとつは社会科学研究所の西島重忠、岸幸一らによる『インドネシアにおける日本軍政の研究』[18]であり、もうひとつは政治経済学部の安藤彦太郎を中心とする満鉄史研究グループの活動である。後者は一九五九年に機関誌『研究ノート日中問題』を創刊して研究を進め、その成果をもとに『満鉄―日本帝国主義と中国』[19]を公刊した。

前者は、外務省や防衛庁の所蔵する公文書をはじめ、日本の新聞社が占領地で発行した新聞、関係者の聞き書き、インドネシア側の文献など、史料を広範囲に収集して行われた点で、時期的にみてその先端性がきわだっている。これに関係したメンバーは、以後長くインドネシア研究にたずさわり、その分野をリードした。後者の場合は、おもに『日本外交文書』、要路者の伝記・日記、会社の社史や統計、『満洲共産匪の研究』といった公刊史料に依存し、未公刊一次史料の発掘という点では『勝田家文書』が利用されている程度である。しかし、中国における国際競争と民族運動のなかで権益の伸張を画策する日本帝国主義の位相を、基本的な事実を踏まえながら実証的に解明し、のちの満州・満鉄研究の盛行の基礎をおいたことは高く評価できる。メンバーが『研究ノート日中問題』その他の場に発表した論考にも優れたものが多く、のちの植民地研究にこのグループが果たした役割はきわめて大きい[20]。

また一九五〇年代には、南とく子、藤原彰子といった女性研究者が登場したことも注目される[21]。南はのちに大森姓となり、朝鮮を中心とする植民地経済史の分野を開拓した。

こうした先行研究をうけて、一九六〇年代には、研究者の努力により史料の発掘や見なおしがすすめられ、意欲的な実証研究が多数あらわれるようになった。たとえば日本の満州支配をおもに政治外交史の面から把握しようとした鈴木隆史[22]、日本帝国主義の朝鮮支配と民族運動の両面の統一的把握を指向した宮田節子[23]、前述の仕事を発展させ、同様に日本の朝鮮支配の確立過程、統治の実情、民族運動の本格的実証をおこなった山辺健太郎[24]、在日朝鮮人の立場で十五年戦争期の朝鮮人強制連行の実態にせまり、また独立運動の推進主体を解明した朴慶植[25]、植民地地主制の研究を皮切りに、日本帝国主義の植民地支配とそれへの抵抗運動全体の研究に視野をひろげる一方、若い研究者を糾合して意欲的な共同研究や研究会を組織した浅田喬二[26]、植民地の工業化と労働者の対抗から出発してやがて日本帝国主義の植民地全体の歴史像の構築にむかう小林英夫[27]らの業績がそれである。

このほか一九六〇年代には、野村浩一、森芳三、宇佐美誠次郎、権寧旭、萩野敏雄、菊地貴晴、桑野仁、佐藤昌一郎、吉田和起、梶村秀樹、姜徳相、秋定嘉和、朴宗根、毛里和子、渡部学、中塚明、緑川勝子、利谷信義、西川宏、平野健一郎、松村高夫らが実証研究論文をつぎつぎに発表している[28]。このように、戦後植民地研究の基本的な問題枠組は、六〇年代にさだまったといってよい。それに触発されて、つぎの時期に活躍する世代も研究に着手した。

一方、日本経済が復興期をへて成長期をむかえ、独占資本主義が復活するのに歩調をあわせ、こうした研究状況に対抗するように、旧植民地関係者や一部の国民のあいだに、かつての日本の統治と対外政策を美化する、いわば帝国主義的歴史観も一九六〇年代に台頭した。『満州開発四十年史』、『ああ満洲』、『満洲国史』などの懐古的歴史記述、林房雄の『大東亜戦争肯定論』などがその代表である[29]。学界でも理論的把握を問題関心としない実証至上主義が次第に強まってきた。防衛庁の協力で旧陸海軍史料を縦横に利用した、日本国際政治学会の共同研究『太平洋戦争への道』[30]は、帝国主義論に対抗する実証主義の好例である。

また一九六八年には、明治維新百周年と銘打ち、政府のイニシャティヴで日本の近代化を無批判に讃美する一大キャンペインが行われ、国民の素朴なナショナリズム感覚をかきたてた。井上清は、この状況を批判し、帝国主義論の原則的立場から近代日本の侵略の歴史を再認識するため、近代日本百年の「栄光」の反面をもっとも集約的・典型的に体現する朝鮮をかりてあらためて理論的整理を行なった[31]。

すなわち日本の朝鮮侵略は、一八六八年から一九一〇年の併合まで四段階をへているとし、それが帝国主義論の見地からはどう規定されるかを論じたのである。そして井上は、レーニンがツァーリズムにもちいた軍事的封建的帝国主義の概念にしたがって、朝鮮侵略の第三段階、つまり日清戦争から日露戦争までの間を、「軍封帝国主義とならんで近代帝国主義がおこりつつある時期」だと主張した。第二節で紹介した村上の整理の（2）の立場の確認である。しかし井上によれば、この段階では近代帝国主義はまだ端緒的で、つぎの第四段階、日露戦争の開始から朝鮮の併合までの時期が近代帝国主義そのものの第一段階であり、独占段階への移行期であった。そして植民地支配の本質も、この時期に天皇制軍封帝国主義の前近代的な軍事的強圧から資本主義的な経済収奪に転換してゆく。しかし従来の研究は、前者を強調するあまり後者を軽視する結果になり、封建的だから過酷だったとの認識の誤りが生じたのではないかと、自戒をこめて課題を提起している。

以上のような一九六〇年代までの問題関心と社会状況も、前述の『展望日本歴史』の解説ではふれることができなかった。しかし、戦前・戦中から今にいたる帝国主義論による植民地史研究の系譜を、相対化しつつ長期的・客観的に把握するには、戦後初期のこの時期の理論的議論と具体的な実証研究の様相を充分に認識する必要がある。

第三節　植民地研究の多様化と問題性
——一九七〇年代から現在まで

一九七〇年代以降、植民地史の研究は量的にめざましく発展し、問題意識も方法論も著しく拡大しはじめた。その具体的な業績をここで個別に論述することは、ごく代表的なものに限っても紙数からいって難しい。意欲的な研究がきわめて多いので、代表的業績を選ぶこと自体が難題となろう。『展望日本歴史』の解説では、その点一種の蛮勇をふるって九〇年代までの主要業績を列挙的に紹介した。またある程度網羅的な文献目録も掲げておいたから、それらを参照願いたい。

植民地研究の理論的母体をなす日本帝国主義研究としては、まず一九七〇年代のはじめに出された山崎広明ほか『日本資本主義』が注目される。これは世界・各国経済に即して帝国主義の構造を宇野理論により統一的に解明しようとする全六巻のシリーズの一冊で、日本帝国主義をその対外進出の側面から分析している。日本資本主義論争における立場は一見対蹠的ながら、問題関心と方法のある部分は井上・宇佐美の植民地論をうけつぐものといえよう。本書が植民地研究にどれほどの影響を与えたかの判定は難しいが、少なくとも私自身は研究に際して、同じシリーズの降旗節雄ほか『帝国主義論の形成』とともに多くの示唆を得た[32]。

一九七〇年代前半は、個々の実証分野では朝鮮研究の深化、矢内原忠雄が基礎を築いた台湾研究の再出発、満州・満鉄研究の興隆などが顕著であり、現代史における植民地研究の重要性がひろく認知されるとともに、方法論の提起と議論[33]が行なわれたことで研究史を画している。そして七〇年代の後半から八〇年代の前半にかけては、植民地研究が量のうえで爆発的に増加した点でいっそう注目される。その具体的な成果についても『展望日本歴史』の解説にゆずりたい。

帝国主義論の領域では、この十年間の最後に、石井寛治が帝国主義世界体制成立期の東アジアの国際関係と、そのなかでの日本の位置を論じた手際のよい概説を発表したことが注目される[34]。この論文は、一九世紀後期から二〇世紀初頭の国際関係の推移を具体的にあとづけながら、日清・日露の対立というかたちで日本が積極的にこの関係に参画し、帝国主義世界体制の完成に独特の役割を果たしたことを巨視的に説明している。植民地国家日本の出発期の国際環境を東アジアに即して再確認し、植民地研究の基本視角を自覚化するうえで重要な論考といえよう。帝国主義世界史の広い視野から帝国主義史を論じてきた江口朴郎が、一九三〇年代以来の論考を集大成し、またその著作集が刊行されたのもこの時期の大きな収穫であった[35]。

しかし、かつては植民地研究の存在理由を担保する理論的基盤だった帝国主義論も、いまやそれをことさら前提にしなくても研究が成立するほど、植民地研究が自明化し、自立したのも一九七〇年代の後半からの現象ではないだろうか。それどころか、帝国主義論の枠組による植民地研究は、なにか古いもの、克服されるべきものという意識が無意識的にしろひろがりはじめ、伝統的な意味での帝国主義論・帝国主義研究は、新世代の研究者の関心を惹かなくなってきたように思われる。

とくに一九八〇年代の後半には、世界史における歴史の主体（historical entity）[36]の相互関係に、第二次大戦以来のドラスティクな転換が生じた。かつての植民地韓国、台湾、シンガポールなどを中心とする東アジアの新興工業化経済（NIEs）の台頭およびその体制の民主化であり、これと対照的な社会主義体制の急速な凋落・崩壊である。ともに既存の歴史学が明確には予想できなかった事態が眼前でおきたわけで、歴史の法則的発展という信念はあっけなく粉砕されてしまった。マルクス主義・社会主義は権威を失墜させ、それとの親和性が強かった帝国主義論が急速に魅力を失うと同時に、さしたる根拠もなく資本主義体制の優位性の神話が流布するようになった。資本主義の根本的な欠陥や非人間性についての議論は低調になり、資本主義特有の人間疎外を制度的に克服する可能性さえ、今日では忘れさられたようにみえる。

そうした現実を背景に、植民地史の認識枠組にも伝統的帝国主義論以外のさまざまな視角が登場してきた。私の理解でいま整理して名づければ、帝国主義論を政治や経済以外の領域に拡大して適用しようとする帝国主義社会史や文化帝国主義論、単線的な発達史観を克服し、その相対化をめざす世界システム論、帝国主義概念を通時的に拡張する帝国論の無数の展開[37]、植民地の解放後も強固に残存し、再生産される帝国意識やその文化を問題とするポスト・コロニアリズム論、NIEsの台頭の要因を植民地期の社会変動にもとめる植民地近代化論などであり、認識の多様化は現在も進行している。高岡裕之は、戦後の日本近代史研究を総括し、こうした認識の転換を説得的に論じた[38]。

これらさまざまな枠組の多くは、まだ充分に論述・定義された概念を形成しておらず、それぞれの論者によっても規定は大きく異なる。伝統的帝国主義論に対する距離の取り方も、立場ごとにまちまちで、あるものは明確に帝国主義論の批判的相対化を意識しているが、研究史の苦闘にあまり関心を向けない無邪気な議論も少なくない[39]。

以上のような植民地研究の質的転換をうけて、一九八〇年代後半以降の具体的な実証研究の成果は、以前にもまして年々飛躍的に増大し続けている。そして事実としては、帝国主義論の視角にたった研究もなお健在である。九〇年代のはじめに刊行された『岩波講座　近代日本と植民地』(全八巻)[40]は、新旧の研究潮流をタイミングよく編纂・集成したものになり、その後の研究動向に広い展望と大きな示唆をあたえた。

『展望日本歴史』の解説は、ほぼ一九九〇年代末までの研究成果を参照して書かれており、文献目録もそれに対応しているが、紙数の制限もあり、九〇年代、とくにその後半についてはかなり粗略であった。また目録にも遺漏が多い。それらを補う意味で、ここでは九〇年代以降の植民地研究の全般的動向を、いくつかの傾向に分けて見ておこう。地域ごとの研究状況については詳しく言及せず、本書第二部の各論考にゆだねたい。

すでに述べたとおり、この時期の植民地研究はきわめて多様な問題関心と方法論の噴出のもとに進められており、その全般動向を概括するのはきわめて難しく、不可能のようにも思われる。しかし文献がどんなに多くなっても、それによって総説の必要性が減るわけではない。私の関心にそってここで大きく概括すれば、今にいたる植民地研究の特色として、明らかにつぎのような諸点が指摘されよう。

（一）日本帝国主義を東アジア地域史のなかに相対化する意欲
（二）さまざまな帝国論の展開
（三）帝国主義文化史・科学史への注目
（四）植民地・占領地研究の進展
（五）中国研究の多角化
（六）満州研究の多角化
（七）満鉄研究の進展
（八）人物史・人物論の蓄積

（一）は、東アジア地域史論と、そこでの日本の国民国家形成、およびその急速な帝国主義化への関心の高まりをしめす。日本帝国主義史を、一国史のレヴェルから地域史のひろがりのなかに解放する試みともいえよう。その比較的早い作品は小熊英二『〈日本人〉の境界』であり、続いて中村哲『近代東アジア史像の再構成』、籠谷直人『アジア国際通商秩序と近代日本』、杉原薫『アジア間貿易の形成と構造』、古屋哲夫・山室信一編『近代日本における東アジア問題』、山室信一『思想課題としてのアジア』、山城幸松・金容権『日本「帝国」の成立』などの力作が出された。戦前・戦後の連続性と対アジア関係に焦点をあわせた小林英夫『帝国日本と総力戦体制』もこの系譜といえるだろう。[41]

（二）は、帝国論・帝国意識論の浸透をどう考えるかの問題に関連する。帝国論については私は別稿でくわしくのべたが、帝国国民を強くとらえる帝国意識の多様な位相も、ポスト・コロニアリズム論の盛行とあいまって、多くの研究者の関心を集めているようだ。ここでは水野直樹編『生活の中の植民地主義』と橋谷弘『帝国日本と植民地都市』の二点をあげておこう。

『岩波講座　アジア・太平洋戦争』（全八巻）は（一）と（二）にまたがるものであり、第四、第七巻をはじめ、植民地関係の論文を多数ふくんでいる。大日方純夫・山田朗編『講座　戦争と現代（三）近代日本の戦争をどう見るか』も同様に小林啓治、橋谷弘、柳沢遊らの論考を収め、ともに研究課題の再確認に資するところが多い。[42]

（三）は、その成果の多さから、現在の植民地研究の中心テーマのようにさえみえる。文化という概念が元来きわめて多義性を持っているだけに、帝国主義文化史といっても対象領域はほとんど無限である。帝国主義科学史（ないし科学技術史）はその一領域をなし、独自の重要な研究対象を構成している。注（39）でちょっと批判した佐々木力は、優れた科学史家で、科学帝国主義を歴史的に概念化したルイス・パイエンスンの紹介者でもある。佐々木は「西欧の科学革命と東アジア」で、帝国主義科学史の認識枠組を示した。これは講演を活字にしたものだが、西欧の科学帝国主義を日本が学んで東アジアで実践した歴史の現実を論理化していて、示唆に富む。池田浩士編『大東亜共栄圏の文化建設』は一九四〇年の日本の文化帝国主義の諸相を切り取った論集である(43)。

さて、帝国主義文化研究の領域では、一九八〇年代から教育の面が先行し、おもに満州を対象として植民地教育史という研究領域が形成されたが、その後も引き続き注目すべき達成がうまれている。なかでも竹中憲一の活躍がめざましく、『「満州」に於ける教育の基礎的研究』（全六巻）はその白眉といってよい。渡辺宗助・竹中憲一編『教育における民族的相克』、竹中憲一『「満州」における中国語教育』も重要である。朝鮮については佐野通夫『日本植民地教育の展開と朝鮮民衆の対応』が大きな収穫といえる。満州国の建国大学については、肯定的評価の宮沢恵理子『建国大学と民族協和』があり、これには批判も多かったが、山根幸夫『建国大学の研究』によって同大の歴史像は相対化された。その他の地域の教育史では、松永典子『日本占領下のマラヤにおける日本語教育』が注目される(44)。

一方、日本の植民地医学教育機関である満鉄経営の満州医科大学（もと南満医学堂）に関する研究は、その重要性のわりに低調で、末永恵子「旧満州医科大学の歴史」を見る程度である。人体実験や細菌兵器の研究に関与した疑惑の追及という観点から出された、軍医学校跡地で発見された人骨問題を究明する会編『戦時医学の実態―旧満洲医科大学の研究』は、シンポジウムの記録冊子であるが、植民地医学教育の全体像の解明が急務であることを示している(45)。

社会教育の面は体系だった研究がないなかで、図書館についてだけは突出した研究蓄積がある。図書館史の研究が全般にさかんなためだろう。植民地・占領地図書館研究の先駆は松本剛『略奪した文化―戦争と図書』と岡村敬二『遺された蔵書―満鉄図書館・海外日本図書館の歴史』であり、しばらくして村上美代治『歴史のなかの満鉄図書館』、東條文規『図書館の近代』があらわれた。最近では加藤一夫・河田いこひ・東條文規『日本の植民地図書館』がこの主題を包括的に扱っている。図書館界は戦前から専門雑誌が多いという伝統があり、また図書館員には歴史に関心をもつ学究肌の人材が豊富のようで、これらの雑誌にはしばしば植民地図書館に関する回想記や研究報告が載り、特集も何回か組まれている。図書の流通面では、沖田信悦『植民地時代の古本屋たち』という意表作も出た。[46]

植民地における言語や言語政策も、近年人気のテーマである。石剛《セキゴウ》『植民地支配と日本語―台湾、満洲国、大陸占領地における言語政策』、川村湊『海を渡った日本語』、久保田優子『植民地朝鮮の日本語教育』、安田敏明『帝国日本の言語編制』、同『植民地のなかの「国語学」―時枝誠記と京城帝国大学をめぐって』、同『「言語」の構築―小倉進平と植民地朝鮮』、多仁安代『大東亜共栄圏と日本語』、三浦信孝・糟谷啓介編『言語帝国主義とは何か?』、石剛『日本の植民地言語政策研究』などの多彩な成果が注目される。[47]

植民地文学の研究は、尾崎秀樹、朴春日が先鞭をつけ、その後川村湊らが発展させた。川村はその後も『満洲崩壊―「大東亜文学」と作家たち』、『文学から見る「満州」―「五族協和」の夢と現実』を刊行し、この分野をリードしている。一方、日本社会文学会、植民地文化研究会に拠る研究者の活動も活発で、日本社会文学会編『植民地と文学』(シンポジウムの記録)、岡田秀樹『文学に見る「満洲国」の位相』(中国語文学が中心)、西原和海・川俣優編『満州国の文化』などがあり、二〇〇二年には後者の年報形式の機関誌『植民地文化研究』が創刊された。ほかに南富鎮『文学の植民地主義―近代朝鮮の風景と記憶』、神谷忠孝・木村信編『〈外地〉日本語文学論』などの収穫もあった。[48]

植民地の政策立案や経済開発の前提となる調査・試験・研究機関の研究は、満鉄の調査機関を例外として概して遅れているが、末広昭編『岩波講座「帝国」日本の学知 第六巻(地域研究としてのアジア)』は関連する論考をあつめ、今後の研究の方向性を示している。

一九八〇年代以後、社会史、環境史の分野で疾病や衛生環境を歴史学の対象にすることが世界的な潮流になっている。植民地についてもその視角は有効である。近年の成果としては、飯島渉『ペストと近代中国』、見市雅俊『疾病・開発・帝国医療―アジアにおける病気と医療の歴史』、飯島渉『マラリアと帝国―植民地医学と東アジアの広域秩序』があげられる。また、『歴史学研究』は二〇〇七年に「東アジアにおける医療・衛生の制度化と植民地近代性」を特集し、四本の関連原稿をおさめている[49]。

植民地で発行された新聞の研究も進められている。その代表的な労作として、中下正治『新聞にみる日中関係史―中国の日本人経営紙』、李相哲『満洲における日本人経営新聞の歴史』をあげておこう[50]。

宗教の面では、植民地神社の研究が大きく前進した。かつては神道関係者で占められていた神社研究がようやく歴史学の対象として相対化されつつあるということだろう。新田光子『大連神社史―ある海外神社の社会史』、菅浩二『日本統治下の海外神社』、青井哲人『植民地神社と帝国日本』などが代表的である。またキリスト教については、韓晳曦『日本の満州支配と満洲伝道会』があるが、仏教や新興諸宗教については研究が停滞しているようだ[51]。

（四）　経済史は植民地史研究を一貫してリードしてきたが、この時期にも重要な成果を積みあげている。沢井実『日本鉄道車輌工業史』、柴田善雅『戦時日本の特別会計』はともに植民地も視野におさめた力作であり、金洛年『日本帝国主義下の朝鮮経済』、黒瀬郁二『東洋拓殖会社』、堀和生・中村哲『日本資本主義と朝鮮・台湾』、柳沢遊・木村健二編『戦時下アジアの日本経済団体』も注目に値する。ただ後者の場合、朝鮮については新興都市清津の商工会議所だけで、京城の事例を欠くのがさびしい。刊行が遅れていた石井寛治・原朗・武田晴人編『日本経済史（四）戦時・戦後期』には、金子文夫の手がたい論稿「占領地・植民地支配」をおさめ、柴田善雅の戦時日本企業研究の一環は、『中国占領地日系企業の活動』に結実した。風間秀人「一九三〇年代における『満洲国』の工業」も収穫といえる。政治的視野からは海野福寿『伊藤博文と韓国併合』、姜再鎬『植民地朝鮮の地方制度』の収穫があった。徴兵や強制連行については、樋口雄一『戦時下朝鮮の民衆と徴兵』、西成田豊『中国人強制連行』、杉原達『中国人強制連行』、山田昭次・古庄正・樋口雄一『朝鮮人戦時労働動員』など、蓄積があつい。南方に関しては明石陽至編『日本占領下のマラヤ・シンガポール』、安達宏昭『戦前期日本と東南アジア』、柴田善雅『南洋日系栽培会社の時代』が注目される。北洋漁業をめぐる対ソ関係では、富田武「満州事変前後の日ソ漁業交渉」がある。これらとことなる観点からの研究として、崔吉城・原田環『植民地の朝鮮と台湾―歴史・文化人類学的研究』もあげておきたい[52]。

（五）本土を中心とする中国全般の研究は、抗日戦争期をふくめて著しく多角化が進んでいる。まず、宇野重昭編『深まる侵略　屈折する抵抗―一九三〇－四〇年代の日・中のはざま』が問題を多面的に提示した。小林英夫・林道生『日中戦争史論―汪精衛政権と中国占領地』は、日本史側から傀儡政権下の占領地を分析したものである。日中戦争の前史にあたるいわゆる華北侵略期については、安井三吉『柳条湖事件から盧溝橋事件へ』、内田尚孝『華北事変の研究』がともに緻密な論考を展開した。華北経済の研究には範力『日中〝戦争交流〟の研究―戦時期の華北経済を中心に』があり、「戦争交流」なる新概念が議論をよびそうだ。内田知行『抗日戦争と民衆運動』、笹川裕史・奥村哲『銃後の中国社会―日中戦争下の総動員と農村』は、共産党、国民党、日本軍という三権力の対抗のもとでの民衆の動向を浮彫りにし、ともに社会史の視点が顕著である[53]。

地方史・地域史・都市史への関心も近年の特色のひとつであろう。高橋孝助・古厩忠夫編『上海史』、天津地域史研究会編『天津史』はともに開港以来の長期の都市史（前者は現代におよぶ）で、十五年戦争期の章もふくむかたちである。二〇〇〇年代になると、山田正行『アイデンティティと戦争―戦中期における中国雲南省滇西地区の心理歴史的研究』、石島紀之『雲南と近代中国』、古厩忠夫『日中戦争と上海、そして私』、高綱博文編『戦時上海』、内田知行『黄土の大地―山西省占領地の社会経済史』、内田知行・柴田善雅編『日本の蒙疆占領』、今井駿『四川省と近代中国―軍閥割拠から抗日戦の大後方へ』と、力作が目白押しに続く[54]。

科学帝国主義にはもちろん人文・社会科学系のものもふくまれ、日中戦争期の中国での現地調査も研究対象のひとつになっているが、まだ蓄積は少ない。そのなかで、本庄比佐子・内山雅生・久保亨編『興亜院と戦時中国調査』は貴重な収穫といえよう[55]。

最後に、右の四川研究の今井駿が、長年の研究成果を集大成した『中国革命と対日抗戦』をまとめたことを書きそえておく[56]。

（六）満州を中国本土の項と別にしたのは、かつての帝国主義的発想をよしとするからではなく、ともに研究成果が多いので、便宜上分けたまでである（満州のなかでも満鉄関係の研究はさらに区別し、（七）でのべることにする）。

ここでも研究の多様化がすすんでいる。また地方史への志向もあることは、何治賓『中国東北と日本の経済関係史―一九一〇・二〇年代のハルビンを中心に』などにうかがえる。裴富吉『満洲国と経営学―能率増進・産業合理化をめぐる時代精神と経営思想』はまことに意表をついたテーマで、十五年戦争期の満州における経営合理化の思想と実践を考察している。標題からは満洲国が経営学をとり入れたように読めるが、むしろ満鉄の主導性が基調になっている。満鉄研究といってもよい。一方、帝国主義の中国支配に必然的にともないながら、そのわりに実態のわからない阿片問題に正面からきりこんだのは、山田豪一の刮目すべき労作『満洲国の阿片専売』である。蒙古王公とその家産の整理の研究にとりくんだ広川佐保『内モンゴル東部地域における満州国の地積整理事業の展開』(のち広川『蒙地奉上―満州国の土地政策』に収載)も新テーマへの取り組みで、民族政策研究とも地域史ともいえる。山本有造『「満洲国」経済研究』は、統計史料の発掘・加工による手がたい実証で、著者の面目躍如の感がある。

江夏由樹・中見立夫・西村成雄・山本有造編『近代中国東北地域史の新視角』は、経済・企業、国際関係、内戦下の諸問題に関する論文集であるが、黒瀬郁二「両大戦間期の天図軽便鉄道と日中外交」、寺山恭輔「スターリンと中東鉄道売却」、田嶋信雄「リュシコフ・リスナー・ゾルゲ―『満洲国』をめぐる日独ソ関係の一側面」、丸山鋼二「戦後満州における中共軍の武器調達―ソ連軍の『暗黙の協力』をめぐって」など、新鮮な主題を扱うものが多い。研究の進んだ満州でも、魅力的なテーマにはまだこと欠かないことを示している。

最後に最近の業績として、日中双方の個人や諸集団におけるさまざまな満州体験とその記憶の諸相を掘りおこした山本有造編『満洲　記憶と歴史』、満州をめぐる政治史的諸問題をユニークな視野で論じてきた田中隆一の単著『満洲国と日本の帝国支配』、ほとんどすべての日系企業の基礎的情報を網羅した瞠目に値する大冊、鈴木邦夫編『満州企業史研究』をあげておきたい[57]。

(七)満鉄研究は、二〇〇六年の創立百年を期に再度隆盛を見せた。小林英夫編『近代日本と満鉄』は、やや問題をはらみながらも、現在の満鉄研究の水準を示すスタンダードであろう。その執筆者のひとり加藤聖文の単著『満鉄全史』は、満鉄を政治に翻弄されて破綻にいたった「国策会社」として描いている。

もと満鉄社員の地位の向上などを目的として戦後結成された満鉄会は、会社創立百年にあたって『満鉄四十年史』を刊行した。この本は、原田勝正「満鉄四十年史」をおさめた「本文編」と、満鉄会編の「資料編」からなる。前者は鉄道史・満鉄史研究の先駆者による、満鉄の設立から終焉までの事績をおさえた一般むけの概説で、随所に筆者ならではのエピソードがちりばめられ、約二三〇頁の力作ながら読みやすい一編になっている。しかし、これまでに蓄積された実証研究やその問題意識、基本的一次史料などはほとんど顧慮されず、その満鉄像には旧態依然の感がある。後者は満鉄に関する法令・契約・条約や総裁の訓諭などの基本史料をあつめ、便覧として役に立つ。なお原田の旧著『満鉄』も二〇〇七年に増補版が出された。

労働問題については、松村高夫・解学詩・江田憲治編『満鉄労働史の研究』と庾炳富『満鉄撫順炭鉱の労務管理史』の二力作が出た。ただ後者に、二年まえの前者を参照した形跡がないのは腑に落ちない。

調査機関研究は相変わらず人気だが、このところほとんど小林英夫の独擅場である。小林英夫・加藤聖文・南郷みどり編『満鉄経済調査会と南郷龍音』、小林英夫・福井紳一『満鉄調査部事件の真相』、小林英夫『満鉄調査部』、同『満鉄調査部の軌跡』と、立て続けに出版された。

また、創立百年にあわせて初代総裁後藤新平の再評価が一種のブームになっている。その中心は、満州研究を間接的に支援してきた藤原書店である。同社は、一九三七－三八年初版の鶴見祐輔『後藤新平』を注釈つきで復刻するなど、「後藤新平の全仕事」と銘うった一連の出版活動を活発に行っている。このキャンペーンには研究者も協力していて、満鉄の存在を一般読書界に再認識させる点では意義があるが、後藤をあまり買いかぶるのも問題だし、今のところ研究水準を高め、あるいは課題を提起するような有意義な成果も生み出していない。それとは別に、星亮一『後藤新平伝』は久しぶりの後藤の評伝として注目される。[58]

（八）については以下のように多彩な成果があげられる。森久男『徳王の研究』、後藤乾一・山崎功『スカルノ―インドネシア建国の父と日本』、小林英夫『日中戦争と汪兆銘』、古厩忠夫『日中戦争と上海、そして私』の汪精衛（汪兆銘）論、澁谷由里『馬賊で見る「満洲」―張作霖のあゆんだ道』、同『「漢奸」と英雄の満洲』、木山英雄『周作人「対日協力」

の顛末』、山田辰雄・家近亮子・浜口裕子編『橘樸 翻刻と研究―「京津日日新聞」』、入江曜子『溥儀』、古川隆久『あるエリート官僚の昭和秘史―「武部六蔵日記」を読む』、小田部雄次『李方子』などである[59]。

以上のような新しい研究動向が目をひくのに比し、かつてはむしろ植民地研究の主流だった政治外交史的な実証研究は、この間、寺本康俊『日露戦争以後の日本外交―パワー・ポリティクスの中の満韓問題』、馬場明『日露戦争後の満州問題』が目をひく程度で、いたってさびしい感がある[60]。

おわりに

世界史の現実は、単一超大国の出現による非対称な新覇権主義、巨大国際経済主体の世界市場制覇と貧富の差の極大化、国民国家の機能不全と武力行使主体の多元化が生み出す国際テロリズム、人口の爆発的増大と資源の枯渇など、人類の存続にとって危機的な段階に達しており、研究者は歴史認識の根本的な再検討をせまられている。

しかしそのことで、帝国主義論による植民地問題の歴史的認識と、現実世界の理解に対するその役割とを、批判的に継承する営為が忘れられてはならない。実際に成立した社会主義体制は、その出発点では、大きな欠陥と矛盾をかかえて非人間性を露呈した二〇世紀初頭の資本主義・帝国主義、具体的にはロシアのそれに対し、あるべき対抗理念として構想されたものであった。このソ連型社会主義体制は、第二次大戦をへて多くの国に種々の派生形態をもたらした。しかしその社会主義体制も、例外なく帝国主義におとらぬ矛盾におちいり、それ自体別種の帝国さえ形成したのは、私たちが現に目にしたとおりである。

社会主義の帝国化、独裁的軍事国家化は、死滅しつつあるどころかなお強力な生命力を宿す資本主義体制が、社会主義という対抗理念のはらむ暴力革命の属性に過剰に反応し、非情な軍事的重圧を加えた結果、それへの回答としてあらわれた、もうひとつの非人間的な現実であった。

ところが資本主義体制の側は、社会主義を敵視しながらも、体制を維持するため、一面では社会的配分の極端な不平等を是正するなど、部分的にせよ資本主義の修正を図ってきた。資本主義の育成、その帝国主義化と戦時化、非軍事的復興と高成長につねに国家が主導権を発揮してきた日本は、ヨーロッパ型の社会民主主義体制とならんで、この修正資本主義ないし混合経済体制の旗手といえたかもしれない。レーニン的な帝国主義論が予想しなかった事態である。

対抗理念をかかげた体制が崩壊し、それを敵視して武力まで発動した体制が、じつは相手の理念を援用して繁栄しているとすれば、それは人間の歴史というものの苦い皮肉だろう。しかしそのことから、歴史的現実としての社会主義国家が崩壊した事態と、帝国主義論が歴史認識の基本枠組として有効かどうかの議論は、まったく次元の異なる問題であることがわかる。ソ連に端を発した社会主義が崩壊したから、帝国主義論も陳腐化したと考えるのは非論理的といわざるをえない。歴史認識の基本的な枠組とは、あれかこれかという単純な選択の問題ではなく、つねにほかの枠組との緊張や複合を繰り返し、歴史の文脈からの批判をうけて淘汰され、錬磨されて、より客観的・相対的な時代認識に資するものでなければならない。現実世界に植民地時代と変わらない、むしろそれ以上の貧富の非対称構造があるかぎり、植民地史の研究は同時代の科学的理解にも有益である。

現実の状況につねに理念を対峙させ、よりよい未来を展望するのは人間の本性である。現代の資本主義は、世界の急速な単一化をすすめてますます矛盾を蓄積させ、非人間性を深めている。単一超大国主導の覇権構造は、個々の国民経済の自律的政策選択を著しく制約し、修正資本主義はその存立を揺るがされている。これは明らかに冷戦体制後の帝国主義の新段階であり、現代日本の種々の「改革」も、このいわば「超帝国主義」への追随・適応を目的とする免疫反応といってよい。

こうした事態に対しては、早晩新しい発想でなんらかの対抗理念が生まれ、いずれはそれが現実化してゆくにちがいない。それを社会主義と呼ぶかどうかはどうでもよいが、その形成の営為には、レーニンの議論をさらに錬磨した新たな帝国主義論が有益な示唆をあたえるだろう。現代の対抗理念の形成は、現代資本主義の特質の冷静な把握のために帝国主義論を批判的に発展させる努力と、両輪の関係で進められるべきものである。

現在の研究状況をめぐって、最後にひとつだけ問題点を提起しておきたい。それは、植民地研究が量的にも質的にも著しく発展しているなかで、研究対象の地域格差がきわめて大きいこと、具体的には、旧植民地のなかで樺太（ないし漁業、石油などの対露・ソ北方権益全般）と南洋群島の研究がきわだって少ないという問題である（内国植民地としての北海道、沖縄、奄美、小笠原などについてはここでは問わない）。

なるほどこれらの地域は、人口、経済規模ともに台湾、朝鮮、満州などとは比較にならず、日本帝国主義にとっての重要性は相対的に低かった。また、民族運動や自治の要求がなく、植民地支配のその点の矛盾は表面化しないため、研究する動機もうすかった。この二地域については、領有・受託の当時から現在にいたるまで、歴史的・社会科学的研究が相対的に少ないといえよう[61]。

しかし樺太をふくめた北方権益は、漁業、石炭・石油鉱業、林業、製紙業などで日本経済とむすびつき、日本帝国主義の国民経済に相応の役割を果たしたし、それらがつねにロシア・ソ連との不断の緊張関係におかれていた点では、政治・軍事的に突出した重要性を帯びていた。また南洋も、燐鉱業、甘藷の栽培・製糖、漁業などの産業をつうじて日本経済圏に組みこまれ、アジア太平洋戦争期には海軍の基地として日本の戦略をささえた。これらを総合的に考えれば、近代日本の歴史を全体として客観的に認識し、とくにそれを帝国主義論の観点から理解するには、北方、南洋双方の研究がいまも緊要であることは論をまたない。

時期がさがるほど重要性を増し、戦略性を飛躍的に高めたこれらの地域の位相を、日本人人口（軍人をのぞく）のうえから見てみよう。一九四一年の段階では、樺太が約四〇万七〇〇〇人だったのに対し、台湾は三六万八〇〇〇人である。朝鮮はさすがに七一万七〇〇〇人（翌四二年には七五万二〇〇〇人に増加）を擁したが、樺太より桁はずれに多かったわけではない。樺太の人口はすでに一九二五年に台湾を上回っており、これは漁業、工業の進展と炭鉱の開発によるものと思われる。南洋群島では、一九三五年に日本人人口（台湾・朝鮮人をふくむ）がミクロネシア系島民のそれをこえ、四一年には九万に達していた[62]。これらの人口だけを考えても、それ相応の研究を要する地域であることが了解できよう。

戦後まもない時期には、食料不足など目前の難関に対応するのに忙しく、日本社会が旧植民地の問題など失念したとしても、そのこと自体は一応理解される。日本が植民地帝国から脱却したのは、独立戦争の帰結でも、政治交渉の妥結でもなく、帝国主義戦争の完敗による非主体的な事態の結果であったため、前述のように日本は戦後処理における脱植民地化の国際情勢から完全に遮断された。そして日本人は、このことの重要性を自ら考察する問題意識を意識的・無意識的に棚上げしてきた。中国が国共内戦で統一になお数年を要した事情も、この失念を強めさせただろう。

しかし、かつての植民地統治国には統治の責任と負債がともなう。国民の一部は、B・C級戦犯として国のこの債務を一身に背負わざるをえなかったが、日本社会全体は現実に目をそむけ、旧植民地の再編や独立の苦悩に冷酷な無関心の態度を取り続けた。政治的・経済的に重要で、日本の戦後の針路を直接左右するような中国、漁業問題などをかかえて現実に交渉を要する韓国、賠償支払い先の東南アジア諸国などをのぞけば、復興をほぼ成し遂げたのちも、旧植民地全体への関心は、学問以前の好奇心さえほとんど回復しなかった。こうした思考停止が長く続いたことは、知的にも倫理的にも弁解の余地がなく、日本人の怠慢というほかない。内戦、分断といった中国・朝鮮の戦後の状況は、直接間接に日本帝国主義の植民地支配の帰結であり、それによって地域の経済はさらに疲弊し、民衆の生命・財産がなおも無惨に蹂躙されたからである。

この思考停止について、北方に関しては、現代日本社会の構造的な矛盾に鋭敏な感性を示した生物学研究者の渋谷篤弘が、会うたびに不満を口にし、歴史家の奮起をもとめていた。

世界史の現実は変転してやまない。ソ連が崩壊すれば、日本も変わっている。いつまでも「北方領土問題」一辺倒ではなく、少なくとも学問の世界では、旧北方権益から現在の日露関係にいたる歴史の現実を、柔軟に、客観的に、全体として認識する努力をすべきではないだろうか。同様の努力は、旧南洋についても等しく要請されている。

社会のその営為を欠いたまま、たとえば日本企業がこれらの地域にさらに進出してゆけば、そこにまた新たな経済・政治面の摩擦が起こるにちがいない。帝国主義論にもとづく植民地研究には、おそらくそうした局面にも対処するだけの内容と応用力がある。研究者が意図しなくても、そこにはいわば一種の見えない手が働いて、結果として国益にかなうことにもなるのではないだろうか。

注

（1）たとえば、ホブスンの『帝国主義研究』（一九〇二年）の修訂二版（一九〇五年）には石澤新二訳『帝国主義』（改造文庫、一九三〇年）、ヒルファーディングの『金融資本論―資本主義の最近の展開についての研究』（一九一〇年）には林要訳『金融資本論』（全三巻、弘文堂書房、一九二六年）、レーニンの『資本主義の現代的段階としての帝国主義（平易な概説）』（一九一七年）には長谷部文雄訳『資本主義の最近の段階としての帝国主義』（岩波文庫、一九二九年）がある。

細川は一九二六年に「ホブソン著『帝国主義研究』」を発表している（『大原社会問題研究所雑誌』第四巻一号、同年三月）。美濃部亮吉『カルテル・トラスト・コンツェルン（下）』（経済学全集四七、改造社、一九三一年）はヒルファーディングの影響が明瞭であり、また猪俣津南雄『極東に於ける帝国主義』（同全集二四、同社、一九三二年）には、金融資本の「定義の創定者」としてヒルファーディングの名があがっている（三四四頁）。矢内原忠雄は、その主著のひとつ『植民及植民政策』でレーニンの帝国主義論の要点を紹介し、「近代帝国主義時代の特徴を示し得て明瞭である」と評している（『矢内原忠雄全集』一、岩波書店、一九六三年、八五頁）。

（2）私は前に柳沢遊と共編で、戦後の植民地研究の代表的な論文を集成して『展望日本歴史　二〇（帝国主義と植民地）』（東京堂出版、二〇〇一年、以下単に『展望日本歴史』と記す）にまとめた。だが、研究の発展について大筋を述べたそのときの「解説・帝国主義と植民地」は、前史としての敗戦前の達成には何もふれていない。紙数の制約から省略したわけだが、読みかえすたびにその点を反省している。ここでも、戦前・戦中の研究に関して具体的に述べる余裕はないが、帝国主義論を踏まえた植民地研究が、戦前から長く続いてきた問題関心であることは指摘しておきたい。

たとえば、矢内原には『植民及植民政策』（有斐閣、一九二六年）、『帝国主義下の台湾』（岩波書店、一九二九年。初出は前年の『国家学会雑誌』と『経済学論集』所収。ともに戦後の岩波版『矢内原忠雄全集』に収録されている。）、『南洋群島の研究』（岩波書店、一九三五年）など、細川には「帝国主義と無産階級」（『大原社会問題研究所雑誌』第三巻一号、一九二五年一月）、「現代植民運動における階級利害の対立」（同前書、第五巻一号、一九二七年三月）、『帝国主義論』（マルクス主義講座一、同刊行会、一九二九年）、『植民史』（現代日本文明史一〇、東洋経済新報社、一九四一年）など、猪俣には『帝国主義論』（社会問題講座二、新潮社、一九二七年）、前掲『極東に於ける帝国主義』などがある。

ただ、『植民史』は細川の真筆ではないとされる。井村哲郎によると、一九三〇年代に大原社会問題研究所で細川の助手をつとめ、のち尾崎秀実に協力した水野成《しげる》が大部分を書いた（井村哲郎編『満鉄調査部―関係者の証言』アジア経済研究所、一九九六年、七六二頁)。以前から真の筆者は秋笹正之輔だとの説もあった。台湾の植民地史研究の第一人者だった戴国煇も、つねづね『植民史』の事実上の筆者は細川ではないといっていた。だが戴は、「細川嘉六と矢内原忠雄」(『朝日ジャーナル』一九七二年一二月一五日、竹内好・橋川文三編『近代日本と中国(下)』朝日選書、一九七四年に収載)で、水野にふれながら『植民史』についてはまったく言及していない。戴の急逝でその理由を聞きそびれたのが残念である。拙稿「植民地研究と細川嘉六―『細川嘉六著作集』によせて」(『現代と思想』一三号、青木書店、一九七三年九月)は、細川の帝国主義論、植民地研究の先駆性とその歴史的意義を論じたが、いま読むと、細川が依拠したレーニンの帝国主義論をもっと相対化してとらえるべきだったと思う。また、『植民史』の筆者問題については、私には確実な材料がなく、書誌どおり細川の著作としている。

なお、ここで先駆的な植民地研究といったのは、印貞植『朝鮮の農業機構分析』(白揚社、一九三七年、のちに『朝鮮の農業機構』と改題、一九四〇年)、同『朝鮮農村再編成の研究』(白揚社、一九四三年)、久間健一『朝鮮農政の課題』(成美堂書店、一九四三年)などの客観的な実証研究を念頭においている。

(3) 矢内原忠雄訳『帝国主義論(上)』岩波文庫、一九五一年、第四章「帝国主義の経済的寄生者」九六～一一六頁。ホブスンは一九三八年版の序文では、帝国的膨張の主要動機に、金融業者とともに輸出業者の利益をくわえている(同前書一一二頁)。

(4) 岡崎次郎訳『金融資本論―資本主義の最近の発展に関する一研究(上)』岩波文庫(新版)、一九八二年、「序言」九頁。

(5) 宇高基輔訳『資本主義の最高の段階としての帝国主義』岩波文庫、一九五六年、第七章「資本主義の特殊の段階としての帝国主義」一四五～一四六頁。

(6) 一九五〇、六〇年代におけるレーニンの帝国主義規定への先験的傾斜は、レーニン帝国主義論の研究の盛行と相互依存の関係にあり、レーニンの主張をその時代背景とともに相対化しようとする発想は、当時は希薄だった。たとえば、この時期のレーニン帝国主義研究の代表作のひとつである清水嘉治『帝国主義論研究序説』(有斐閣、一九六五年)には、相対化の意図も契機もほとんど読みとれない。七〇年代の入江節次郎・星野中編『帝国主義研究』I(帝国主義論の方法)、II(帝国主義の古典的学説)(ともに、御茶の水書房、一九七三、七七年)の諸論考の刺激的な多様性とは対称的で、学説史的に興味深い。

(7) 村上勝彦「日本帝国主義と植民地」(石井寛治・海野福寿・中村政則編『近代日本経済史を学ぶ(上)明治』有斐閣選書、一九七七年)一七六～一七七頁。

(8) レーニンの資本主義国の類型分類については、安藤実の一連の研究がいまも参考になろう。たとえば安藤実「レーニンによる『帝国主義の図表』について」(『法経研究』(静岡大学)

第一六巻一号、一九六七年七月)、同「日本帝国主義と東アジア—日本帝国主義の中国侵略の形態について」(『歴史学研究』第三三六号、一九六八年五月)。また、レーニンがロシアについてもちいた軍事的封建的帝国主義の概念については、たとえば矢吹満男「『二つの道』と『帝国主義論』—レーニンの軍事的=封建的帝国主義規定との関連において」(『土地制度史学』第七三号、一九七六年一〇月)などを参照。

(9)　井上晴丸・宇佐美誠次郎『国家独占資本主義論—日本経済の現段階分析』潮流社、一九五〇年。翌一九五一年に増補・改訂され、版元を岩波書店に移し、『危機における日本資本主義の構造』と改題して刊行された。

(10)　井上晴丸・宇佐美誠次郎・内田義彦「戦争経済の遺産」(『潮流』第三巻一号、一九四八年一月)。以後はすべて井上・宇佐美の共著で「日本における国家独占資本主義の展開—戦争経済の遺産(その二)」(同前書第三巻九号、同年一〇月)、「同(その三)」(同前書第三巻一〇号、同年一一月、この第二章が「植民地侵略と国家独占資本主義」)、「戦後日本経済の再編成過程」(同前書第四巻四号、一九四九年四月)、「戦後独占資本主義の補強機構—再編国家独占資本主義の一齣」(同前書第四巻六号、同年六月)、「国家独占資本主義と人民民主主義」(同前書第四巻七号、同年七月)。

(11)　もちろん井上・宇佐美説には批判もある。たとえば大内力は、その国家独占資本主義論の概念・用語の不明確性を鋭く突いている。しかし国家独占資本主義が革命への条件を導き出すというそのテーゼや、国家独占資本主義成立段階の植民地支配の記述など、井上・宇佐美説の内容についてはふれていない(大内力『国家独占資本主義』東京大学出版会(UP選書)、一九七〇年、第二章「国家独占資本主義の諸学説」)。

(12)　戦後初期のレーニン帝国主義論の教条的影響はすでに指摘したが、それとは別に、帝国主義論をめぐるこの時期の代表的な業績を振り返っておく。一九五〇年代には、江口朴郎『帝国主義と民族』(東京大学出版会(東大学術叢書)、一九五四年)、宇野弘蔵『経済政策論』(弘文堂、一九五四年)、揚井克巳・大河内一男・大塚久雄編『帝国主義研究』(岩波書店、一九五九年)などをのぞけばなお主体的議論は少なく、文献としてはほかに、J・シュンペーター(都留重人訳)『帝国主義と社会階級』(岩波書店、一九五六年、J. Schumpeter, *Zur Soziologie der Imperialismus*. 1919の翻訳)、帝国主義論というより、植民地主義の世界的進展と第二次大戦後のその変容を通観した概説だが、具島兼三郎『現代の植民地主義』(岩波新書、一九五八年)が目立つ程度である。

一九六〇年代になると武田隆夫・遠藤湘吉編『帝国主義論』全二巻(経済学大系四、五、東京大学出版会、一九六一、六五年)、井汲卓一・今井則義・吉村正晴・宇高基輔・江口朴郎編『現代帝国主義講座』全五巻(日本評論社、一九六三年)、鈴木鴻一郎『帝国主義研究』(日本評論社、一九六四年)、江口朴郎

『帝国主義の時代』（岩波全書、一九六九年）などをはじめ、歴史学・社会科学の分野では帝国主義をテーマにきわめて多様な議論が行われ、全体として植民地研究の理論的背景を形成してゆく。

（13）　例外として一九四〇年代の先駆的論考に、十五年戦争期の中国を論じたオカモト・サブロウ「抗日民族統一戦線の形成過程」（『歴史学研究』第一三八号、一九四九年三月）があるが、これは実証研究というより、時評をふくむ史論である。

一九五〇年代になると、たとえば『歴史学研究』の特集号「朝鮮史の諸問題」（一九五三年七月）が出され、後述のように朴慶植と山辺健太郎が植民地化をめぐる論文をよせている。また林光澈「在日朝鮮人問題」は、在日朝鮮人の形成過程を統計にもとづいて論じたものである。またおなじ一九五三年から翌年にかけて、歴史学研究会編『太平洋戦争史』（旧版、全五巻、東洋経済新報社）が刊行され、そのⅠ、Ⅲ、Ⅳ巻に十五年戦争下の植民地についての言及がある。編集委員のひとり宇佐美誠次郎の筆と思われる。

なお戦後の植民地研究の業績については、前掲『展望日本歴史』の巻末にある程度網羅的な文献目録を付したが、編者のミスによる脱漏も少なくない。それらも補いながら、ここでは一九五〇年代の代表的な成果を振り返っておく。

（14）　旗田魏『朝鮮史』岩波全書、一九五一年。このほか旗田には、植民地朝鮮に関して、「朝鮮史における外圧と抵抗」（『歴史学研究』特集号「朝鮮史の諸問題」、一九五三年七月）、同「日本人の朝鮮観」（旗田魏編『アジア・アフリカ講座　三（日本と朝鮮）』勁草書房、一九六五年）、同『日本人の朝鮮観』（勁草書房、一九六九年）、同編『シンポジウム　日本と朝鮮』（勁草書房、一九六九年）などがある。

（15）　山辺健太郎「日本帝国主義の朝鮮侵略と朝鮮人民の反抗闘争」（前掲『歴史学研究』特集号「朝鮮史の諸問題」）、同「三・一運動について」（『歴史学研究』第一八四号、第一八六号、一九五五年六、七月）、同「三・一運動とその現代的意義」（『思想』第三七二号、一九五五年六月）。

（16）　谷川栄彦「太平洋戦争中の東南アジア抗日運動―ビルマ、ヴェトナム、インドネシア、マラヤの抗日運動を中心として」（『アジア研究』第四巻一号、一九五七年九月）。谷川はのちに日本国際政治学会の国際シンポジウム（一九八六年九月）での報告をもとにした「太平洋戦争と東南アジア民族独立運動」（『九州大学法政研究』第五三巻三号、一九八七年三月）を発表、信夫清三郎はこの論考の影響をうけて、独特の歴史認識による『「太平洋戦争」と「もう一つの太平洋戦争」―第二次大戦における日本と東南アジア』（勁草書房、一九八八年）をあらわした。谷川の主著のひとつ『東南アジアの民族解放運動史―太平洋戦争まで』（勁草書房、一九六九年）と「東南アジアにおける民族運動」（『岩波講座世界歴史　二八（現代五）』（岩波書店、一九七一年）は、ともに日本占領期の前史にあたる。

(17) 李在茂「朝鮮における『土地調査事業の実態』」（東京大学社会科学研究所『社会科学研究』第七巻五号、一九五六年五月）、同「いわゆる『日韓併合』＝『強占』前における日本帝国主義による朝鮮植民地化の基礎的諸指標」（同前書第九巻六号、一九五八年三月）。

(18) 早稲田大学大隈記念社会科学研究所編『インドネシアにおける日本軍政の研究』紀伊國屋書店、一九五九年。

(19) 安藤彦太郎編『満鉄―日本帝国主義と中国』御茶の水書房、一九六五年。

(20) 満鉄史研究グループの安藤実は、注（8）に記したように、レーニンのβ型資本主義の類型を日本帝国主義の特質認識に援用して満鉄の性格を論じたほか、『研究ノート日中問題』二（一九五九年七月）に「満鉄会社の創立と資金」、『歴史評論』第一一七号および第一一八号（一九六〇年五、六月）に「満鉄会社の創立について」、『現代中国』第三五号（一九六〇年）に「満鉄経営の国際的条件―満鉄史研究の序章」を書いた。また、成立期日本帝国主義の中国本土への資本輸出である漢冶萍公司借款についても、『日本の対華財政投資―漢冶萍公司借款』（アジア経済研究所、一九六七年）という業績をあげている。

　宮坂宏は、『現代中国』の同じ号に「満鉄史研究報告―満鉄附属地をめぐる問題」をよせ、日本国際政治学会の年報『国際政治』一五号（日本外交史研究・日中関係の展開、一九六一年三月）に「『満鉄』創立前後」を発表した。

　さらに、安藤彦太郎編前掲書『満鉄』の補論Ⅱになっている山田豪一「反満抗日武装闘争」は、一九六二年に『歴史評論』第一四二号、第一四三号、第一四五号、第一四六号（一九六二年六月、七月、九月、一〇月）に連載された「満州における反満抗日運動と農業移民」（前掲『展望日本歴史』所収）をもとにしており、これは中国民族の抗日遊撃戦争の研究としても、日本人満州農業移民の研究としても、きわめて早い時期の本格的な業績である。山田はのちに満鉄調査部に関する単著『満鉄調査部―栄光と挫折の四十年』（日経新書、一九七七年）もあらわすが、おなじ六二年には安藤彦太郎と連名で「近代中国研究と満鉄調査部」を『歴史学研究』第二七〇号（一九六二年一一月）に発表している。

(21) 南とく子「日清戦争と朝鮮貿易」（『歴史学研究』第一四九号、一九五一年一月）。藤原蔓子「義兵運動」（『歴史学研究』第一八七号、一九五五年九月）。

(22) 鈴木隆史「満州経済開発と満州重工業の成立」（『徳島大学学芸紀要（社会科学）』第一三号、一九六四年三月）。同「『満州国』と王道政治―満州国の評価をめぐって」（『歴史評論』第一七〇号、一九六四年一〇月）。同「南満州鉄道株式会社（満鉄）の創立過程」（『徳島大学教養部紀要（人文社会科学）』第四号、一九六九年三月）。同「総力戦体制と植民地支配」（『日本史研究』第一一一号、一九七〇年四月）。鈴木は、その後も満州を中心に植民地研究をつづけ、のちに大著『日本帝国主義と満州―一九〇〇～一九四五』全二巻（塙書房、一九九二年）を刊行した。

(23) 宮田節子「三・一運動の実態とその現代的意義」（『歴史評論』第一五七号、一九六三年九月）。同「一九三〇年代日帝下朝鮮における『農村振興運動』の展開」（『歴史学研究』第二九七号、一九六五年二月）。同「朝鮮の植民地化と反帝運動」（『岩波講座世界歴史　二三（近代一〇）』岩波書店、一九六九年。

(24) 山辺健太郎『日韓併合小史』岩波新書、一九六六年。同「日本帝国主義と植民地」（『岩波講座日本歴史　一九（現代二）』岩波書店、一九六八年）。同『日本統治下の朝鮮』岩波新書、一九七一年。『日本の韓国併合』太平出版社、一九六六年。同『日韓併合小史』では、韓国の親日改革派政治家金玉均の手記『甲申日録』の写本を交合するなど、史料・文献を緻密に検討し、それを基礎に平易な叙述をおこなうのが山辺の真骨頂である。彼は、日本の社会運動を研究していたが、それには資本主義発達史の検討が必要であり、それまでの研究では植民地の問題が無視されていることに気づき、まず朝鮮の近代史を調べることにした、と述べている（『日本の韓国併合』三六一頁）。前述したように、従来の研究が植民地を無視したわけではないが、関心がうすかったのは事実であり、山辺の学問の歩みは、植民地研究者に共通した問題関心の原点だったといえる。

(25) 朴慶植は、一九五〇年代に朝鮮植民地前史というべき「開国と甲午農民戦争」（前掲『歴史学研究』特集号）を発表しているのが注目される。その後六〇年代には、同「太平洋戦争時における朝鮮人強制連行」（『歴史学研究』第二九七号、一九六五年二月）、同『朝鮮人強制連行の記録』（未来社、一九六五年）、同「三・一独立運動の歴史的前提―主体的条件の把握のために」（『思想』第五五〇号、一九七〇年四月）、同「三・一独立運動研究の諸問題―民族主義の評価について」（『思想』第五五六号、一九七〇年一〇月）などの力作を世に問うた。最後にあげた論考は、民族主義者の役割を否定的に評価する姜徳相の見解（「三・一運動における『民族代表』と朝鮮人民」『思想』第五三七号、一九六九年三月）に対して、民族主義者の限界を認めながら一定の評価を与えたもの。朴はその後、朴慶植『日本帝国主義の朝鮮支配』全二巻（青木書店、一九七三年）をまとめ、また在日朝鮮人史の史料収集と研究にも大きな足跡を残した。

(26) 浅田喬二『日本帝国主義と旧植民地地主制―台湾・朝鮮・満州における日本帝国主義と旧植民地地主制』御茶の水書房、一九六八年（増補版、龍渓書舎、一九八九年）。その後の浅田の著・編書は前掲『展望日本歴史』の文献目録を参照のこと。

(27) 小林英夫「朝鮮産金奨励政策について」（『歴史学研究』第三二一号、一九六七年二月）。同「一九三〇年代朝鮮『工業化』政策の展開過程」（『朝鮮史研究会論文集』第三号、一九六七年一〇月）。同「一九三〇年代前半期の朝鮮労働運動について―平壌ゴム工場労働者のゼネストを中心にして」（『朝鮮史研究会論文集』第六号、一九六九年六月）。同「一九三〇年代『満州

工業化』の展開過程」(『土地制度史学』第一一巻四号、一九六九年七月)。

(28) 野村浩一「満州事変直前の東三省問題」(『国際政治』一五号(日本外交史研究・日中関係の展開)一九六一年三月)。森芳三「明治二九年日清通商条約と資本輸出」(『山形大学紀要(社会科学)』第一巻三号、一九六一年)。宇佐美誠次郎「満州侵略」(『岩波講座日本歴史　二〇(現代三)』岩波書店、一九六四年)。権寧旭「朝鮮における日本帝国主義の植民地的山林政策」(『歴史学研究』第二九七号、一九六五年二月)。萩野敏雄『朝鮮・満州・台湾林業発達史論』林野弘済会、一九六五年。菊地貴晴『中国民族運動の基本構造—対日ボイコットの研究』大安、一九六六年(増補版、汲古書院、一九七四年)。桑野仁『戦時通貨工作史論—日中通貨戦の分析』法政大学出版局、一九六六年。佐藤昌一郎「『製鉄原料借款』についての覚え書—官営製鉄所財政との関連において」(『土地制度史学』第八巻四号、一九六六年七月)。吉田和起「日本帝国主義の朝鮮併合—国際関係を中心に」(『朝鮮史研究会論文集』第二号、一九六六年一一月)。梶村秀樹「一九二〇年代満州における抗日闘争にたいする日本帝国主義の諸策動—『在満朝鮮人問題』と関連して」(『日本史研究』第九四号、一九六七年一一月)。同「日帝時代(前半期)平壌メリヤス工業の展開過程—植民地経済体制下の朝鮮人ブルジョアジーの対応の一例」(『朝鮮史研究会論文集』第三号、一九六七年一〇月)。同「日帝時代(後半期)平壌メリヤス工業の展開過程—植民地経済体制下の朝鮮人ブルジョアジーの対応の一例」(同前書第五号、一九六八年一一月)。姜徳相「関東大震災に於ける朝鮮人虐殺の実態—特に四十周年を記念して」(『歴史学研究』第二七八号、一九六三年七月)。同「憲兵政治下の朝鮮」(同前書第三二一号、一九六九年二月)。秋定嘉和「朝鮮金融組合の機能と構造—一九三〇〜四〇年代にかけて」(『朝鮮史研究会論文集』第五号、一九六八年一一月)。朴宗根「一八九四年における日本軍撤兵問題と朝鮮『内政改革』案登場の背景」(同前書)。毛里和子「中国共産党の抗日民族統一戦線理論の形成における若干の問題—東北抗日運動を軸にして」(日本国際問題研究所『国際問題研究』第一号、一九六八年)。渡部学『朝鮮近代史』(勁草書房・A・A叢書、一九六八年)。中塚明「朝鮮の民族運動と日本の朝鮮支配」(『思想』第五三七号、一九六九年三月)。緑川勝子「万宝山事件および朝鮮内排華事件ついての一考察」(『朝鮮史研究会論文集』第六号、一九六九年六月)。利谷伸義「『東亜新秩序』と『大アジア主義』の交錯—汪政権の成立とその思想的背景」(編集委員会編『仁井田陞博士追悼論文集(三)日本法とアジア』勁草書房、一九七〇年)。西川宏「日本帝国主義下における朝鮮考古学の形成」(『朝鮮史研究会論文集』第七号、一九七〇年六月)。平野健太郎「満州事変前における在満日本人の動向」(『国際政治』四三号(満州事変)一九七〇年一二月)。松村高夫「日本帝国主義下における『満州』への朝鮮人移動について」(『三田学会雑誌』

第六三巻六号、一九七〇年六月)。

(29) 満史会編『満州開発四十年史』全三巻、同刊行会、一九六四－一九六五年。満洲回顧集刊行会編『あゝ満洲―国つくり産業開発者の手記』満洲回顧集刊行会、一九六五年。満洲国史編纂刊行会編『満洲国史』全二巻、満蒙同胞援護会、一九七〇年。林房雄「大東亜戦争肯定論」(『中央公論』、一九六三年九－一二月。同『大東亜戦争肯定論』番町書房、一九六四年。ただし『満州開発四十年史』の場合、上巻の「農業篇」の記述などはマルクス主義的な観点が明白で、一定の客観性が感じられる。執筆者の歴史観はかならずしも統一されてはいないようだ。

(30) 日本国際政治学会太平洋戦争原因研究部編『太平洋戦争への道』全七巻+別巻資料編(朝日新聞社、一九六二－六三年、新版、一九八七年)。この大規模な共同研究の意義と限界、それへの批判としての歴史学研究会編『太平洋戦争史』全六巻(青木書店、一九七一－一九七三年)の刊行、防衛庁(当時)の史料公開の非民主性などについては、拙著『十五年戦争史論―原因と結果と責任と』(青木書店、一九九九年)四二～四五頁を参照。

(31) 井上清「日本の朝鮮侵略と帝国主義」(『朝鮮史研究会論文集』第五号、一九六八年一一月)。

(32) 山崎広明・芝垣和夫・林健久『日本資本主義』(宇野弘蔵監修『講座帝国主義の研究』(六)、青木書店、一九七三年)。降旗節雄・桜井毅・渡辺寛『帝国主義論の形成』(宇野弘蔵監修『講座帝国主義の研究』(一)、青木書店、一九七三年)。また、私の植民地研究の論考には、概説・解題類をのぞいてつぎのようなものがある。拙稿「植民地ファシズム運動の成立と展開―満州青年連盟と満州協和党」(『歴史学研究』第四〇六号、一九七四年三月)。同「笠木良明とその思想的影響」(『歴史評論』第二九五号、一九七四年一一月)。同「植民地の民衆運動」(藤原彰編『日本民衆の歴史』第九巻(戦争と民衆)三省堂、一九七五年)。同「満州農業移民政策と長野県」(『信州白樺』第二〇号、一九七五年一二月)、のちに「満州農業移民政策の展開―長野県を例として」と改題し、藤原彰・野沢豊編『日本ファシズムと東アジア』青木書店、一九七七年に収載。同『満州国』(三省堂選書、一九七八年、復刻、講談社学術文庫、二〇〇七年)。同「日本帝国主義と満鉄」(『日本史研究』第一九五号、一九七八年一一月)。同「一九二〇年代の満鉄と満鉄調査部」(『歴史公論』第五巻四号、一九七九年四月)。同「満州事変の真相」(藤原彰・今井清一・宇野俊一・粟屋憲太郎編『日本近代史の虚像と実像　第三巻(満州事変～敗戦)』大月書店、一九八九年)。同「〈大東亜共栄圏〉と東條政権」(『歴史評論』第五〇八号、一九九二年八月)。同「日本の敗戦とアジア諸国の独立」(浅田喬二編『近代日本の軌跡　第一〇巻(「帝国」日本とアジア)』吉川弘文館、一九九四年)。同「『大東亜共栄圏』論」(歴史学研究会編『講座世界史　八(戦争と民衆―第二次世界大戦)』東京大学出版会、一九九六年)。前掲拙著『十五年戦争史論』。

（33）　前述の村上勝彦によるレーニン帝国主義論を日本の歴史的現実にどう適用できるかの指摘のほか、浅田喬二が「日本植民地研究の現状と問題点」（『歴史評論』第三〇〇号、一九七五年四月）を書き、帝国主義の植民地支配の基本政策は、従来からいわれているように土地支配、金融・財政支配、鉄道支配の「三本柱」にあり、植民地研究の課題はこれらの実証的な把握にもとづいて、帝国主義と植民地の相互連関・相互規定の関係を解明することだとした。のちに小林英夫は「一五年戦争と植民地」（石井寛治・海野福寿・中村政則編『近代日本経済史を学ぶ　下巻（大正・昭和）』有斐閣選書、一九七七年）で、敗戦までの日本帝国主義の全体を通してこの「三本柱」が支配の開始に不可欠だったのか、それをすべて満たすほど日本帝国主義の植民地支配は強固なものだったのかを問い、その全生涯を貫く植民地支配の基礎構築の柱を検出することは不可能ではないかとの疑問を呈した。そして経済支配に重点をおく「三本柱」論だけでは植民地の政治支配の特質は解明できず、帝国主義と植民地の相互関連の動的変転に応じて支配の柱も段階的に変化することを強調した。たしかに浅田の規定は静的で通時的な印象をあたえるが、小林もいうように「すっきりとかつ一貫した理論的枠組には魅力が感じられる」（二二五～二二六頁）。要するに浅田説は抽象性の高い理論であり、小林説はより現実の動向に目をむけた叙述上の論理であって、二者択一すべき問題ではないだろう。双方の視点をかさねあわせれば、さらに有効な植民地研究の方法が生まれるのものと思う。

（34）　石井寛治「東アジアにおける帝国主義」（歴史学研究会・日本史研究会編『講座日本歴史（八）近代（二）』東京大学出版会、一九八五年）。

（35）　江口朴郎『帝国主義時代の研究』岩波書店、一九七五年。『江口朴郎著作集』全五巻、青木書店、一九七四－一九七五年。

（36）　「歴史の主体」とは、個々の国家、それをこえた地域、もしくは世界全体を舞台に、歴史を創造し、あるいは変革する主体としての人間集団であり、一九、二〇世紀には、国民国家ないし国民国家形成途上の民族集団がその典型であった。それらは、あるいは世界システムのなかで独立した地位を保ち、あるいは目下のところ従属しているが、しかし早晩独立を果たそうと企図している。どちらにしろ、それぞれの主体は、多かれ少なかれ民族主義の信条・思想をもっている。Okabe, *"Empire, Nation-State, and National Economy in East and Southeast Asia, 1920s-1960s"*（疋田康行編『一九二〇－六〇年代東・東南アジア経済の統合と反統合─政策と実践』一九九八年度立教大学国際会議成果報告書、私家版、一九九九年）一五頁。そこでは「歴史の主体」をhistorical substanceと表現したが、英語のsubstanceは概念として多義的にすぎるので、いまではhistorical entityのほうがわかりやすいと考えている。

（37）　一九九〇年代以降の世界的な諸帝国論の急台頭と、それへの私の見解は、岡部牧夫「帝国論によせて」（『年報・日本現代史』第一〇号（「帝国」と植民地）現代史料出版、二〇〇五年五月）を参照。

（38）高岡裕之「日本近現代史研究の現在」（『歴史評論』第六九三号、二〇〇八年一月）。

（39）たとえば佐々木力は、後述のように西洋の科学帝国主義の東アジアへの適用と、日本によるその模倣または摂取についてするどい指摘をしている（注43）が、帝国主義概念の多義性にふれ、『帝国主義』とは、一般に強力な中軸的政体が周辺部になんらかの意味で支配的影響を及ぼし、広域の影響が及ぶ地域を作ろうとする思想ないしその現実の動きのことを意味します」という。これでは帝国論で論じられている「帝国」定義のひとつとまったく区別がつかないように思われる。

（40）大江志乃夫ほか編『岩波講座 近代日本と植民地』全八巻、岩波書店、一九九二－一九九三年。

（41）小熊英二『〈日本人〉の境界―沖縄・アイヌ・台湾・朝鮮植民地支配から復帰運動まで』新曜社、一九九八年。中村哲『近代東アジア像の再構成』桜井書店、二〇〇〇年。籠谷直人『アジア国際通商秩序と近代日本』名古屋大学出版会、二〇〇〇年。杉原薫『アジア間貿易の形成と構造』ミネルヴァ書房、一九九六年。古屋哲夫・山室信一編『近代日本における東アジア問題』吉川弘文館、二〇〇一年。山室信一『思想課題としてのアジア―基軸・連鎖・投企』岩波書店、二〇〇一年。山城幸松・金容権『日本「帝国」の成立―琉球・朝鮮・満州と日本の近代』日本評論社、二〇〇三年。小林英夫『帝国日本と総力戦体制―戦前・戦後の連続とアジア』有志舎（吉川弘文館発売）、二〇〇四年。

（42）水野直樹編『生活の中の植民地主義』人文書院、二〇〇四年。橋谷弘『帝国日本と植民地都市』吉川弘文館、二〇〇四年。倉沢愛子ほか編『岩波講座 アジア・太平洋戦争』（全八巻）のうち（一）～（七）、二〇〇五－二〇〇六年。大日方純夫・山田朗編『講座　戦争と現代（三）近代日本の戦争をどう見るか』大月書店、二〇〇四年。小林啓治「近代東アジアの国際秩序と帝国日本の形成」・橋谷弘「植民地支配と戦争体制」・柳沢遊「日本経済と戦争」（ともに同前書所収）。

（43）佐々木力「西洋の科学革命と東アジア」（『思想』第九〇五号、一九九九年一一月。のちに佐々木力『科学技術と現代政治』ちくま新書、二〇〇〇年に収載）。池田浩士編『大東亜共栄圏の文化建設』人文書院、二〇〇七年。

（44）竹中憲一『「満州」に於ける教育の基礎的研究』（全六巻）柏書房、二〇〇〇年。渡辺宗助・竹中憲一編『教育における民族的相克』（『日本植民地教育史論Ⅰ』）東方書店、二〇〇〇年。竹中憲一『「満州」における中国語教育』柏書房、二〇〇四年。佐野通夫『日本植民地教育の展開と朝鮮民衆の対応』社会評論社、二〇〇六年。宮沢恵理子『建国大学と民族協和』風間書房、一九九七年。山根幸夫『建国大学の研究―日本帝国主義の一断面』汲古書院、二〇〇三年。宮沢の研究への根本的な批判としては、たとえば王智新「殖民地の歴史に何を学ぶか 宮沢恵理子『建国大学と民族協和』」（『日本植民地研究』第一一号、一九九九年七月）、同編『批判 植民地教育史認識』（社会評論社、二〇〇〇年）がある。松永典子『日本占領下のマラヤにおける日本語教育』風間書房、二〇〇二年。

(45)　末永恵子「旧満州医科大学の歴史」（『15年戦争と日本の医学医療研究会会誌』第五巻二号、二〇〇五年七月）。軍医学校跡地で発見された人骨問題を究明する会篇『戦時医学の実態—旧満州医科大学の研究』樹花舎（星雲社発売）、二〇〇五年。

(46)　松本剛『略奪した文化—戦争と図書』岩波書店、一九九三年。岡村敬二『遺された蔵書—満鉄図書館・海外日本図書館の歴史』阿吽社、一九九四年。村上美代治『歴史の中の満鉄図書館—図書館活動の構図と原動力』私家版（滋賀・野洲）、一九九九年。東條文規『図書館の近代—私論・図書館はこうして大きくなった』ポット出版、一九九九年。加藤一夫・河田いこひ・東條文規『日本の植民地図書館』社会評論社、二〇〇五年。沖田信悦『植民地時代の古本屋たち—樺太・朝鮮・台湾・満州・中華民国—空白の庶民史』寿郎社（札幌）、二〇〇七年。

(47)　石剛『植民地支配と日本語—台湾、満洲国、大陸占領地における言語政策』三元社、一九九三年（増補版、二〇〇三年）。川村湊『海を渡った日本語—植民地の国語の時間』青土社、一九九四年。久保田優子『植民地朝鮮の日本語教育』九州大学出版会、一九九五年。安田敏明『帝国日本の言語編制』世織書房（横浜）、一九九七年。同『植民地のなかの「国語学」—時枝誠記と京城帝国大学をめぐって』三元社、一九九九年。同『「言語」の構築—小倉進平と植民地朝鮮』三元社、一九九九年。多仁安代『大東亜共栄圏と日本語』勁草書房、二〇〇〇年。三浦信孝・糟谷啓介編『言語帝国主義とは何か？』藤原書店、二〇〇〇年。石剛『日本の植民地言語政策研究』明石書店、二〇〇五年。

(48)　尾崎秀樹『旧植民地文学の研究』勁草書房、一九七一年。朴春日『近代日本文学における朝鮮像』未来社、一九六九年（増補、一九八五年）。川村湊『満洲崩壊—「大東亜文学」と作家たち』文藝春秋、一九九七年。同『文学から見る「満州」—「五族協和の夢と現実」』吉川弘文館、一九九八年。日本社会文学会編『植民地と文学』オリジン出版センター、一九九三年。岡田秀樹『文学に見る「満州国」の位相』研文出版、二〇〇〇年。西原和海・川俣優編『満州国の文化—中国東北のひとつの時代』せらび書房、二〇〇五年。南富鎮『文学の植民地主義—近代朝鮮の風景と記憶』世界思想社、二〇〇六年。神谷忠孝・木村信編『〈外地〉日本語文学論』世界思想社、二〇〇七年。

(49)　末広昭編『岩波講座「帝国」日本の学知　第六巻（地域研究としてのアジア）』岩波書店、二〇〇六年。飯島渉『ペストと近代中国—衛生の制度化と社会変容』研文出版、二〇〇〇年。見市雅俊『疾病・開発・帝国医療—アジアにおける病気と医療の歴史』東京大学出版会、二〇〇一年。飯島渉『マラリアと帝国―植民地医学と東アジアの広域秩序』東京大学出版会、二〇〇五年。『歴史学研究』第八三四号、二〇〇七年一一月。

(50) 中下正治『新聞にみる日中関係史―中国の日本人経営紙』研文出版、一九九六年。李相哲『満洲における日本人経営新聞の歴史』凱風社、二〇〇〇年。

(51) 新田光子『大連神社史―ある海外神社の社会史』おうふう、一九九七年。菅浩二『日本統治下の海外神社』弘文堂、二〇〇四年。青井哲人『植民地神社と帝国日本』吉川弘文館、二〇〇五年。韓皙曦『日本の満州支配と満洲伝道会』日本基督教団出版局、一九九九年。

(52) 沢井実『日本鉄道車輌工業史』日本経済評論社、一九九八年。柴田善雅『戦時日本の特別会計』日本経済評論社、二〇〇二年。金洛年『日本帝国主義下の朝鮮経済』東京大学出版会、二〇〇二年。黒瀬郁二『東洋拓殖会社―日本帝国主義とアジア太平洋』日本経済評論社、二〇〇三年。堀和生・中村哲編『日本資本主義と朝鮮・台湾―帝国主義下の経済変動』京都大学学術出版会、二〇〇四年。柳沢遊・木村健二編『戦時下アジアの日本経済団体』日本経済評論社、二〇〇四年。石井寛治・原朗・武田晴人編『日本経済史　第四巻（戦時・戦後期）』東京大学出版会、二〇〇七年。柴田善雅『中国占領地日系企業の活動』日本経済評論社、二〇〇八年。風間秀人「一九三〇年代における『満洲国』の工業―土着資本と日本資本の動向」（『アジア経済』第四八巻第一二号、二〇〇七年一二月）。海野福寿『伊藤博文と韓国併合』青木書店、一九九八年。姜再鎬『植民地朝鮮の地方制度』東京大学出版会、二〇〇一年。樋口雄一『戦時下朝鮮の民衆と徴兵』総和社、二〇〇一年。西成田豊『中国人強制連行』東京大学出版会、二〇〇二年。杉原達『中国人強制連行』岩波書店、二〇〇二年。山田昭次・古庄正・樋口雄一『朝鮮人戦時労働動員』岩波書店、二〇〇五年。明石陽至編『日本占領下の英領マラヤ・シンガポール』岩波書店、二〇〇五年。安達宏昭『戦前期日本と東南アジア―資源獲得の視点から』吉川弘文館、二〇〇二年。柴田善雅『南洋日系栽培会社の時代』日本経済評論社、二〇〇五年。富田武「満州事変前後の日ソ漁業交渉」（『歴史学研究』第八三四号、二〇〇七年一一月）。崔吉城・原田環『植民地の朝鮮と台湾―歴史・文化人類学的研究』第一書房、二〇〇七年。

(53) 宇野重昭編『深まる侵略 屈折する抵抗―一九三〇年―四〇年代の日・中のはざま』研文出版、二〇〇一年。小林英夫・林道生『日中戦争史論―汪精衛政権と中国占領地』御茶の水書房、二〇〇五年。安井三吉『柳條湖事件から盧溝橋事件へ―一九三〇年代華北をめぐる日中の対抗』研文出版、二〇〇三年。内田尚孝『華北事変の研究―塘沽停戦協定と華北危機下の日中関係』汲古書院、二〇〇六年。範力『日中〝戦争交流〟の研究―戦時期の華北経済を中心に』汲古書院、二〇〇二年。内田知行『抗日戦争と民衆運動』創土社、二〇〇二年。笹川裕史・奥村哲

『銃後の中国社会—日中戦争下の総動員と農村』岩波書店、二〇〇七年。

(54) 高橋孝助・古厩忠夫『上海史』東方書店、一九九五年。天津地域史研究会編『天津史』東方書店、一九九九年。山田正行『アイデンティティと戦争—戦中期における中国雲南省滇西地区の心理歴史的研究』グリーンピース出版会、二〇〇二年。石島紀之『雲南と近代中国—〝周辺〟の視点から』青木書店、二〇〇四年。古厩忠夫『日中戦争と上海、そして私』研文出版、二〇〇四年。高綱博文編『戦時上海—一九三七〜四五年』研文出版、二〇〇五年。内田知行『黄土の大地 一九三七〜四五—山西省占領地の社会経済史』創土社、二〇〇五年。内田知行・柴田善雅編『日本の蒙疆占領—一九三七〜一九四五』研文出版、二〇〇七年。今井駿『四川省と近代中国—軍閥割拠から抗日戦の大後方へ』汲古書院、二〇〇七年。

(55) 本庄比佐子・内山雅生・久保亨編『興亜院と戦時中国調査』岩波書店、二〇〇二年。

(56) 今井駿『中国革命と対日抗戦—抗日民族統一戦線史研究序説』汲古書院、一九九七年。

(57) 何治賓『中国東北と日本の経済関係史—一九一〇・二〇年代のハルビンを中心に』白帝社、二〇〇二年。裴富吉『満洲国と経営学—能率増進・産業合理化をめぐる時代精神と経営思想』日本図書センター（学術叢書）、二〇〇二年。山田豪一『満洲国の阿片専売—「わが満蒙の特殊権益」の研究』汲古書院、二〇〇二年。山本有造『「満洲国」経済史研究』名古屋大学出版会、二〇〇三年。広川佐保『内モンゴル東部地域における満州国の地積整理事業の展開—「蒙地奉上」と王公制度の廃止』富士ゼロックス小林節太郎記念基金、二〇〇四年。同『蒙地奉上—「満州国」の土地政策』汲古書院、二〇〇七年。江夏由樹・中見立夫・西村成雄・山本有造編『近代中国東北地域史の新視角』山川出版社、二〇〇六年。山本有造編『満洲 記憶と歴史』京都大学学術出版会、二〇〇七年。鈴木邦夫編『満州企業史研究』日本経済評論社、二〇〇七年。田中隆一『満洲国と日本の帝国支配』有志舎、二〇〇七年。

(58) 小林英夫編『近代日本と満鉄』吉川弘文館、二〇〇〇年。加藤聖文『満鉄全史—「国策会社」の全貌』講談社選書メチエ、二〇〇六年。満鉄会編『満鉄四十年史』吉川弘文館、二〇〇七年。原田勝正『満鉄』（岩波新書、一九八一年）。同『増補 満鉄』日本経済評論社、二〇〇七年。松村高夫・解学詩・江田憲治編『満鉄労働史の研究』日本経済評論社、二〇〇二年。庾炳富『満鉄撫順炭鉱の労務管理史』九州大学出版会、二〇〇四年。小林英夫・加藤聖文・南郷みどり編『満鉄経済調査会と南郷龍音—満洲国通貨金融政策史料』社会評論社、二〇〇四年。小林英夫・福井紳一『満鉄調査部事件の真相』社会評論社、二〇〇四年。小林英夫『満鉄調査部—「元祖シンクタンク」の誕生と崩壊』平凡社新書、二〇〇五年。同『満鉄調査部の軌跡 一九〇七-一九四五』藤原書店、二〇〇六年。鶴見祐輔（一海知義校訂）『正伝 後藤新平 決定版』全八巻、藤原書店、二〇〇四－二〇〇六年。星亮一『後藤新平伝』平凡社、二〇〇五年。

(59) 森久男『徳王の研究』創土社、二〇〇〇年。後藤乾一・山崎功『スカルノ―インドネシア建国の父と日本』吉川弘文館、二〇〇一年。小林英夫『日中戦争と汪兆銘』吉川弘文館、二〇〇三年。古厩忠夫前掲書『日中戦争と上海、そして私』。澁谷由理『馬賊で見る「満洲」―張作霖のあゆんだ道』講談社選書メチエ、二〇〇四年。同『「漢奸」と英雄の満洲』同、二〇〇八年。木山英雄『周作人「対日協力」の顛末―補注「北京苦住庵記」ならびに後日譚』岩波書店、二〇〇四年。山田辰雄・家近亮子・浜口裕子編『橘樸 翻刻と研究―京津日日新聞』慶應義塾大学出版会、二〇〇五年。入江曜子『溥儀』岩波新書、二〇〇六年。古川隆久『あるエリート官僚の昭和史―「武部六蔵日記」を読む』芙蓉書房、二〇〇六年。小田部雄次『李方子―一韓国人として悔いなく』ミネルヴァ書房、二〇〇七年。

(60) 寺本康俊『日露戦争以後の日本外交―パワー・ポリティクスの中の満韓問題』信山社、一九九九年。馬場明『日露戦争後の満州問題』原書房、二〇〇三年。

(61) 樺太、南洋群島についての文献は、統治官庁の刊行物と、水産・製糖・製紙業など個別産業・企業に関するものが中心である。南洋については、日独戦の占領地としての時論や、委任統治をめぐる国際法上の議論がこれに加わる。同時代の本格的な歴史的・社会科学的研究は、矢内原忠雄『南洋群島の研究』（岩波書店、一九三五年、のちに『矢内原忠雄全集（三）』岩波書店、一九六三年）、高岡熊雄『樺太農業植民問題』（西ヶ原刊行会、一九三五年）、上原轍三郎『植民地として観たる南洋群島の研究』（南洋協会、一九四〇年）くらいである。

(62) 以上の日本人人口は、樺太終戦史刊行会編『樺太終戦史』（全国樺太連盟、一九七三年、一〇頁）、高橋泰隆『昭和戦前期の農村と満州移民』（吉川弘文館、一九九七年、一四頁）、岡部牧夫「樺太と南洋群島」（藤原彰・粟屋憲太郎・吉田裕編『昭和二〇年／一九四五年』小学館、一九九五年、一三四頁）による。

追記 （1）第一節 日本の帝国主義論の先駆に幸徳秋水『廿世紀の怪物 帝国主義』（一九〇一年、『帝国主義』岩波文庫、一九五二年、改版、二〇〇四年）があることを指摘したい。（2）第三節 帝国主義文化研究に越沢明『植民地満州の都市計画』（アジア経済研究所、一九七八年）、同『満州国の都市計画』（日本経済評論社、一九八八年、ちくま学芸文庫、二〇〇二年）、同『哈爾浜（ハルピン）の都市計画』（総和社、一九八九年、ちくま学芸文庫、二〇〇四年）、西澤泰彦『海を渡った日本人建築家―二〇世紀前半の中国東北地方における建築活動』（彰国社、一九九六年）、同『日本植民地建築論』（名古屋大学出版会、二〇〇八年）を補いたい。（3）近年の重要な研究になお見落しがあれば、すべて私の不才による。

第2章

ポストコロニアリズムと帝国史研究

戸邉秀明

はじめに

一九九〇年代以降の「日本植民地研究」の現状は、ポストコロニアリズムの観点からどのように見渡せるのか――それが本章の課題である。独立後／帝国崩壊後もなお存在する植民地主義、しかもそれは植民地後／帝国後を生きる人々のうちに深く内面化され、（残滓ではなく）常に再生産されて更新し続ける。ゆえにその克服には、制度的な脱植民地化／脱帝国化にとどまらず（あるいはそれを徹底させるためにこそ）、精神の脱植民地化／脱帝国化まで展望しなければならない――こうした観点からの主張は、遅くとも一九六〇年代末以降、世界各地でくり返されてきたし、日本の戦後思想においても決して目新しくはない。だが、それを学術的に検証すべき課題として定置できるようになったのはごく最近、日本植民地研究ではおそらくここ十数年のことだろう。

ではそうした問題意識は、この間、どれだけ共有されるようになったのか。確かに、日本植民地研究は全体として長足の進歩を遂げ、研究文献の著しい増加や史料の多数復刻・復刊など、いまもっとも活発な分野といってよい[1]。けれども、過去に同様の企図にもとづいて研究動向を整理した際に生じたわだかまりは、残念ながら解消できていない[2]。ポストコロニアリズムについてはその後もすぐれた概説書が著されて普及が進んだものの、従来の帝国主義論の観点に立つ植民地研究（以下、帝国主義研究）との関係は、なお消極的な共存にとどまっているのではないか[3]。

その結果、たとえば日本近現代史の通史叙述では、近年に至るまで植民地の記述はほとんど欠落してきた[4]。戦後史叙述についても、「戦後」が「帝国後」でもある脈絡は依然として見えにくい[5]。従来の帝国主義研究と新しい帝国史研究との並立といわれる日本植民地研究の現状は、こうした一国史的な日本史研究の態勢を構造的に支えてしまっている。もちろん、ポストコロニアリズムの課題は、植民地研究者だけが引き受ける課題であってはならない。だが植民地研究にこそ、その視座と方法に関する理解が強く要請されているのも事実である。

必要なことは、複数の研究視角のあいだで対話が困難だった原因を探り、ポストコロニアリズムの課題を受けとめた、あるいはそれと接合可能な成果を、具体的な植民地研究のなかに見出していく作業だろう。しかも今日では要請はそこにとどまらない。ここ数年の拡大・深化によって、新たな研究視角のうちにも分岐や亀裂が生じており、研究の配置はより複雑化している。この間急激に増加した間アジア（inter-Asia）地域史研究や「帝国」をめぐる議論は、日本植民地研究が前提としてきた枠組そのものをゆるがす大きな流れになりつつあるが、それとポストコロニアリズムとの関連は必ずしも明らかではない。研究を促す状況認識についても、研究者のあいだに微妙な齟齬が生じている。そこで本章では、帝国主義研究以外の視座から日本の植民地を対象とする近年の研究をできるだけ広くとり、いくつかの方向性にまとめておおまかな見通しをつけることに意を注いだ。

理論的な動向や課題については、すでにすぐれた整理や紹介があり、屋上屋を架す必要はない[(6)]。そのため本章では、大きく二点に課題を絞った。第一に、ポストコロニアリズムが状況と研究との相互作用のなかで発見された経緯を簡潔に素描することで、日本植民地研究の分野ではなぜそうした関心が近年まで弱かったのかを、歴史的な経緯をふまえて理解できるようにしたい。第二に、ポストコロニアリズムの視座がいま日本植民地研究の場でどのように受けとめられているかについて、私なりの見取図を描く。それぞれの地域に関する内在的かつ通時的な研究史の整理は第二部の各章に委ね、本章では文化と空間をめぐる方法論的な革新を軸足として、複数の新たな探究をゆるやかにつなげながら、それらが描く構図を少しく浮き彫りにしてみたい。

第一節　ポストコロニアリズムの歴史的文脈

新旧の研究視角のあいだで対話が不活発な理由のひとつに、ともすればポストコロニアル研究の多様な流れを「理論」として一括し、歴史研究の「実証」とは対照的なものと観念する傾向が指摘できる。ポストコロニアリズムの問題群は、そもそも状況と研究の両面から見出されてきた。だが、「理論」への還元は、ポストコロニアル研究が日本の帝国主義研究と同時代の模索であり、不正義に抗する実践的契機を強くもつという事実から、読者を遠ざけてしまう。しかも欧米産の「理論」の移植・適応という水準で値踏みされるため、いきおい理論性の抽出に関心が集まる（あるいは反発を生む）。それがまた、理論と実証という境界を再強化する。こうした循環を断ち切るには、複数の学問史を対照させた考察が求められる。以下は、そのためのきわめて粗い素描である。

一　その発生現場と問題関心

まずポストコロニアリズムの課題が状況と研究の合力として発見される世界的な過程を、英語圏を典型とする三つの側面の継起的な変化として把握してみよう(7)。

第一に、二〇世紀後半の脱植民地化が各国の政治的独立として一応は達成されても、独立後の社会は、冷戦という軛に加えて、残存する植民地主義的な社会構造や心性に強く規定されており、建国過程での政治的民主化・経済的自立の行き詰まりが深刻となった（Ａⅰ）。と同時に、次の二つの側面も端緒として見逃せない。第二に挙げられるのは、経済成長に吸引された旧植民地から旧宗主国への大量の人口移動である（Ｂⅰ）。このときは移民は「外国人労働者」と呼ばれたが、その存在は旧帝国の中心において新たな人種問題を発生させ、帝国支配の継続をめぐる厳しい抗争を惹起した。第三に、社会構造の変化と理論的検討の両面からマルクス主義の批判理論としての限界が指摘され、その批判と再構築がめざされた（Ｃⅰ）。

これら課題の発見が、おおむね一九七〇年代前半までの動きとすれば、七〇－九〇年代には次のような方向でその打開が模索された。第一に、植民地遺制の再編成による窮状の継続について、解剖が進められる。新植民地主義論や従属理論から始まったこの試みは、経済部門での影響こそ八〇年代に挫折を強いられるものの、ポスト構造主義の影響やフランツ・ファノンの読み直しなどを経由しつつ、やがて人々の思考様式、価値観の深みから植民地主義を対象化する方法として彫琢されていく（Ａⅱ）。第二に、旧宗主国における人種問題の発生は、新自由主義による多文化主義的粉飾を凝らしたレイシズムを反作用として生み出すが、これに対してマイノリティからの多様な異議申し立てが起こる（Ｂⅱ）。その渦中で、かつての帝国の中心にエリートとして渡ってきた旧植民地出身の留学生や研究者たちが、あらためて自己の出自を省察し、故郷の脱植民地化の困難さそのものに学問的に取り組んでいく。そこに生じる劇的な変容の過程は、第一の側面との重要な連関である。第三の側面では、マルクス主義が主導してきた批判理論が、それまで最高の審級であった階級や経済を相対化させ、さまざまなカテゴリーや境界をめぐる「政治」を発見し、理論化していった（Cⅱ）。実践的には地域主義・反人種主義にもとづく「新しい社会運動」や第三世界フェミニズムとの交流を通して、そうした議論の蓄積はポストコロニアル研究に多くの理論的示唆を準備したといえる。

こうして見たとき、ポストコロニアル研究がもつ次のような特徴が理解できるだろう。すなわち比較文学・文化研究を核に、「文化」の分析を焦点としてまず錬磨され（Aⅲ）、旧帝国の中心で（あるいはそこでの経験をふまえて）始まるプロジェクトであり（Bⅲ）、マルクス主義理論以来の実践的契機と批判理論を現代に賦活しようとの意志を強くもっている（Cⅲ）。ポストコロニアル研究が旧宗主国内部から多く出発する現象をもって、そのエリート主義を批判する向きもあるが、以上をふまえれば、いわば旧植民地出身者の新しい巡礼が、その巡礼を強制した知の帝国主義的構造を批判する契機となった逆説にこそ、注目すべきだろう。それは同時に、ポストコロニアリズムの発見が、旧宗主国「国内」の政治・運動の動向と密接に関連することを意味する。それゆえポストコロニアル研究は、植民地化の歴史総体を、宗主国と植民地が相互規定的に形成され、（いまなお）構造化され続けている世界として描き直し、その必然的連関のゆえに、課題の克服は両者の協働によらねばならないと明確に指摘できたのである。ならばその課題は、近代世界を対象とする営為すべてがかかわる難問というべきだろう。

右の研究上の特徴は、一九八〇年代以降、世界的に注目を集めるようになった一連の論者、たとえばエドワード・サイード、スチュアート・ホール、ラナジット・グーハ（サバルタン・スタディーズ・グループ）、ガヤトリ・C・スピヴァク、ベネディクト・アンダーソンらにほぼ共通して見られる。各々は依拠する方法や学問が異なるため、日本では同時代的な連関が見落とされがちだが、ほぼ同時に学問の革新が起こったのは決して偶然ではない。さらに冷戦崩壊後、東西対立のもとで抑圧されてきた諸要求が解凍されるとともに、その思想的・実践的影響は、一九世紀に独立を遂げていたラテンアメリカや新たに民主化した旧共産圏を含めて広範な地域に波及している。

二　日本における差異の位相

概括した三つの側面の展開は、同時期の日本ではうまく検証できない。第一の側面については、日本帝国が敗戦によって植民地を一挙に失った結果、他の帝国が第二次大戦後に経験した植民地独立戦争の苦痛（脱宗主国化）を被らず、帝国意識がかえって温存された点を挙げれば充分だろう。第二の側面についても、戦後日本の経済成長が一九八〇年代なかばまで、基本的に「国内」の労働力調整によって可能だったため、対移民政策が人種・民族問題の争点としては発生しなかった。これは石油ショック以降、旧植民地からの移民の取扱をめぐって「内なる植民地」の問題が顕在化した他の旧帝国（米国も含む）と大きく異なる。第三の側面では、日本では例外的にマルクス主義的方法がアカデミズムのなかで再生産の基盤を確立したために、逆説的に一九六〇年代末以降のマルクス主義の理論的革新という世界的潮流とズレを生じたことが重要だろう(8)。

こうした事態が、戦後東アジアにおける冷戦体制のもとで、ポストコロニアル状況に旧宗主国として向き合う試練を日本が一貫して回避してきた結果であるとは、つとに指摘されてきた。帝国意識は、実際には在日朝鮮人・台湾人の人々からたえず批判に曝されていたにもかかわらず、日本の政府や社会は、冷戦の論理によって批判を圧殺してきた。また東アジアでは、冷戦期に人の移動が極端に制限されたため、「国内」の在日朝鮮人や米軍占領地からの移住を誘導された沖縄人が、高度経済成長期の日本労働市場に低賃金労働力として組み込まれていた構造も、「国際」的な問題には発展しなかった(9)。

東アジアの冷戦体制は、歴史研究をも強く規定した。植民地に関する研究は、一九六〇年代以降、日本帝国主義研究と旧植民地地域における内発的発展や民族解放闘争を重視する各国史とで構成されてきた。概括すれば、前者が経済史による日本の帝国主義的対外活動の解明を中心として弾圧や同化の実相を究明する侵略史の性格を帯び、後者が本来有していた各民族の発展の可能性とそれを継承する民族の主体性を実証する抵抗史として、相互補完ないしは分業の関係を担っていた。前章で確認されているように、それは今日まですぐれた成果を蓄積してきた(10)。

しかし、この研究態勢は、帝国主義研究にそくしていえば次のような問題を内包していた(11)。日本資本主義の侵略性を解明しようとする志向は、経済の審級を優先させたために、植民地化が社会に及ぼす多様な抑圧を測る視点が弱かった。抑圧される側の主体性の解明は他方の民族解放闘争史に委ね、支配についても搾取と同化という一方通行の動きを強調する議論構成となっていた。これは、東アジア冷戦下の「民族」に視点が拘束され、国民国家（民族国家）の形成に向かう目的論的意識の強い制約を受けていた結果である。そのため、被支配民族の主体性が強く打ち出される場合、民族主義の成長、そして社会主義への到達を念頭において、そこに至る発展段階として歴史が評価された。こうした視点からは、たとえば台湾史の固有性や、独立に貢献しなかったとされる植民地自治運動はうまく視野に入りにくい。しかもこの分業は、必ずしも緊密ではなかった。帝国主義研究の中心は、満州侵略を典型とする中国への経済的侵略の解明に置かれ、植民地そのものを対象とする、あるいは旧植民地や占領地の地域に内在する歴史像を探究しようとする研究とは間隙が生じていた(12)。

もっとも、いわゆる戦後歴史学総体には、ポストコロニアル研究の視野がなかったわけではない。すでに一九七〇年代には、日本でもアジア史や社会史・民衆史の立場から、他地域の研究と比肩しうる革新が生じていた。ポストコロニアル研究は、唯一の起源や正典をもたない。それゆえ小谷汪之が指摘するように、板垣雄三のn地域論（特に民族運動と民衆運動の相違、前者の帝国主義との共犯関係）や良知力のガストアルバイター論、そして小谷自身のインド・ナショナリズム研究など、先駆的な発言は遡及的に見出される(13)。ポストコロニアル研究の基本視点が、①植民地主義と国民（民族）主義の共犯性と、②従属階級《サバルタン》の主体性の二つに収斂するならば、それは近代移行期を主な対象とする日本の民衆思想史・民衆運動史研究の特徴とも大きく重なる(14)。だが、そうした蓄積や系譜は、前述の条件により、日本の植民地研究には摂取されにくかったようだ。

一般的に日本では一九九〇年代に入り、脱冷戦・脱社会主義の大波のなかで、ようやくポストコロニアリズムの課題に直面し、関連する海外の研究の紹介・検討が一気に進んだ(15)。この時間差によって、前述した歴史的文脈は消去され、いきおい「理論」としての導入が目立った。しかも歴史研究での検討はさらに遅れた。九〇年代の日本近現代史研究に特徴的な潮流として、順に国民国家論、総力戦論、ポストコロニアリズムの三つが挙げられるが、当初、国民国家論や総力戦論では、植民地や帝国主義への関心はむしろたいへん希薄だった(16)。こうした遅延は、東アジアの脱冷戦が未済であることと大いに関係がある。冷戦構造の再編と継続は、戦後東アジアにおける「日米合作の植民地主義」によって維持され、この地域の脱植民地化を今日まで阻害している。

三　〈課題としての植民地〉の現在《いま》

では、以上の経緯を経て、植民地をめぐる歴史研究の位置づけは、いまどうなっているのだろうか。日本史研究についていえば、さきにふれた通史での問題はなお残るにしても、もはや帝国という前提抜きには近代史は語れなくなっている[17]。また時々の研究水準の指標となる「岩波講座」の企画からも、一九九〇年代以降の変化は明瞭に見てとれる。まず『岩波講座 近代日本と植民地』全八巻（一九九二－一九九三年）が、戦後の植民地研究を集大成する位置に立つ。しかし同時に、冷戦崩壊の渦中に編まれたこの講座では、帝国主義研究を主体とした巻編成にポストコロニアリズムを意識した新しい研究が散在しており、その後の変化を予感させる。それから約一〇年後、『岩波講座 近代日本の文化史』全一〇巻（二〇〇一－二〇〇三年、別巻は未刊）では、帝国としての近代日本を重視するポストコロニアル研究の方法が縦横に活用されているが、それらは主に文化研究の論者によって担われ、狭義の歴史研究に拠る執筆者は少なかった。この二つの講座の大きな振幅を受けて、あらためて歴史研究への定着をめざす『岩波講座 アジア・太平洋戦争』『岩波講座 「帝国」日本の学知』（ともに全八巻）の二つの講座が、二〇〇五－二〇〇六年にかけてほぼ同時に刊行された。戦後六〇年の節目に合わせた両講座は、この間の植民地研究の成果を直截に反映し、研究の広がりを体現するものの、編集の意図や巻編成などに着目すると、いくつかの差異が読みとれる。

前者では、一五年戦争期の歴史を考察するにあたって、「かつて植民地・占領地であったアジア・太平洋のさまざまな場所から投げかけられる問いかけ」を受けた空間的な視野の拡張と、時間的に「一九四五年で区切ることなく戦前・戦中・戦後をトータルに把握する視点」とを目標としてうたう。この気組みは、明らかにポストコロニアリズムの課題を自覚した設定である。実際にも、講座所収の各論文は「帝国の戦争経験」を強く意識して執筆されており、すべての巻で帝国と戦争という二重の経験が「戦後」に残した課題を批判的に検証する部門が設けられている。研究手法の面では、「戦後歴史学の戦争研究の蓄積を継承しながら」も、この間のポストコロニアル研究の問題提起をふまえて、研究の総合が図られている[18]。

これに対して後者では、開国期から戦後の変容までを見据えつつ、「近代日本の『帝国』化の過程で構築されていった日本の諸学の形成過程」に焦点が当てられる。「学知」という設定には、個別学問史の集成ではなく、制度や装置としての知がはらむ実践的性格（政治的性格）を反省的に考察する意図がうかがえる。ただし、前者に比してより直截に「帝国」日本を掲げるものの、各巻・各論考ごとに関心や方法の相違が目立ち、「近代日本の学知をアジア諸地域との相互的交渉の場として捉え直す」志向が著しく弱い巻も見られる。また一九九〇年代以降の状況認識として、「アジア共同体の構築を促す機運の高まり」を挙げ、グローバル化のなかで「アジア共同体」を構想するための知的インフラとして、「近代日本の学知」が価値化されている[19]。

言葉尻にこだわった対照と映るかもしれないが、個々の論文の内容を超えた次元で両講座が向き合おうとする状況認識の相違は、植民地研究全体の現状をなにほどか反映しているように思われる。

第二節　日本植民地研究の現状と問題群
——二つの方法的革新を中心に

一九九〇年代以降、方法・対象とも多様化した日本の植民地研究は、一括して帝国史研究とよばれ、従来の帝国主義研究と対比されることが多い。文字どおり「帝国史研究」の射程を著した駒込武によれば、その特質は、次のようにまとめられる[20]。すなわち、①複数の植民地・占領地と日本「国内」の構造的連関を究明する、②宗主国と植民地の影響関係を相互規定的に捉え、特に植民地の状況が宗主国に与えた影響に注目する、③（従来の経済史的な植民地研究に比して）政治史や文化史の領域を積極的に解明する、④自明とされてきた民族・文化概念が、歴史的に植民地支配と不可分に形成されてきた過程を重視する、という四つの視角を通じて、従来の枠組では捉えられなかった「植民地帝国」としての日本の総合的な探究が企図されている。

新しい研究潮流の総括として、これは今日でも有効である。ただ駒込の概括から七年余を経たいま、劇的に拡大した研究領域を前にしては、もう少し分節化が求められよう。そこで本節では、新たな研究の方法的核心を文化論的転回と空間論的転回の二つに求め、それぞれの特徴と議論の現状を明らかにする。またその転回を受けて、一九四五年以降の脱植民地化／脱帝国化をめぐる研究に生じた変化についても指摘する。これらの検討からは、もはやひと括りにはできない研究の多様性が浮かびあがる。しかし、もっとも良質な研究には、植民地（あるいは植民地主義との直面によって近代を始めなければならなかった人々）にとっての「生きられた近代」を捉えようとする、共通の問題関心がある。その点に留意しながら、以下、研究の現状を三項にわけて概観していく。

一　文化論的転回

なぜ文化が問題なのか

ポストコロニアリズムの課題に積極的に応えようとする研究は、多くの場合、文化に関する研究であり、その特徴的な手法は言説分析とされている。しかし、ここでいわれる文化とは何だろうか。また分析は言説に局限されるべきなのだろうか。新たな研究が文化に着目する場合、その文化とは対象としての文化、すなわち一般的な文化史・文化研究が念頭に置く個別の文化ジャンルの作品やマスメディア、身体文化などの具体的な対象には還元できない。[21]この場合の文化とは、経済的・政治的な支配―被支配にとどまらない植民地状況を指し示そうとして選ばれた、いわば方法としての文化概念なのである。

精神（あるいは想像力 imagination）の脱植民地化というと、物質的な領域とは切り離された虚構や内面的世界を想定しがちである。だが想像力は情動や期待として表現され、社会関係に織り込まれるとき、現実を動かす力（作用）となり、物質的な結果をともなって人々の関係性をゆさぶる。[22]文化への着目は、この力の独自性を捉えるためである。したがってそこでは経済や政治の領域が排除されるのではなく、経済的（あるいは政治的）諸関係とその効果をさまざまな説明原理のひとつに位置づけながら、経済（政治）をそれ以外（本章でいう文化）の「実践の存在条件として」考察することがめざされている。[23]

文化概念の再定義が重要な梃子とされるのは、植民地状況を創り出す権力作用が、日常生活の多様な回路を通じて働くからである。回路は、帝国の中心で駆動する国民化の諸装置と比べれば、植民地での制度化は低位で圧倒的に限られており、その効果（作用）も国民化とは質的に異なる。

ために権力作用はより断片化され、分散しており、対する植民地社会の反応も史料としては残りにくい。さまざまな実践をどんな些細な史料からでも読み出さなければ、限られた表現の経路しか許されない植民地社会の情動や民衆の主体性は言語化できない。歴史研究の「実証」は、そこで何をなしうるだろうか。

「植民地近代論」の視角

新たな文化概念の示唆を受けて、植民地研究は大きな変貌を遂げた。もちろんそれらは多様な関心に発しており、何かひとつの理論を適用したものではない。ただしある時期から、文化論的な転回とよびうる潮流は「植民地近代（colonial modernity）論」と結びつけて理解され、ある程度のまとまりをもった動向として把握されている。

松本武祝のすぐれた定式を参考にしつつまとめれば、植民地近代論はおおむね次の三つの視角をもつ[24]。

①歴史的に存在した近代性とは、植民地と宗主国との相互作用によって生み出され、その両者が「非同時的な同時代性」を共有する一つの近代を形作っている。こうした認識は、発展段階論が植民地を近代化の遅れた地域と捉える思考法を見直し、帝国こそが植民地における非資本主義的な生産様式や社会形態を必要とし、近代の一部として再編成したと指摘する。これによって植民地社会における近代性の極端な不均等が、近代化論的な先行（発展）／遅れ（収奪）の図式からではなく、近代そのものが生み出した構造化の産物として対象化される。

②その対象化には、権力作用の新しい分析が必要とされる。特に植民地社会の日常生活の場と実践が焦点とされ、公共性や規律権力、ヘゲモニーなど、さまざまな社会理論・分析概念を導入した検証が進んでいる。近年では松本自身が、植民地朝鮮における公衆衛生の普及を社会経済史的に検討することで植民地における近代の様相を掘り下げているように、この概念はいわゆる文化的な対象以外でも汎用性を高めつつある[25]。

③植民地主義と国民（民族）主義は、植民地民衆をいかに制御するかという点では正統性の創出をめぐって競合しており、両者は（力関係の圧倒的な不均衡のもとではあるが）敵対しあいながらも、民衆に対していわば「共犯関係」（complicity）にある。そのため、独立後の国民主義は急速な国家建設のために植民地主義の支配システムやイデ

オロギーを近代性の名のもとに再編・利用し、民衆をさらに従属させ続けた。もちろん国民主義に社会主義や伝統の主張を代入しても、その反（あるいは超）近代の志向自体が、近代性のただなかでつくられた志向にほかならず、民衆にとっては抑圧的に働く。独立後／帝国崩壊後まで射程に収めた考察をするには、そうした「敵対的な共犯関係」を剔抉する視座がいっそう求められる。

こうした視角をゆるやかに共有する研究が、文化を対象とする研究を越えて広がっている。以下ではそれを三つの側面に分けて紹介し、かつそれらの研究の問題点について、近年の論争の紹介とあわせて言及する。

植民地における「生きられた近代」への洞察

植民地において経験された特有の近代の具体相については、以下のような研究の進展に注目したい。

第一に、植民地における「政治」の領域について再考が進んでいる。従来の限られた担い手による政治過程だけではなく、植民地の権力と社会のあいだに生じる接触のうちにさまざまな「政治」の存在（紛争、合意調達や象徴動員）を見出す作業といえる[26]。尹海東が提起した「植民地公共性」という概念は、理想的な討議空間を想定する西欧近代の公共性論が捉えられない領域に、あえて政治を見出す「誤読」を試み、公共性概念が前提する「政治的なるもの」の部分性を衝く[27]。たとえば教育や医療をめぐる植民地社会と権力との交渉の場面は、従来は教育・社会政策など、支配の一環として分析されてきた領域だが、ここに植民地社会のさまざまな主体が参入し、それを通じて一定の公共性が生み出される[28]。もちろん、参入する主体は民族・階級・性差などの差異による大きな非対称を抱え、利害の「調整」にはむきだしの暴力が発動される危険が常に存在した。しかもこの公共性においては、抵抗の契機だけでなく、交渉を通じた主体化によってむしろ新たな従属が浸透する。植民地社会の側からする権力との必死の交渉は、近代性の魅力と暴力とを別ちがたいかたちで同時に浮上させるからだ。植民地の「政治」を再考する動向は、階級的利害や民族主義の立場から分類・評価されてきた植民地のエリートや中間層を、再度、重要な主体として据え、その歴史的役割を検討するよう促す。これについても松本が、植民地において人々は「いかに統治されたか」との問いを立て、国家と地域社会との合意調達の場面での地域エリートの「対日協力」に着目することで、〈支配―抵抗〉の枠組では捉えにくい〈動員―協力〉の実態へと視野を拡げている[29]。

なお公共性の契機となる社会的争点の質が、支配の過程で変容する点にも関心が払われるべきだろう。戦間期以降、それまで国家が顧みなかった「社会」的領域が帝国レベルで調整・計画・管理の対象となるとき、振興開発や救済事業をめぐって新たな利害調整が求められ、国家や帝国のエリートたちがあたかも調停者として植民地社会に立ち現れるような転倒が起こる[30]。ここで生じる新しい暴力は、立法による以上、「合法的」であることとさしあたり矛盾しない[31]。植民地では法こそが暴力の一形態となりうるのだから、「近代公法の歴史性」を植民地状況のなかに見出す作業は、法と暴力の根源的な関係を探ることにつながる[32]。

第二に、植民地における資本主義の様態を、経済史研究とは異なる関心から問題にする動向がある。植民地という条件下では、資本主義が生み出す不可逆的変化が、人々の感覚や情動にいかに作用するのか。この問いかけは、表象分析にとどまりがちなポストコロニアル研究を内在的に批判し、経済史的な研究との交流の可能性を示唆する。その徴候は、たとえば観光をめぐる諸研究の高まりにうかがえる。オリエンタリズム批判以来、植民地の観光開発や日本国内の植民地表象（博覧会など）は文化的支配の代名詞となったが、近年では観光の基盤整備の実証的な分析に加えて、被植民者を含めた具体的な観光行動が検証され、現地社会の変容や抵抗の可能性についても論じられるようになった[33]。他方、観光開発の欲求は、日本「内地」の周辺部をも巻き込んだ開発競争を誘発するなど、帝国内の地域間関係を変化させる。しかもそのとき、戦時期の沖縄を典型として、観光産業による地域振興が展望されると、ゲストの抱く歪んだ植民地主義のイメージをホスト社会の人々も受容せざるをえず、それによって開発の欲求と自文化の尊厳とのあいだでジレンマがいっそう昂進する[34]。観光に限らず、開発のもつ幻惑の力（fantasy）は、人間関係や志向まで変える欲望を掻き立て、植民地社会に紛争と亀裂を惹起する。そうした新しい質の暴力（の構造化）とわたりあって生きる人々の「主体性」を読みとることは容易ではないが、収奪か開発かとの一面的な議論を越えて、植民地の社会変容がもつ特有のあり方を探るには、アイデンティティや生活世界の位相と経済・政治の領域を切り離さずに議論する姿勢が欠かせない[35]。

こうした試みは、植民地における階級関係を、民族・ジェンダー・世代・階層等々のカテゴリーが輻輳する諸関係の複合として捉える植民地社会論の基礎づけをなすはずである。この点で、一連のジェンダー分析が切り拓きつつある地平は、植民地化によって家父長制が再編・強化される傾向を摘出し、階級や民族の概念が構築される過程が労働や性役割、セクシュアリティなどの変容を伴うと指摘するなど、たいへん示唆に富む[36]。

第三は、植民地に関する思想史や運動史、総じて主体の在処を重視する研究分野における新しい視点である。すでに指摘した植民地―宗主国を包含する近代の同時間性を重視するならば、帝国の中心―周縁の関係は単純な階層構造や伝播の一方通行としては捉えられない。ここで戦時期の帝国日本の中心―周縁（特に朝鮮）、内―外（特に中国）の相互浸透に着目しながら、東アジア規模の思想の交流や緊張を「言説空間」として把握する米谷匡史の問題提起が重要になる[37]。中心から周縁への思想の伝播・影響関係ではなく、共通の問題を磁場とする議論の空間が作られるようになると、応答関係は錯綜していく。そのとき、一見、帝国の中心の議論の移植と見られがちな植民地の知識人の言動に、中心への密やかな応答と批判が、その相手の思想を逆手にとってくり出される。

ここから、従来、「転向」や「親日」として一括されていた知識人のうちに、それまでとは異なる主体性が見出される。ただしそれは、転向から抵抗へと評価を反転させるのではなく、植民地の知識人が帝国の中心に居る知識人の立場を構造的に支えてしまう関係そのものに、帝国が植民地の主体に振るった暴力の痕跡を見ようとする視角に立つ[38]。政治的暴力によって裁断されてきた支配権力への協力・転向・同化といった負の経験をいかに対象化できるか――それは世界戦争と冷戦を経てなお継続する〈植民地主義―国民主義―マルクス主義〉の入り組んだ共犯関係を対象化し、より深く植民地化の暴力を問う作業でもある[39]。

「植民地近代論」をめぐる論争

植民地近代論は、日本では朝鮮近代史、特に一九二〇年代以降の分析を中心に普及し、その後、台湾史や中国史の研究でも援用されて汎用性を高めつつある[40]。しかし最近では、趙景達が植民地近代論批判を矢継ぎ早に発表し、研究を主導する並木真人や松本武視とのあいだで論争に発展している。趙の批判が、専門とする朝鮮近代史研究の領域にとどまらず、植民地近代論の立場か否かで日本植民地研究の現状を総覧している以上、この論争を避けて通れる者はいない[41]。朝鮮近代史研究に内在した論争の整理は、すべて第二部「朝鮮」の章に譲り、ここでは論争の意義が広く共有されるために確認すべき諸点にふれておきたい。

植民地近代論批判では、近代性の浸透がきわめて限られる植民地社会の現実が対置され、近代性とは無縁な民衆世界の分厚い存在を重視する民衆史的視点の必要が説かれる。近代性そのものがもつ抑圧性を強調することで韓国社会に盤踞する植民地主義を対象化しようとする植民地近代論については、植民地下の暴力を近代性一般に還元してしまい、植民地社会の特質をかえって捉え損なうものと危惧されている[42]。

けれども植民地近代論の勘所は、そもそも近代性の浸透如何の測定ではなく、近代性の不均等な展開によって社会の軋轢と落差が極大化し、その不均等性自体が植民地性として構造化されている「社会」の全体（性）に接近しようとする点にあると思われる。したがって近代から逃れた（あるいは拒否された）社会もまた「植民地の近代」にとって不可欠な一部として構造化され、位置づけられている。ならば、植民地における社会の独特の構造化、そしてそれにともなう既存の差異や価値の再編と序列化が、まずは問題にされなくてはならない[43]。そのうえで、植民地社会の段階的な変化をどのように描くかが課題となる。この点で、植民地近代論による研究と民衆史研究とは、充分対話の可能性があるだろう。そこでは梶村秀樹が晩年に植民地社会構成体論を理論的に深めようとして提起した論点が参考になる。彼は、抽象的ながら「旧植民地社会」においては「前資本主義的諸関係が一見そのまま存続しているようにみえることも多いが、それは外部条件に規定されて存続せしめられているのであり、外形はともかくその実体は変容している」（傍点原文）と、植民地社会の変動の特異性に注意を促している[44]。

また植民地近代論が、ポストコロニアル研究の二つの論点のうち、植民地主義と国民主義との「共犯関係」については熱心に論じても、他方の従属階級《サバルタン》の「主体性」を捉えようとする志向が弱いことも批判に曝されている。植民地近代論も主体性に注意を払っているが、植民地権力との「接近戦」をはかる交渉圏域（尹海東の表現を借りれば「グレーゾーン」）に入り込んだ人々を主な対象としたため、より巨大な層として存在する民衆の主体性への関心は相対的に弱い。ただし、その批判の核心は、植民地近代論が、植民地の当時の人々の行動を合理的・戦略的なものとして理解しようとするあまり、合理性にもとづく説明の貫徹が、植民地社会の現実を無視した説明と映るからだろう。植民地の人々が支配（たとえば同化政策）と妥協する過程にも独自の論理を認め、そこに一定の主体性を見ようとして、当時の理解枠組を精緻に再構成すればするほど、かえって支配の貫徹を証明する働きをもってしまい、支配のシステムの外部が想定できなくなってしまう㊺。これに対して、植民地民衆の主体性は、時々の合理的計算にもとづく権力との関係構築よりも、騒擾や犯罪などの逸脱行動や暴力、宗教活動等にこそ現れるという批判は、民衆史や社会史の成果から充分頷けるものがある㊻。植民地近代論の側には、それぞれの主体の理解枠組が、どのような要因によって歴史的に構成されるのか、より精密な分析が求められる。

ただし、民衆の主体性の根拠については、なお議論の余地があると思われる。民衆世界を自律性の高い伝統社会の継続と捉え、そこからの継起的な近代への抵抗として民衆運動を捉えるのでは、脱植民地期にまでわたって民衆の主体性を見通すことが難しくなるのではないか。ことは民衆概念の再検討にも及ぶだろう。民衆世界の変動と主体性のあり方の関係について、さらなる検討が必要ではないか。

いずれにせよ、植民地近代論への批判は、植民地を近代一般に解消するのではないかたちで、「植民地の近代」において構造として埋め込まれた植民地性をどのように考えうるのかを、厳しく問い糾している。その意味で、論争は、朝鮮史を越えた普遍的な意義をもっており、他分野の研究者も関心を寄せられるよう期待したい。

二　空間論的転回

新たな場と主体の発見

文化論的転回と並ぶ大きな変化が、「植民地帝国」を位置づけるための空間論的な認識枠組の刷新と、それを可能にするさまざまな場や担い手の発見である。考察範囲の単なる領域的拡大ではなく、自律的な国民経済や主権の樹立を理想とする国民国家形成史の規範的な領域モデルでは無視されてきたものへの着目が、歴史研究を活性化し始めた。それはまた、アジア太平洋戦争と国共内戦・朝鮮戦争とを経た二重の戦後において、東アジアに強固に形成された国民国家体制によって掻き消された場の痕跡を恢復させる試みであるともいえる。この背景には、一九八〇年代以降に世界的な現象となっている地理学や社会学・人類学における移動や空間をめぐる認識論的な議論の刷新があり、植民地研究もそうしたより大きな知的変革との接触を通じて変わりつつある。[47]

まず最大の変化として、帝国内・帝国間における多方向・多中心的な交流の諸相が注目されるようになった。ある植民地と日本「国内」との一対一対応の相互規定だけではなく、ある出来事が各植民地の法的位置づけや地政学的差異によって複雑な屈折を経ながら帝国規模の連鎖的な反応を引き起こす事例や、さらには本国政府を介さない各植民地相互の帝国内交流へと視野は拡大した。経済史はそうした成果をもっとも豊かに生み出し、帝国規模の経済構造から植民地の周縁部における地域間貿易の動向まで、史料発掘や統計の整備を伴いつつ、急速に研究が進んだ。[48]また政治史でも、本国政府と植民地の政治過程との連関が、官僚・政党・軍、そして植民地のエリートや植民地在住「内地人」などの各勢力間の具体的な相克や妥協にそくして解明されるにつれて、帝国大の政治運営の構造が徐々に浮かびあがってきた。これをマクロの水準とすれば、それを基礎づけるよりミクロな流れについて、官僚や職業軍人の植民地への転任とキャリア形成との関連、またその異動／移動による満州国を含む植民地間での支配政策の模倣や反復の実態をめぐる検証作業が近年着実に進んでいる。[49]思想・文化の側面では、従来から知的交流の研究は比較文化論などで盛んだったが、現在では、西洋→東京→植民地という一方向的な伝播研究にとどまらず、双方向・相互規定的な交流のあり方が、留学やメディアの機能的な側面から仔細に検討されつつある。[50]

しかし、こうした部門別の概括は、研究の現状をうまく反映していない。人の移動とそれが創り出す結合関係への着目が、より大きな背景となって個別の研究を支えているからだ。エリートの「周流」や「巡礼」「回遊」以上に、植民地支配によって離散を余儀なくされた人々（ディアスポラ）の移動と定住の諸相、越境的な生活圏、定住先の権力との交渉や抵抗などが、日常生活の実態から解明され始めた。日本植民地研究で移民史の発想や方法が本格的に導入されたのは最近だが、社会主義運動史に集中していた在日朝鮮人や在満朝鮮人の生活実態にわけいった体系的な歴史研究も現れている[51]。これに対して、帝国各地の日本人植民者社会の研究はなお手薄である[52]。越境が必要なのは、まずは移民／植民／出稼ぎ等々に分断された私たちの発想法そのものだといえるだろう。

もちろん、移動は帝国の内にとどまらない。複数の帝国や経済圏を媒介する多様な主体の存在は、私たちの惰性的な中心—周縁の図式を打ち砕く。たとえば華僑・印僑が創り出す自律的なネットワークは、諸帝国の勢力圏を媒介する不可欠の役割を第二次大戦期まで担っていた。それゆえに角逐する帝国のはざまで活躍する彼らと、その力を利用しようとする列強の思惑との交錯が、アジアの国際関係を規定する大きな要因であった。こうした点に着目する研究は、従来の国際関係論の枠組では捉えにくい主体に迫り、経済史と政治史を統合する可能性を示唆しており、とりわけめざましい[53]。また亡命者や革命運動のネットワークも、亡命地のコミュニティやコミンテルンとの相克によって、植民地と帝国本国の関係にとどまらない輻輳する交流の回路を形成していた[54]。

一九世紀の開港から冷戦期に至るまで続くこうした膨大な人流に直面して、それを馴致するさまざまな統治の技術や学知の発達が見られ、それらもまた各地に適用されることで継受と変容をきたした。当然、人の移動にかかわっては、識別や管理の問題に焦点があわされるため、研究も名前・戸籍・渡航管理などをめぐって活発になった。しかも法制史的実証のみならず、生活に密着した運用の実態や、帝国崩壊後の統治技術の再編・転用にも及んでいる[55]。また交流の増加に伴う感染症の爆発的な増加に対処するために広域的な管理を要請する医学・衛生の分野については、植民地近代論も取り入れた新たな展開が見られる[56]。

空間認識の刷新

帝国日本が位置した東アジアの近代には、いかなる空間編成や地域秩序が存在したのかを、より方法論的に錬磨する研究も活発であり、これが現段階のもうひとつの特徴といえる。駒込武が九〇年代半ばに提起した「植民地帝国」概念は、その嚆矢といえようが、今日ではさらに精緻化し、モデル化・類型化が進んでいる。

現状を良く表すのが、国民国家の規模を越える広域的な「秩序」や「ネットワーク」への関心の高まりである。まず

「帝国秩序」なる術語が頻出し、植民地帝国の空間編成の特質や段階的変化を捉えようとする傾向がある。山室信一の「国民帝国」論は、そのなかでもっとも体系化の志向が強い。山室は、主権国家間では国民国家として対峙する本国が、その対峙ゆえに異民族・異法域の複数の政治空間を格差原理によって統合していく近代帝国のあり方を「国民帝国」と規定し、帝国の競争的共存（競存）として帝国主義段階の世界を見通そうとする。[57]「国民帝国」論にひとつの焦点を結ぶ「帝国秩序」論は、国民国家体系を正常と観念する現在の国際秩序を前提とせずに、帝国日本の空間編成の総体を他の帝国との比較のうえで位置づけ、帝国主義段階の国際秩序の新たなモデル化を図った点で、画期的な意味をもつ。ここに流れ込む水脈としては、「帝国法制」の全体像と運用の解明が、法制史・政治史の分野で始まっている。[58]と同時に、帝国秩序を含めた地域主義・地域概念自体の歴史性や、空間編成を可能にする技術・学知と政治の関係についても研究が進み、帝国秩序の実在《リアリティ》を根拠に議論していた知識人たちの議論の意義づけが一新された。[59]

また帝国の「競存」体制のはざまにあって、帝国秩序を媒介する担い手が生み出すネットワークに着目した近代アジア史の把握も、植民地研究を広い視野に導く議論といえよう。とりわけアジア間貿易論やアジア国際通商秩序をめぐる研究の深化が、この議論を先導している。そこでは、特定の人脈・流通経路に始まり、現在では失われた経済圏の実証まで、広狭さまざまなレベルの検証が進んでいるが、重要なのは、ネットワークが創り出した自律的・自生的な広域秩序の歴史的実在である。[60]前節でふれた「言説空間」という概念の提起も、帝国秩序を越える広域的な議論の空間を想定している。[61]ただし、すでに指摘されているように、ネットワークも言説空間も、そこに想定される自律性や双方向性は、帝国秩序から独立した水平的なつながりではなく、あくまで不均衡な関係のもとでかろうじてなりたっていたことには、何度でも注意が必要だろう。

転回の方向性

広域秩序論やネットワークへの着目によって、近代東アジアは不均質な空間の重層する場として浮き彫りにされ、従来の研究が前提としてきた現在の国民国家単位によるいわば国民化された空間（国際関係）枠組も相対化された。「国民帝国」論をひとつの達成として、それを補完する魅力的な術語を次々とくり出し、個別研究の総合をめざす山室の一連の研究は、その典型である。また「アジア広域史」を提唱する松浦正孝は、六つの帝国（中華帝国秩序、西洋帝国秩序〔大英帝国秩序〕、日本帝国秩序〔大東亜共栄圏〕、ソ連帝国秩序、アメリカ帝国秩序Ⅰ〔～冷戦期〕、同Ⅱ〔一九九〇年代以降〕）の堆積と角逐とによって、近現代東アジア史を説明する壮大な枠組を提起している[62]。これらは強く一般化を志向するとともに、グローバル化のもとで地域統合が現実的な課題とされる冷戦後アジアの国際関係を念頭においた、その意味では学問の実践知としてのあり方を模索する試みでもあるだろう。

こうした見取図は、世界史の展開に日本帝国を位置づけ、実証的な国際比較の土台となる重要な成果だが、比較可能性や汎用性を高めるために施された一般化によって、個別の支配がもたらす暴力や、その結果が地域に及ぼす変化の固有性との接点が、相対的に見えにくくなっている。ポストコロニアリズムの観点からすれば、空間論的転回が見通した空間編成の特質が、「植民地の近代」を生きた人々にいかなる影響を与えたのか、さらに具体的な掘り下げを通じて、研究者の空間認識を鍛えていくべきだと思われる。この点に関連して駒込武は、自身が提唱した「植民地帝国」概念を批判的に省察するなかで、「帝国を鳥瞰しながら『比較』するのではなく、錯綜した事態に分け入りながら、『帝国のはざま』から考えるような作業」の必要を訴えている[63]。台湾という地域に徹底して寄り添うことで、そこに折り重なる日本と欧米の帝国主義の「敵対的な共犯関係」を「串刺しにして批判」しようとする駒込の視点は、地域にそくした植民地研究が、「日本帝国」史の補完とならずに世界史に直接連結するための方策として、自覚的に意図されたものだ[64]。「共犯関係」を捉える鍵概念としてのレイシズム＝人種／民族差別主義への洞察ともあわせて、その帝国史研究の反省的脱構築の軌跡から学ぶべき点は多い[65]。

アジアの近代との連関を自覚した研究は、明治初期の国民国家形成史をもゆさぶっている。日本における警察制度の導入の端緒が香港の植民地警察からであったとする梅森直之の研究は、日本の国民統合が初発から植民地主義を内に抱え込んでいた痕跡を明るみに出すと同時に、規律権力論が市民社会にのみ適合的な議論であるとの理解を覆す歴史的径路の存在を予感させる[66]。国民化→帝国化という時間の先後関係を前提する通史的理解にも修正を迫る以上、空間認識の刷新は、一国史の防壁たる発展段階論的時期区分の再考をも促すはずだ。

三　脱植民地化／脱帝国化のゆくえ
―植民地主義分析の深化と多様化

研究状況の大きな変化の三つ目として、帝国崩壊後も続く植民地主義の追究自体が、独自の研究領域として認知されつつある。もちろん「脱植民地化」ないしは「新植民地主義」の問題として、従来も対象化されてはいたが、もっぱら政治的独立・民主化や国民経済単位の自立・成熟を実践的課題とした社会科学的分析が主であった。しかし、現在では前述した方法論の転回を受けて、旧植民地・旧宗主国双方の社会における「帝国の遺産」の検証が多分野で進められている。ここでは私の能力の限界から、文字通りのポストコロニアル社会を分析する研究については他に委ね、対応する「戦後／帝国後」日本にかかわる研究について、以下、焦点と目される論点を列挙してみよう。

第一に、すでに指摘した空間論的転回の延長上で、総力戦・帝国崩壊から冷戦体制の確立にわたる期間の膨大な人流とその統御をめぐる諸問題が解明されつつある。形成される新たな国境を管理し、東西対峙のもとでの国家建設・国民統合を進める諸国家の意志と、それに抗する運動の越境的な連帯や離散者《ディアスポラ》の移動が生み出す諸矛盾が描かれ始めた。こうした視点が、既往の戦後社会運動史像を問い直す意義をもつことは特筆に値しよう[67]。

第二に、植民地支配の痕跡が日本・旧植民地双方のその後の知的世界にいかなる影響を与えたのかについて、本格的に研究の俎上にのぼっている。前述した『岩波講座「帝国」日本の学知』所収の多彩な論考は、すでに研究が体系化を必要とする段階にあることを示す。植民地教育機関の比較や戦後におけるその継受の分析は、焦点のひとつだろう。もちろん、冷戦下東アジアのポストコロニアル状況の困難（開発独裁、白色テロ、共産党支配による抑圧等）を構造的に支えてしまった、日本の戦後思想や社会科学、社会運動における知的活動自体も、同じ視点で厳しく検証されている[68]。また継受関係については、戦後アメリカの知的へゲモニーや合衆国政府の具体的な文化・学術政策との関連を含めた綿密な考察が、今後いっそう求められる[69]。

第三に、植民地経験や帝国意識が戦後社会でいかに再生産されるのかをめぐって、「帝国の記憶」に関する研究が一気に進んだ。とりわけ記憶の忘却を強いるメカニズムが、時々に応じて再編・更新しながら、戦後日本の国民統合にいかに作用していたのかに、焦点が絞られてきた。そのため、時期としては一九五〇年代の変化に関心が集まり、社会史的な分析も生まれている[70]。また帝国意識を対象化するには多数者《マジョリティ》の意識を分析する方法論が必要だが、戦後の市民社会における植民地主義の不可欠な要素として、引揚者や植民者二世の戦後の「記憶」にも分析が及んでいる。国民統合の境界に位置する人々による多数者への過剰適応（あるいは反発）が、無徴の多数者の意識を探るための数少ない方法だからであろう[71]。

第四に、戦後東アジア地域におけるアメリカの存在を、日本の植民地主義との関係で議論する研究が格段に増えた。ひとつは、米軍の日本占領が植民地主義の維持に果たした役割をめぐる分析である。従来、アメリカニゼーションは日米関係史の文脈で扱われてきたが、アメリカの植民地主義に日本社会が曝される側面と、日本の植民地主義がアメリカに従属しながら内向する側面とが、日本社会の意識や制度を規定する構造の裏表として統一的に把握されるようになった[72]。もうひとつは、アメリカの世界的なヘゲモニーと植民地主義との関係である。二〇世紀後半の脱植民地化の過程を、「主権国家システム」の拡大・強制による旧列強（特にアメリカ）の植民地主義の「偽装」と捉える新たな理解は、アメリカのヘゲモニーを支える世界的な軍事基地ネットワークとそれによって拡散するレイシズムの動態を、社会史的・文化史的に問う研究に接続できる[73]。とりわけジェンダー分析による「占領と性」をめぐる研究が、従来の占領史研究の死角を問い糾している[74]。こうした研究と日本植民地研究との具体的な接点を探ることが、帝国主義や植民地主義の概念の再検討には不可欠であり、現代思想や社会科学からの一連の「帝国」論との批判的対話も、そこで初めて意味をもつのではないか[75]。

最後に証言や記憶を含む「史料」にかかわる論点がある。それがすぐれて思想的検討の対象となっている場面は、植民地研究に限らない。しかし、植民地研究にとっては、戦争責任研究とも絡んで、当事者の証言や記憶にどのように取り組むかは、研究者の立場にかかわる重要な論点といえる。たとえば二冊の『中国人強制連行』の叙述姿勢と分析方法の大きな相違、そして一方の著者・西成田豊と田中宏とのあいだですれ違いに終わった議論は、研究者がどのような「現実」に向き合うべきかを広く問いかけた[76]。この論争が示唆するのは、駒込武が「帝国史研究の陥穽」として指摘する問題、すなわち今日まで継続する植民地主義の再生産構造に迫ろうとしない限り、帝国内の支配関係の精緻な実証が「一国史」の陥穽を「一帝国史」として拡大してしまう事態である[77]。「現場性」や『連累』implication の思想」が、ますます求められている[78]。

　なおこのような自己点検の志向は、ともすればポストコロニアル研究の政治性として揶揄される「研究者の立場性」を質す倫理主義的審問と、必ずしも同じではない。問題は、歴史叙述が構成する「現実」が、もはや研究者のあいだでのみ了解される論理構成《リアリティ》ではすまない事態にいかに敏感に反応できるかであろう。

　以上の動向の集約としては、すでに紹介した『岩波講座アジア・太平洋戦争』の周到な編集が、現在の水準を示しており、特に各巻の第Ⅳ部が「戦後」における戦争の傷痕や記憶をめぐる抗争を具体的に取りあげて、敗戦・占領を経て現れる植民地主義の転轍を精査している。また並行して、「継続する植民地主義」を鍵概念に東アジアの脱植民地化の困難を描き出した共同研究が、さらに課題を掘り下げている[79]。しかもこの共同研究の功績は、二〇世紀東アジアにおける（思想・運動・制度を含めた）社会主義の再検討に資する視角を提供している点にもある。日本における植民地主義の克服は、東アジア規模での社会主義と民族の問題の再検討と不即不離にあるはずだが、そうした視点はともすると方法論的転回の背後にかすみがちだ。しかし、東アジアにおけるポストコロニアル状況の現在《いま》は、もうひとつのポスト、すなわちポストコミュニズムという状況をも見据えた研究を求めているはずだ。

おわりに

　研究の新たな潮流は、「植民地帝国日本」という空間枠組の提示によって、日本「国内」と植民地との相互規定関係の把握を可能にし、帝国化が各々の社会に及ぼす変化のダイナミズムと、今日に至るまで再編・継続する植民地主義の「負の遺産」を捉え直してきた。これは、日本社会やアジアにおけるポストコロニアル状況の発見に、研究が積極的に応えようとした成果である。しかし同時に、帝国主義研究や帝国史研究がともに前提としてきた「日本植民地研究」という枠組もまた、研究の深化や多様化によっていまや相対化されつつある。

これらの展開のあいだには明確な相違も見られ、容易に単一の像を結ばない。しかし、本章の検討をふまえれば、現在進行中の試みのなかに、いくつかの暫定的な有効性は認められよう。そのうちでも、本章では文化論的転回とよべる議論の現状に比較的重きをおいて概括を試みた。ポストコロニアリズムの視座を重視するならば、論争の焦点である植民地社会の構造的把握や主体性の捉え直しこそが、帝国の暴力と植民地主義の抑圧によって押さえ込まれ、貶められてきたさまざまな「声」の回復に不可欠であるからだ。空間論的転回や脱植民地化／脱帝国化を対象化する視角もまた、それを抜きにしては現在の知の構造をゆるがす力にはなりえないだろう。

そこで最後に共通の課題としたいのは、私たち自身の足もとに続く歴史、つまり史学史の省察である。東アジア各地の近現代史研究のあり方を、欧米における植民地研究史も含めて比較検討するなかから、いわば多系発展的な史学関係史（あるいは「植民地帝国」認識の現代史）が構想できるならば、より密な対話のための有効な基礎作業となるのではないか。そのためにいま必要なのは、冷戦崩壊を挟むこの約三〇年の研究と状況に関する、研究潮流の垣根を越えた協働による「中間考察」だろう。それはいかにも後ろ向きで非効率な作業と映るかもしれない。だが、「日本植民地研究」という対話の場をこれからも生き生きと保つためには、決して非生産的なくわだてとは思われない。

注

（1）その端的な徴候として、『史学雑誌』の「回顧と展望」（毎年五月号）の構成が参考になる。「日本（近・現代）」の節では、従来、政治・経済・文化などの各項に散在するか、中国史や朝鮮史の節で言及されるだけだった「植民地」関係業績について、第一一三編五号（二〇〇四年五月）「二〇〇三年の歴史学界」の回顧以降、項を独立させて検討する形式が定着しつつある。なお「回顧と展望」において、「中国（近代）」の一項から独立した一節が台湾史に充てられたのは、第一一二編五号（二〇〇三年五月）からである。

（2）本章は、『日本植民地研究』第一五号（二〇〇三年六月）掲載の拙稿「〈研究動向〉ポストコロニアリズムのインパクトと可能性—日本植民地研究とのかかわりで—」に加筆したものである。文献については、前稿を踏襲して日本語（翻訳を含む）のものに限った。なお、日本語文献に限っても、未公刊博士論文や諸基金に関係する成果報告書には、特にアジアからの留学生や訪問研究者の重要な成果が多数見られるが、網羅的な点検ができないため、今回は割愛せざるをえなかった。参照すべき多くの貴重な研究へのアクセスが限られている現状自体、研究者間の対話を阻害する要因といえよう。

（3）代表的な概説書として、アーニャ・ルーンバ（吉原ゆかり訳）『ポストコロニアル理論入門』（松柏社、二〇〇一年）、姜尚中編『ポストコロニアリズム』（〈思想読本4〉作品社、二〇〇一年）、本橋哲也『ポストコロニアリズム』（岩波新書、二〇〇五年）、ロバート・J・C・ヤング（本橋哲也訳）『ポストコロニアリズム』（〈一冊でわかるシリーズ〉岩波書店、二〇〇五年）がある。ただし、ヤングの作品は理論の概説書ではない。

（4）近年刊行された中央公論新社版『日本の近代』全一六巻、講談社版『日本の歴史』全二六巻の近現代関係の巻を主に想定している。また最新の試みである岩波新書の「シリーズ日本近現代史」（全一〇巻、二〇〇六年－刊行中）でも、それ以前の巻に比して一九三〇年代の叙述では植民地にかかわる記述がほとんどない。

（5）この点は、拙稿「『あいまいさ』をいかに抱きしめるか—ジョン・ダワー著『敗北を抱きしめて』と〈戦後日米関係〉の影—」（東京外国語大学海外事情研究所『Quadrante』第五号、二〇〇三年）を参照されたい。

（6）たとえば、内田じゅん・宣在源「アメリカにおける西洋植民地研究—新しい視点の開拓—」、マーク・E・カプリオ「朝鮮植民地研究：英語文献紹介」（ともに『日本植民地研究』第一三号、二〇〇一年）、サンドラ・ウィルソン（明田川融訳）「歴史研究の断層を架橋するもの—日本植民地研究（一九三一～四五年）の新見地—」（『年報・日本現代史』第一〇号「帝国」と植民地」現代史料出版、二〇〇五年）などで海外（ただし米国を主とする英語圏）の動向が参照できる。

（7）ポストコロニアリズムが思想的・学問的課題として浮上する経緯を思想史的に追跡した研究書は管見の限りまだないが、有益な文献としては、酒井隆史・道場親信「『帝国』へのまなざし—カルチュラル・スタディーズをめぐる地政学—」（『状況』第二〇巻一二号、一九九九年一二月別冊）、姜尚中編前掲書『ポストコロニアリズム』第II部などを参照。

（8）二〇世紀後半の各国におけるマルクス主義理論のアカデミズムへの浸透およびその学問的再生産の構造化如何は、世界各地の帝国主義研究の志向の相違と密接に関係していると思われる。今後の国際的比較が待たれる。

（9）もっとも、同時期に台湾・韓国出身の研究者が日本への留学・就職をはたし、日本帝国主義の実証研究を深化させた役割は見逃せない。その歴史的意義の検証も、在日朝鮮人による歴史研究の意義と並んで、日本におけるポストコロニアル研究の大きな課題である。

(10) 柳沢遊・岡部牧夫「解説・帝国主義と植民地」(柳沢遊・岡部牧夫編『展望日本歴史 二〇 (帝国主義と植民地)』東京堂出版、二〇〇一年)。柳沢遊「日本帝国主義史研究の現段階―一九三〇年代帝国主義の中国侵略と経済団体―」(札幌大学経済学部附属地域経済研究所『地域と経済』第三号、二〇〇六年)。当時の実証研究の精華が今日まで研究の水準を示している例は、松村高夫『日本帝国主義下の植民地労働史』(不二出版、二〇〇七年)の刊行によっても裏づけられる。その研究史的位置については、同書所収の杉原達の解説を参照されたい。

(11) 各地域ごとの植民地期研究の展開は、本書第二部各章の整理に譲る。とりわけ朝鮮史において「一国史的」発展の可能性を追究した内在的発展論の歴史的意義については、「朝鮮」の章を参照されたい。

(12) 一九八〇年代後半以降、東アジアの資本主義的発展を受けて提起された中進国論や植民地工業化論は、帝国主義研究において中国侵略の研究に比して手薄だった公式植民地への関心から生じている(参照、高岡裕之「『十五年戦争』・『総力戦』・『帝国』日本」歴史学研究会編『現代歴史学の成果と課題 一九八〇―二〇〇〇年 I (歴史学における方法的転回)』青木書店、二〇〇二年、四八頁)。またほぼ同時期から、朝鮮史・台湾史・中国史など各地域ごとの一貫した歴史像のなかで植民地期を含めた近現代史が論じられるようになり、さらに国際的な場での議論への参加が増えるようになると、帝国主義研究との連携や緊張関係は不可欠ではなくなっていく。

(13) 小谷汪之「世界史像の行方」(歴史学研究会編同前書所収)特に一九頁。

(14) 小谷汪之「ポストコロニアル・アジア史研究の視界」(『思想』第九四九号、二〇〇三年五月)二三・四〇頁。

(15) 一九九〇年代の日本において、未済の脱帝国化の課題が顕在化した過程や要因については、姜尚中編前掲書『ポストコロニアリズム』や本橋哲也前掲書『ポストコロニアリズム』のほか、小森陽一『ポストコロニアル』(〈思考のフロンティアI期〉岩波書店、二〇〇一年)、ヤング前掲書『ポストコロニアリズム』所収の解説(成田龍一・本橋哲也)などの整理を参照。

(16) この点に着目した一九九〇年代以降の日本近現代史研究の概括としては、貴堂嘉之・戸邉秀明「日米のナショナリズム・国民意識に関する研究史」(樋口映美・中條献編『歴史のなかの「アメリカ」―国民化をめぐる語りと創造―』彩流社、二〇〇六年)三七八～三八五頁を参照されたい。

(17) 有馬学による二冊の通史が、いずれも「帝国」を書名に冠しているのは、もっとも象徴的な事例だろう(有馬学『日本の近代 四 (「国際化」の中の帝国日本―一九〇五～一九二四年―)』中央公論新社、一九九九年。同『日本の歴史 二三 (帝国の昭和)』講談社、二〇〇二年)。ただし、有馬の視線は帝国の存在を自明視していた当時の「日本人」の思考や感性に向けられ（この点では類書にない指摘に富むが）、帝国が内包する植民地の実態はほとんどふれられない。有馬の方法に対する批判としては、及川英二郎の書評（『史林』第八六巻六号、二〇〇三年一一月）を参照されたい。

(18)　以上、同講座内容見本（二〇〇五年八月）中の「刊行にあたって」、「特色」より。

(19)　以上、同講座内容見本（二〇〇五年一一月）中の「刊行の言葉」、「刊行にあたって」より。

(20)　駒込武「『帝国史』研究の射程」（『日本史研究』第四五二号、二〇〇〇年四月）一二四頁。

(21)　対象としての文化にそくした研究の現状については、宮本正明「植民地と『文化』」（前掲『年報・日本現代史』第一〇号）の詳細な整理がたいへん有益である。

(22)　物質と表象という二領域の関係を再検討する必要については、テッサ・モーリス－鈴木「偽りのアイデンティティへの権利―あるポストコロニアルの物語―」（栗原彬ほか編『越境する知　六（知の植民地―越境する―）』東京大学出版会、二〇〇一年）を参照。なお、この論稿の著者の人名表記は近年、モーリス－スズキでほぼ統一されているが、本章では各論稿の初出表記にしたがったため、鈴木／スズキを混用している。

(23)　スチュアート・ホール（小笠原博毅訳）「『ポスト・コロニアル』とはいつだったのか？―境界にて思考すること―」（『思想』第九三三号、二〇〇二年一月）一三四頁。

(24)　松本武祝「〝朝鮮における『植民地的近代』〟に関する近年の研究動向―論点の整理と再構成の試み―」（『アジア経済』第四三巻九号、二〇〇二年九月、のち同『朝鮮農村の〈植民地近代〉経験』社会評論社、二〇〇五年に加筆のうえ収録）。動向整理にかかわる他の論考については、すべて第二部「朝鮮」の章に譲る。

(25)　松本武祝前掲書『朝鮮農村の〈植民地近代〉経験』第一章を参照。なお、規律権力に関しては、特に近代東アジアの衛生・医療事業に関する研究が急速に進展している（後述）。

(26)　ただし、こうした関心自体は、植民地近代論が唱えられる以前から並木真人によって検討されてきた（参照、並木真人「植民地期朝鮮人の政治参加について―解放後史との関連について―」『朝鮮史研究会論文集』第三一集、一九九三年）。並木が植民地近代論を精力的に検討する背景には、そのような持続的考察がある。

(27)　尹海東（藤井たけし訳）「植民地認識の『グレーゾーン』―日帝下の『公共性』と規律権力―」（『現代思想』第三〇巻六号、二〇〇二年五月）。並木真人「『植民地公共性』と朝鮮社会―植民地期後半期を中心に―」（朴忠錫・渡辺浩編著『「文明」「開化」「平和」―日本と韓国―』慶應義塾大学出版会、二〇〇六年）も参照。

(28)　松本武祝前掲書『朝鮮農村の〈植民地近代〉経験』第一章。駒込武「台南長老教中学神社参拝問題―踏絵的な権力の様式―」

(『思想』第九一五号、二〇〇〇年九月)。同「一九三〇年代台湾におけるミッション・スクール排撃運動」(小森陽一ほか編『岩波講座 近代日本の文化史 第七巻 (総力戦下の知と制度)』岩波書店、二〇〇二年)。

(29) 松本武祝前掲書『朝鮮農村の〈植民地近代〉経験』第三～五章。同「戦時期朝鮮における朝鮮人地方行政職員の『対日協力』」(倉沢愛子ほか編『岩波講座 アジア・太平洋戦争 第七巻 (支配と暴力)』岩波書店、二〇〇六年)。

(30) 冨山一郎『暴力の予感―伊波普猷における危機の問題―』(岩波書店、二〇〇二年)、特に終章。米谷匡史「矢内原忠雄の〈植民・社会政策〉論―植民地帝国日本における『社会』統治の問題―」(『思想』第九四五号、二〇〇三年一月)。

(31) 駒込武前掲稿「『帝国史』研究の射程」一三〇頁ほか、駒込による神社参拝問題に関する一連の研究を参照。

(32) 崎山政毅「コメント二」(歴史学研究会二〇〇二年度大会全体会「グローバル資本主義と歴史認識」コメント、『歴史学研究』第七六八号、二〇〇二年一〇月増刊)二〇頁。

(33) 曽山毅『植民地台湾と近代ツーリズム』(青弓社、二〇〇三年)など多数。またゲスト側に関する興味深い分析として、長志珠絵「『満洲』ツーリズムと学校・帝国空間・戦場―女子高等師範学校の『大陸旅行』記録を中心に―」(駒込武・橋本伸也編『帝国と学校』昭和堂、二〇〇七年)を参照。関連して、異文化表象における植民地主義については、特に松田京子『帝国の視線―博覧会と異文化表象―』(吉川弘文館、二〇〇三年)、同「一九三〇年代の台湾原住民をめぐる統治実践と表象戦略―『原始芸術』という言説の展開―」(『日本史研究』第五一〇号、二〇〇五年二月)などが重要だろう。ただし、植民地観光の研究には、やや安易なオリエンタリズム批判にとどまる作品も少なくない。研究史の中間的な総括が待たれる。

(34) 高媛「『楽土』を走る観光バス―一九三〇年代の『満洲』都市と帝国のドラマトゥルギー―」(小森陽一ほか編『岩波講座 近代日本の文化史 第六巻 (拡大するモダニティ)』岩波書店、二〇〇二年)など、同氏の一連の研究を参照。「内地」における観光開発への期待にみられる植民地主義の錯綜については、拙稿「沖縄 屈折する自立」(小森陽一ほか編『岩波講座 近代日本の文化史 第八巻 (感情・記憶・戦争)』岩波書店、二〇〇二年)を参照されたい。

(35) 鳥山淳「地上戦の島の『戦後』―沖縄の米軍基地の成り立ちをめぐる断章―」(『現代思想』第二九巻九号・臨時増刊「戦後東アジアとアメリカの存在」、二〇〇一年七月)における「期待値」に関する議論が参考になる。

(36) 金富子『植民地期朝鮮の教育とジェンダー―就学・不就学をめぐる権力関係―』(世織書房、二〇〇五年)。また「従軍慰安婦」研究の過程で実証が進んだ植民地における公娼制の研究は、この観点からも評価できる。

(37) 米谷匡史「戦時期日本の社会思想―現代化と戦時変革―」

（『思想』第八八二号、一九九七年一二月）。

（38）一例として、「植民地／近代の超克」研究会による文献紹介を挙げておく。同会編（崔真碩訳／戸邉秀明解題）「日中戦争期・朝鮮知識人の東亜共同体論」（『Quadrante』第六号、二〇〇四年）・同会編（崔真碩訳・解題）「日中戦争期・朝鮮知識人の内鮮一体論」（『Quadrante』第七号、二〇〇五年）。

（39）趙寛子『植民地朝鮮／帝国日本の文化連環―ナショナリズムと反復する植民地主義―』（有志舎、二〇〇七年）を参照。また、在満朝鮮人や被差別部落の活動家たちによる「皇国臣民化」のための言説を、総力戦下の「生活欲求」と関連させながら、帝国日本のマイノリティが抱えた共通の問題として読み解く廣岡浄進の研究も、こうした関心に棹さす試みといえよう（参照、廣岡浄進「在満朝鮮人の『皇国臣民』言説―総力戦下の満洲国協和会を中心に―」『朝鮮史研究会論文集』第四一集、二〇〇三年、同「主体化と動員の陣地戦―植民地帝国日本の人種主義と総力戦体制下の部落解放運動を考えるために―」『待兼山論叢』第四〇号・日本学篇、二〇〇六年）。

（40）参照、『歴史学研究』第八〇二号（特集「東アジア植民地における『近代』」）二〇〇五年六月。『歴史学研究』第八三四号（特集「東アジアにおける医療・衛生の制度化と植民地近代性」）二〇〇七年一一月。

（41）趙景達「日本（近現代）九　植民地」（『史学雑誌』第一一六編五号〈二〇〇六年の歴史学界　回顧と展望〉、二〇〇七年五月）一七九～一八二頁。なお、そこでは私も批判を受けた当事者だが、本稿の性格上、個別の応答は別の機会としたい。

（42）とりわけ韓国における植民地近代論は、韓国という国民国家の暴力を朝鮮近代史の経験に遡及させて連続的な展開として把握しようとする志向が強く（この点で、日本の国民国家論と議論構成が似ている）、そのために（すでに批判があるように）当時の植民地社会の全体性を必ずしも捉えられていないようだ。

（43）以上については、拙稿「帝国後史への痛覚」（前掲『年報・日本現代史』第一〇号）二六頁も参照されたい。こうした視点は、植民地社会内部の空間編成をめぐる議論を促すだろう。ここに、空間論的転回が要請されるもうひとつの焦点がある。

（44）梶村秀樹「六〇～七〇年代NICs現象再検討のために―主に韓国の事例から―」（『歴史評論』第四三二号、一九八六年四月、のち『梶村秀樹著作集』第五巻、明石書店、一九九三年所収）二五三頁。

（45）合理性に対する関心については、並木真人「植民地期朝鮮における『公共性』の検討」（三谷博編『東アジアの公論形成』東京大学出版会、二〇〇四年）一九八・二一八頁を参照。ただし、こうした特徴が植民地近代論を標榜するすべての研究に当てはまるわけではない。むしろ並木や松本の研究は、地域エリートの行動の分析を通じて朝鮮社会の不可逆的変化を捉えようとする、構造論的な視角が当初から強い点に特徴がある。

（46）ただし、尹海東前掲稿「植民地認識の『グレーゾーン』」

では、民衆の犯罪などの日常的抵抗をも植民地権力との「政治」＝交渉の場面として挙げており、サバルタン研究なども意識されているようだが、その後充分に展開されてはいない。

(47) 近年の歴史研究における空間論の影響を考えるにあたっては、テッサ・モーリス－鈴木前掲稿「偽りのアイデンティティへの権利」を参照。

(48) 以上、植民地経済史の動向については、山本有造『日本植民地経済史研究』（名古屋大学出版会、一九九二年）、同『「満洲国」経済史研究』（名古屋大学出版会、二〇〇三年）、堀和生『朝鮮工業化の史的分析』（有斐閣、一九九五年）、同「植民地帝国日本の経済構造―一九三〇年代を中心に―」（『日本史研究』第四六二号、二〇〇一年二月）などを参照した。

(49) 岡本真希子「一九三〇年代における台湾地方選挙制度問題」（『日本史研究』第四五二号、二〇〇〇年四月）、田中隆一「帝国日本の司法連鎖」（『朝鮮史研究会論文集』第三八集、二〇〇〇年、のち同『満洲国と日本の帝国支配』有志舎、二〇〇七年に所収）などを参照。また山室信一「植民帝国・日本の構成と満洲国」（ピーター・ドウス、小林英夫編『帝国という幻想―「大東亜共栄圏」の思想と現実―』青木書店、一九九八年）が、「統治様式の遷移」「統治人材の周流」等の術語を駆使して、帝国支配の政治運営の全体像を解明すべく積極的に概念を提起している。山室の提言に対しては近年、松田利彦が朝鮮近代史の立場から、「遷移」概念によって帝国統治の通時的一貫性を検証する可能性に疑義を呈しているように、今後は個別研究の蓄積による概念としてのいっそうの彫琢が求められている（参照、松田利彦「近代日本植民地における『憲兵警察制度』に見る『統治様式の遷移』―朝鮮から関東州・『満洲国』へ―」国際日本文化研究センター『日本研究』第三五号、二〇〇七年）。

【付記】本稿脱稿後、岡本真希子『植民地官僚の政治史―朝鮮・台湾総督府と帝国日本―』（三元社、二〇〇八年）に接した。本書は膨大な人事史料の解析と法制・運用の両面からの緻密な分析によって、植民地における日本人・朝鮮人・台湾人の高級官僚の実態とその関係性を帝国日本の政治構造のなかに初めて定置した研究であり、植民地政治史の研究水準を一気に引き上げた労作といえる。また詳述はできないが、満洲国を中心としてモデル化された山室の「統治人材の周流」論を実証的に批判するなど、具体的な検証によって近年の帝国史研究や植民地近代論の議論に多くの問題を投げかけている。そこからは本稿の概括が有する限界もまた指摘できるが、残念ながら立論に活かすことができなかった。今後の広範な議論を待ちたい。

(50) 朴宣美『朝鮮女性の知の回遊―植民地文化支配と日本留学―』（山川出版社、二〇〇五年）などを参照。

(51) 杉原達『越境する民―近代大阪の朝鮮人史研究―』（新幹社、一九九八年）、外村大『在日朝鮮人社会の歴史学的研究―形成・構造・変容―』（緑蔭書房、二〇〇四年）、申奎燮「在満朝鮮人の『満洲国』観および『日本帝国』像」（『朝鮮史研究会

論文集』第三八集、二〇〇〇年）などを参照。しかもジェンダー史研究の視角からは、移民のコミュニティや結合関係が、「伝統的」とされる家父長制を再編・強化する過程も示唆されており、文化論的転回のなかで提示された分析方法が有効性を試される焦点ともなっている（参照、宋連玉「在日朝鮮人女性にとっての『戦後復興』―植民地主義の完成と家族への封じ込め―」中野敏男ほか編著『沖縄の占領と日本の復興―植民地主義はいかに継続したか―』青弓社、二〇〇六年）。

(52)　柳沢遊『日本人の植民地経験―大連日本人商工業者の歴史―』（青木書店、一九九九年）をはじめとする日本人経済団体の研究や高崎宗司『植民地朝鮮の日本人』（岩波新書、二〇〇二年）が、現在の水準を示している。また移動をめぐるさまざまな概念自体の歴史性を問い直す斬新な研究として、石原俊『近代日本と小笠原諸島―移動民の島々と帝国―』（平凡社、二〇〇七年）も参照。

(53)　経済史では籠谷直人『アジア国際通商秩序と近代日本』（名古屋大学出版会、二〇〇〇年）ほか同氏の一連の研究を、政治史では松浦正孝「汎アジア主義における『インド要因』―日本帝国経済再編とディアスポラによる反英の論理―」（石田憲編『膨張する帝国　拡散する帝国―第二次大戦に向かう日英とアジア―』東京大学出版会、二〇〇七年）ほか同氏の近年の研究を参照。両氏の方法論的な論考としては、籠谷直人「一九世紀の東アジアにおける主権国家形成と帝国主義」（大阪歴史科学協議会『歴史科学』第一八四号、二〇〇六年五月）、松浦正孝「一国史・二国間関係史からアジア広域史へ」（日本国際政治学会『国際政治』一四六号（二〇世紀アジア広域史の可能性）、二〇〇六年十一月）を参照。また安井三吉『帝国日本と華僑―日本・台湾・朝鮮―』（青木書店、二〇〇五年）が全体を展望するのに有益である。

(54)　長田彰文『日本の朝鮮統治と国際関係―朝鮮独立運動とアメリカ　一九一〇―一九二二―』（平凡社、二〇〇五年）、「初期コミンテルンと東アジア」研究会編『初期コミンテルンと東アジア』（不二出版、二〇〇七年）などを参照。

(55)　たとえば水野直樹「国籍をめぐる東アジア関係」（古屋哲夫・山室信一編『近代日本における東アジア問題』吉川弘文館、二〇〇一年）、同「朝鮮人の名前と植民地支配」（同編『生活の中の植民地主義』人文書院、二〇〇四年）、同『創氏改名―日本の朝鮮支配の中で―』（岩波新書、二〇〇八年）など同氏の多数の論考を参照。またテッサ・モーリス－スズキ（辛島理人訳）「占領軍への有害な行動―敗戦後日本における移民管理と在日朝鮮人―」（岩崎稔ほか編著『継続する植民地主義―ジェンダー／民族／人種／階級―』青弓社、二〇〇五年）、杉原達「帝国という経験―指紋押捺を問い直す視座から―」（倉沢愛子ほか編『岩波講座　アジア・太平洋戦争　第一巻（なぜ、いまアジア・太平洋戦争か）』岩波書店、二〇〇五年）などは、こうした研究がどのような視点からなされるべきか、研究姿勢や叙述の方法を考える際にも示唆に富む。

(56) 中国近代史を専攻する飯島渉は、植民地医学・帝国医療の概念を用いて東アジア規模の議論を先導するだけでなく、植民地近代論の拡張と実証分析に精力的に取り組んでいる（参照、飯島渉『マラリアと帝国―植民地医学と東アジアの広域秩序―』東京大学出版会、二〇〇五年）。また前掲『歴史学研究』特集「東アジアにおける医療・衛生の制度化と植民地近代性」掲載の歴史学研究会編集委員会「特集によせて」も参照。

(57) 山室信一「『国民帝国』論の射程」（山本有造編『帝国の研究―原理・類型・関係―』名古屋大学出版会、二〇〇三年）。

(58) 浅野豊美・松田利彦編『植民地帝国日本の法的構造』『植民地帝国日本の法的展開』（ともに信山社、二〇〇四年）。

(59) 山室信一「空間認識の視角と空間の生産」、同「国民帝国・日本の形成と空間知」（ともに同責任編集『岩波講座「帝国」日本の学知 第八巻（空間形成と世界認識）』岩波書店、二〇〇六年）、酒井哲哉『近代日本の国際秩序論』（岩波書店、二〇〇七年）などを参照。

(60) この点についても経済史研究が主導している。特に古田和子『上海ネットワークと近代東アジア』（東京大学出版会、二〇〇〇年）、秋田茂・籠谷直人編著『一九三〇年代のアジア国際秩序』溪水社、二〇〇一年）、杉原薫「近代国際経済秩序の形成と展開―帝国・帝国主義・構造的権力―」、籠谷直人「大英帝国『自由貿易原則』とアジア・ネットワーク」（ともに山本有造編前掲書『帝国の研究』所収）などを参照。また過去の経済圏に関する研究には、千田稔・宇野隆夫編『東アジアと〝半島空間〟―山東半島と遼東半島―』（思文閣出版、二〇〇三年）所収の論文や本庄比佐子編『日本の青島占領と山東の社会経済―一九一四－二二年―』（東洋文庫、二〇〇六年）がある。

(61) 米谷匡史前掲稿「戦時期日本の社会思想」、同「植民地／帝国の『世界史の哲学』」（『日本思想史学』第三七号、二〇〇五年）、同『アジア／日本』（〈思考のフロンティアⅡ期〉岩波書店、二〇〇六年）など同氏の一連の研究を参照。米谷の視角が、たとえば山室信一『思想課題としてのアジア―基軸・連鎖・投企―』（岩波書店、二〇〇一年）で構想される「思想連鎖」論とどのように切り結ぶかなど、一国史を越えた思想史の方法について論点の整理が待たれる。

(62) 松浦正孝前掲稿「一国史・二国間関係史からアジア広域史へ」で展開されている。

(63) 駒込武「『帝国のはざま』から考える」（前掲『年報・日本現代史』第一〇号）一七頁。

(64) 志向を共有する他の重要な研究として、テッサ・モーリス－鈴木（大川正彦訳）『辺境から眺める―アイヌが経験する近代―』（みすず書房、二〇〇〇年）、杉原達前掲稿「帝国という経験」などがある。

(65) レイシズムの概念については、駒込武前掲稿「『帝国のはざま』から考える」一一～一二頁、同「日本の植民地支配と近代─折り重なる暴力─」（『トレイシーズ』第二号『思想』別冊・第九二八号」、二〇〇一年）一七七〜一八一頁を参照。なお、駒込による省察の背景には、日本と欧米の帝国主義の対立を「敵対的な共犯関係」と捉え、近代日本「特殊性」論を斥ける米国のラディカルな地域研究との交流が存在する。とりわけ日米の帝国主義の戦時から戦後にいたる比較を、戦時期のレイシズムの構造転換をふまえて展開した研究として、酒井直樹「多民族国家における国民的主体の制作と少数者《マイノリティ》の統合」（前掲『岩波講座 近代日本の文化史』第七巻）、同「希望と憲法─アジア・太平洋戦争が生み出したもの─」（倉沢愛子ほか編『岩波講座 アジア・太平洋戦争 第八巻（二〇世紀の中のアジア・太平洋戦争）』岩波書店、二〇〇六年）、タカシ・フジタニ（葛西弘隆・中山いづみ訳）「戦下の人種主義─第二次大戦期の『朝鮮出身日本国民』と『日系アメリカ人』─」（前掲『岩波講座 近代日本の文化史』第八巻）、同（小澤祥子訳）「殺す権利、生かす権利─アジア・太平洋戦争下の日本人としての朝鮮人とアメリカ人としての日本人─」（倉沢愛子ほか編『岩波講座 アジア・太平洋戦争 第三巻（動員・抵抗・翼賛）』岩波書店、二〇〇六年）などの参照が有益である。

(66)　梅森直之「規律の旅程─明治初期警察制度の形成と植民地─」（『早稲田政治経済学雑誌』第三五四号、二〇〇四年一月）。なお、近代ヨーロッパの社会制度や感性の形成が、植民地での経験抜きにはありえず、現代思想が提示した社会理論（規律権力論等）に適合的な事態も植民地においてこそ明瞭に現れることは、アン・ローラ・ストーラーら人類学者の歴史分析で唱えられて久しいが、日本植民地研究での参照はほぼ皆無である。

(67)　道場親信「『復興日本』の境界─戦後開拓から見えてくるもの─」、鄭栄桓「一九四八年四月の『朝鮮戦争』─非常事態宣言下の神戸と在日朝鮮人─」（ともに中野敏男ほか編前掲書『沖縄の占領と日本の復興』）、テッサ・モーリス＝スズキ前掲稿「占領軍への有害な行動」、同（田代泰子訳）『北朝鮮へのエクソダス─「帰国事業」の影をたどる─』（朝日新聞社、二〇〇七年）、森宣雄「越境の前衛、林義巳と『復帰運動の歴史』─歴史叙述と過去のはばたき・きらめき・回生─」（西成彦・林毅彦編『複数の沖縄─ディアスポラから希望へ─』人文書院、二〇〇三年）、同「潜在主義と軍事占領─思想課題としての沖縄戦─」（倉沢愛子ほか編『岩波講座 アジア・太平洋戦争 第四巻（帝国の戦争経験）』岩波書店、二〇〇六年）など、東アジア規模の人口移動と国家・社会運動間関係の変容との相関を具体的な場から問いかける諸研究を参照。

(68)　森宣雄『台湾／日本─連鎖するコロニアリズム』（インパクト出版会、二〇〇一年）の批判を特に参照。

(69)　道場親信『占領と平和─〈戦後〉という経験─』（青土社、二〇〇五年）第一部の『菊と刀』をめぐる知識社会学的分析は、この点で秀逸である。

(70)　杉原達「帝国との向き合いかた─中国人強制連行研究を通

じて―」（『歴史学研究』第七七六号、二〇〇三年六月、のち歴史学研究会編『帝国への新たな視座―歴史研究の地平から―』青木書店、二〇〇五年所収）など、近年活発な一九五〇年代日中・日台関係史研究は、戦後日本の帝国意識を検討する際に特に重要だろう。

(71) 成田龍一「『引揚げ』に関する序章」（『思想』第九五五号、二〇〇三年一一月）など同氏の「引揚げ」の記憶に関する一連の研究、および同「『他者』への想像力―大日本帝国の遺産相続人として―」（地域研究コンソーシアム・国立民族学博物館地域研究企画交流センター『地域研究』第七巻二号、平凡社、二〇〇六年二月）を参照。

(72) 吉見俊哉『親米と反米―戦後日本の政治的無意識―』（岩波新書、二〇〇七年）などを参照。

(73) 半澤朝彦「非公式帝国の『仕掛け』としての『主権国家システム』」（『歴史評論』第六七七号、二〇〇六年九月）は、酒井哲哉前掲書『近代日本の国際秩序論』とも響きあいながら、古典的な国際関係史の認識枠組を塗り替えている。

(74) その多様な展開については、恵泉女学園大学平和文化研究所編『占領と性―政策・実態・表象―』（インパクト出版会、二〇〇七年）、米山リサ「批判的フェミニズムの系譜からみる日本占領―日本人女性のメディア表象と『解放とリハビリ』の米国神話―」（『思想』九五五号、二〇〇三年一一月）で広がりをつかめる。また米軍基地網の実態については、林博史「基地論―日本本土・沖縄・韓国・フィリピン―」（前掲『岩波講座アジア・太平洋戦争』第七巻）が見通しを与えてくれる。

(75) 西川長夫『〈新〉植民地主義論―グローバル化時代の植民地主義を問う―』（平凡社、二〇〇六年）の問題提起の重要性がここにあるが、歴史研究者からの具体的な歴史分析にもとづく批判的応答が必要だろう。

(76) 西成田豊『中国人強制連行』（東京大学出版会、二〇〇二年）、杉原達『中国人強制連行』（岩波新書、二〇〇二年）、田中宏「中国人が見えない中国人強制連行研究」（『図書新聞』二五九九号、二〇〇二年九月二八日）、西成田豊「学問と現実―田中宏氏の書評に反論する―」（『図書新聞』二六〇二号、二〇〇二年一〇月一九日）を順に読み進められたい。

(77) 駒込武前掲稿「『帝国史』研究の射程」二一四～二一五頁。

(78) 詳しくは杉原達前掲書『中国人強制連行』終章、テッサ・モーリス－スズキ「批判的想像力の危機」（『世界』第六八三号、二〇〇一年一月）八七～九一頁を参照。

(79) 岩崎稔ほか編前掲書『継続する植民地主義』、中野敏男ほか編前掲書『沖縄の占領と日本の復興』の二冊は、この共同研究の成果である。

第2部

地域の視点から

第３章

朝　　鮮

三ツ井崇

はじめに

本章に課せられたテーマは「日本植民地研究の現状と課題」の朝鮮編である。研究歴の少ない筆者がこのような研究史に関する課題に応えることは決して容易なことではない。

まずぶつかった問題が、「日本植民地研究」とは何か、という点である。朝鮮近代史研究にたずさわってきた筆者にとって、本章執筆にあたっての最大の問いであった。しかし、いまだにその答えを見出せないでいる。本章では差し当たり、朝鮮史研究の側からみた植民地期朝鮮に関する研究の動向について紹介することにした。

朝鮮史研究の文脈でいえば、近年の歴史教科書／歴史認識問題の推移からもすでに明らかなとおり、日本による植民地支配の性格いかんが、専門家と非専門家とを問わず、大きな関心事になっている。ただ、韓国併合（一九一〇年）以前、ひいては前近代社会、または植民地期の終焉＝朝鮮の解放（一九四五年）以後の社会との連続／非連続という時代の流れのなかで把握されるべき点も少なくなく、よって、植民地期の歴史は必然的にその前後の時代ともあわせて理解されるのが本来望ましいことはいうまでもない。その意味で、本章がおもに植民地期の動向にのみ言及しているのは、それだけで限界を有していることをまず告白しておかねばならない。

また、本論でも言及するが、一九七〇年代後半以降、現在にいたるまで朝鮮植民地期研究の動向は研究視角の多様化の様相を呈している。しかし、筆者の能力により、本章ではすべての動向について網羅的に論じることができなかったこともあわせて告白せねばならない。本章が取り上げた問題領域は、「現状と課題」を論じるうえではほんの部分的な現象を示したものにすぎないことになる。

そのような限界のなか、本章では、戦後日本で朝鮮史学が立ち上がって以降、一九七〇年代までの研究動向を概観したあと、植民地期研究に影響を与えたいくつかの主題（国民国家論／日本「帝国史」論、「植民地近代化論」／「植民地近代論」）に関する研究動向について言及した。ただし、その際の記述にあたっても、個別の研究を網羅的に紹介するスタイルはとっていない。研究史の概要を示すことを目的とし、その範囲内で最小限必要とされるもののみを扱っているからであり、個々の研究成果の意義を否定したものでは決してない。

さらに、厳密な意味で研究史とはいえないが、歴史教科書／歴史認識問題に関して補足的に記述した。そこで提起されるテーマが、朝鮮史研究の現場と社会との間で緊張関係をもって存在しているからである。

以上のような理由から、本章の記述は研究史としてはきわめて不十分であり、その詳細はむしろ注で紹介した各文献に直接当たっていただくことを勧める。以下はその入り口を提供するためにいくつかのキーワードに基づいて書かれた研究史評論のようなものと考えていただければよい。

第一節　戦後朝鮮史学のなかの植民地期研究

一　通史・概説書の刊行、研究史整理とアクセス

近代ないしは植民地期という時代を背景とした戦前の朝鮮（史）研究の侵略肯定論的性格からの脱却、これが戦後朝鮮史学が立ち上がるうえでの至上課題であった。その後、現在にいたるまで朝鮮史研究は膨大な蓄積をなしてきたが、まずは現状において研究のインフラがどの程度整備されているかを、通史・概説書（部門通史は除く）の刊行状況、研究史整理の進展状況という観点から簡単に述べてみたい。

以下の紹介は全体を網羅してはいないが、戦後日本の朝鮮史学の立ち上がりを象徴するものとして、まず、旗田巍『朝鮮史』（岩波書店・全書、一九五一年）を挙げることができよう。旗田は、戦前の朝鮮史研究を「どのような社会に、どのような人間が生き、何を喜び何を悩んでいたかということを無視して、ひたすら一つの事件の起った位置と年代とを正確に記述する」だけの「非人間的な学問であった」とし、朝鮮史研究の「新たな再出発」のために、「朝鮮の人間が歩んで来た朝鮮人の歴史を研究せねばならない」とした[1]。全体の記述は、先史時代からまさに本書が刊行された一九五一年に同時代的に起こっていた朝鮮戦争までがその範囲となっており、南北分断が固定化されようとする現実が旗田のなかで強く意識されていたことはいうまでもない。巻末の「文献解題」で紹介される先行研究（資料ではない）のほとんどが、旗田自身が否定的にとらえていた戦前の研究書、調査資料の類であったことは、戦後朝鮮史学の立ち上げがこの時点でいかに困難を極めたことか、容

易に想像できる。

旗田のこの著作を前後する時期に、朝鮮学会（一九五〇年）、朝鮮史研究会（一九五九年）が創立されたことも研究インフラの整備という点では重要な事実であろう。前者は、旧京城帝国大学教員経験者が主要な役員となり、歴史学を含む人文社会系のあらゆる分野を対象とする学会であるのに対し、後者は、主に歴史研究を主軸に据えるものの、大学研究者・学生のみならず、一般市民にいたるまで広く会員として参加し、活動している学会である。

朝鮮関連の学科／講座が一部の大学を除いてほとんど設置されていない現状において、朝鮮史に関する体系的な知識を広く普及するためにも、通史・概説書の存在は欠かせない。朝鮮史研究会が中心となって編纂したものとして、『朝鮮の歴史』（三省堂、一九七四年）、『朝鮮の歴史【新版】』（三省堂、一九九五年）がある。前者の序章の冒頭は、「あたりまえのことだが、朝鮮は外国であり、朝鮮史は外国史である」[2]と始まるが、これはいうまでもなく、戦後の「停滞史観」、「他律性史観」に対する批判が込められたものであり、編修代表者であった旗田がかつて表明した批判意識をそのまま継承したことを意味している。それ以後の研究の進展状況も踏まえ、一九九五年には後者が刊行されたが、さらにこの版以降の研究動向の変化を踏まえた通史・概説書は、朝鮮史研究会によっては編まれていない。

それに代わるものとして位置づけられるのが、山川出版社の「世界各国史」シリーズのうちの一冊として刊行された『朝鮮史』であるだろう。当初は、一九五六年に刊行された『北アジア史』のなかでその第四編を末松保和と旗田巍が執筆していたのだが、一九八五年に朝鮮史の部分が独立して一冊の形となり（武田幸男編、山川出版社、一九八五年）、さらに二〇〇〇年に新版（同編、山川出版社、二〇〇〇年）が刊行された。ボリュームとしては先の朝鮮史研究会編の二冊よりも分厚く、記述も詳細なものとなっている。

この他、大学での講義に対応したものとして、放送大学用テキストが存在する。『朝鮮の歴史』（武田幸男編、放送大学教育振興会、一九九〇年）、『朝鮮の歴史と文化』（同編、放送大学教育振興会、一九九六年）、『韓国朝鮮の歴史と社会』（吉田光男編、放送大学教育振興会、二〇〇四年）がそれに当たるが、それぞれラジオないしはテレビでの授業内容を踏まえ、一五章から成り、各章の記述も四五分サイズの放送を意識し、コンパクトにまとまっている。なお、コンパクトさでいえば、朝日新聞社の「地域からの世界史」シリーズの第一巻である『朝鮮』（武田幸男・宮嶋博史・馬淵貞利編、朝日新聞社、一九九三年）もまた忘れてはならない。

通史・概説書のなかで異彩を放つのが、梶村秀樹著『朝鮮史―その発展―』（講談社・現代新書、一九七七年）である。これは、通史の体裁をとってはいるが、序章のタイトルにもあるように「私」＝梶村にとっての朝鮮史という目的意識と梶村の歴史観（「内在的発展論」―後述）で貫かれた著作である。よって、近現代史部分に紙幅が多く割かれており、前近代史部分の叙述は全体的に少ない。また、在日朝鮮人史の概説書として、『歴史教科書　在日コリアンの歴史』（在日本大韓民国民団中央民族教育委員会企画／同書作成委員会編、明石書店、二〇〇六年）が刊行されたのも記憶に新しいところである。

これら通史・概説書の刊行とあわせて、研究の手引きとして重要なのは、日に日に蓄積されていく研究史の整理であろう。朝鮮史研究会全体の動向を把握したものとしては、朝鮮史研究会・旗田巍編『朝鮮史入門』（太平出版社、一九六六年）、朝鮮史研究会編『新朝鮮史入門』（龍溪書舎、一九八一年）を挙げることができる。その他個別のトピックについての研究動向の紹介や批評に関しては、近代史に限ってみても、一九六〇年代以来今日まで論文の形で発表されており、また、戦後の研究文献目録も整備されてきたこと[3]から、個別テーマごとに先行研究へアクセスすることは容易になってきた。旗田がかつて『朝鮮史』において先行研究を紹介したときと比べて、研究の蓄積状況ははるかに改善されてきたわけだが、一九八〇年代以降の研究関心・テーマの多様化と研究の細分化、隣接領域との交流がいっそう進んだ今日の研究動向を一度に俯瞰できるような新たな研究史叙述が現段階では不在であり、今後、新たに編纂されることが望まれる。

二　戦後史学史のなかの植民地期朝鮮像①
―内在的発展論と日本帝国主義史研究[4]

戦後いち早く朝鮮近代史、とりわけ日本の朝鮮侵略史の解明に取り組んだ歴史家として山辺健太郎を挙げることができる。山辺は一次史料を駆使しながら、日本の朝鮮侵略およびそれに抵抗する抗日義兵闘争や三・一独立運動の研究に着手し、他の研究者にも大きな影響を与えた。しかし、山辺の研究は、朝鮮社会の内在的分析という観点をとらなかったせいもあり、朝鮮人の歴史家から批判を受けることになる。

解放後の南北朝鮮において、戦前日本の否定的朝鮮史像を克服し、民族的主体性を回復することを目的とした朝鮮近代史、とりわけ植民地期に関する歴史叙述がおこなわれ、それが体系化の様相を呈し始めるのが、一九六〇年代前半のことであった。これらの研究成果が日本に紹介され、日本の朝鮮史研究にも大きな影響を与えた。アジア・アフリカ地域の民族解放闘争の進展と社会主義的変革という同時代的事実が注目される一方、日本と朝鮮半島の関係でみれば、一九六五年の日韓条約締結という時代背景のもと、おもに朝鮮民主主義人民共和国（以下、「共和国」と略）の歴史研究の影響を受けて提起されたのが、「内在的発展論」であった。その代表的論者が梶村秀樹であった。

梶村によれば、「内在的発展論」とは「一国史を、停滞的・他律的なものとしてみるのではなく、国内的な契機の方法的展開に即して発展してきたものとしてとらえようとする方法論であ」り、「一国史的発展の基本的な原動力は、下からの契機、つまり基層民衆＝直接生産者の生産・再生産における創造的営為、その枠組としての生産力と生産関係の対応関係と矛盾、そしてそれに条件づけられた意識の成長と階級闘争の展開等である」とされる[5]。よって、社会経済史的観点のみならず、政治史・思想史的観点から民族解放闘争史とも結びつくことが指摘される[6]。朝鮮開国以前の反封建闘争においては、「幼弱な多数のブルジョアジー」＝「闘争の果実を経済面で獲得する可能性をもった存在」が人民闘争の一翼を担っていたものの、開国後、外から政治・軍事・経済的侵略を受けることによって、「その順調な展開」が大きく妨げられたとするが[7]、梶村にとっては、朝鮮ブルジョアジーも民族解放闘争の一翼を担ったとされ、植民地下においてはその「闘争の果実」が外圧によって「順調」に得られないという「内在的発展」の「ゆがみ」＝朝鮮資本主義の「従属発展」過程の存在に、植民地支配の性格を読み取ろうとするのが「内在的発展論」なのであった。

この「内在的発展論」とほぼ同時並行的に進んだのが、日本帝国主義史研究であった。これは、おもに日本の軍事的・政治的侵略過程と経済的侵略（＝資本主義的進出）とを連関させながら、植民地支配の性格を日本帝国主義支配の総体のなかで構造的に把握的しようとする視点であり、今日にいたるまで、このモチーフに従った研究成果が多数あらわれている。

日本帝国主義史研究の持つ観点は、梶村の観点とは対照的であった。日本帝国主義史研究の進展[8]に応じつつも、梶村は、『資本の論理』が無葛藤に末端までも掌握しきっているとする静態論的歴史像」に対しては批判的であった[9]。梶村も「日本帝国主義による外から上からの契機」を決して無視したわけではなかったが、「結果として内的諸契機を単なる受動的要因であるかのようなイメージに描き出すこと」[10]に対して納得がいかなかったのである。

しかし、一九八〇年代になって梶村の「内在的発展論」を克服しようとする動きが出てきた。「内在的発展論」が前提とする「近代」は、普遍的発展法則に基づいた「近代」＝西欧的近代であり、その意味で近代志向的発想に基づくものであったが、日本の近代化は否定的なものとしてとらえる一方、朝鮮の近代化は肯定的にとらえるという論理的な無理が生じた。それだけでなく、「内在的発展論」が唱えられるのと同時代に台湾・韓国が高度経済成長をとげる一方、共和国経済が困難な状況に陥るという、史的唯物論に基づく発展法則とは異なる状況が現実に生じてしまったこともあり、「内在的発展論」そのものの存立基盤は大きく揺らぎ始めた[11]。これ以後、「内在的発展論」が影響力を有していた社会経済史、政治史、思想史の各面において、新たな研究が出現し[12]、朝鮮近代史研究は研究視角、内容の多角化をみせることになった。

三　戦後史学史のなかの植民地期朝鮮像②
―国民国家論・「帝国史」研究の影響

植民地研究全体をみても、一九七〇年代後半～八〇年代前半には、多面的展開をみせるようになり、八〇年代後半には新しい研究潮流が台頭し、植民地研究に大きな変化をもたらした。そして、一九九〇年代にいたり、問題関心と研究視角の多様化をみせたのである。柳沢・岡部は、この時期、「研究者の方法的立場を『帝国主義と植民地』という伝統的歴史認識から、世界システム論、帝国論、国民国家論、文化帝国主義論、社会史、ジェンダー論などの多様な枠組みへと拡散させた」[13]と論じるが、「帝国主義と植民地」＝帝国主義史的歴史認識は現在でも経済研究を中心に一定の基盤を有しており、より正確には、そのような「伝統的歴史認識」が影響力を維持する一方で、多様で新たな枠組みが注目されるようになったといわねばならない[14]。

朝鮮近代史研究もその例外ではなかった。研究関心の多様化は二〇〇〇年代の現在でも進行しており、試みに『史学雑誌』の「回顧と展望」からその傾向を探ってみると、社会経済史、政治史、外交史などはいうまでもなく、思想史、民族運動・独立運動史、各種支配政策（教育・言語・言論など）、女性史、在外（在日・在満）朝鮮人史など多様な領域にわたっていることがわかる。言語・言論政策、女性史、在満朝鮮人史など比較的新しい問題領域も存在している[15]。これら諸研究の動向を一括りにして整理することは決して容易ではないが、近年大きな影響を受けている国民国家論について、まず言及しておかねばなるまい。国民国家論は朝鮮近代国家形成期（開化期）研究の活性化を促しただけでなく、歴史学方法論批判の側面から、国民国家を支える歴史＝「国史（national history）」批判へとつながり、とりわけ戦後日本と朝鮮半島で支配的であった民族解放闘争史観にもとづく一国史的視点が厳しく批判される根拠となった。その背景には「民族」が人為的で歴史的産物であり、〈他者〉を排除する言説として機能するという考え方がある。そして、社会学、人類学、文学、言語学等の領域から植民地に注目する研究があらわれたことは、歴史研究にも大いに刺激を与えた。

研究の多様化を端的に示した研究成果の一つが、九二―九三年に刊行された『岩波講座　近代日本と植民地』（岩波書店）であった。同書は、「大日本帝国」内のさまざまな植民地・占領地をそれぞれの地域固有の文脈に注目しながら対象化したものである。従来の日本帝国主義史研究の関心に基づく研究とポスト・コロニアル論を意識した研究が混在しており、まさに研究関心の「拡散」を示していた。

このような流れを前提に、一九九〇年代後半以降影響力を与えたのが「帝国史」研究である。朝鮮史研究に影響を与えた研究成果としては、駒込武『植民地帝国日本の文化統合』（岩波書店、一九九六年）を挙げることができよう。おもに教育政策史の側面から日本という「国民国家」の「帝国」化の過程に注目し、台湾、朝鮮、満州と植民地本国・日本との構造連関を描出しようとしたものである。一九九九年一〇月には、朝鮮史研究会で「植民地朝鮮と日本の帝国支配」という大会テーマが組まれたほか[16]、翌月の日本史研究会大会近現代史部会では、「帝国日本の支配秩序―十五年戦争期を中心に―」という大会テーマが組まれた。後者のコメンテーターであった駒込は、「帝国史」研究の特徴を、「複数の植民地・占領地と日本内地の状況の構造連関を横断的に捉えようとすること」、「内地の状況が植民地支配を規定した側面のみならず、植民地の状況が内地に与えたインパクトを解明すること」、「政治史や文化史（あるいは、政治史としての文化史）の領域を重視すること」、『日本人』『日本語』『日本文化』というカテゴリーを自明のものとみなさず、その形成と変容の歴史的プロセスに着目すること」の四点に整理し、「『同化政策』対『民族解放闘争』という二項対立的な」枠組みにとらわれず、「さまざまな次元での相互作用に着目しながら、植民地政策にはらまれた内的矛盾や、支配者と被支配者のインターフェイスに生ずる諸問題をさらに立体的に解明しようとするもの」と定義する。(17)

さらに駒込は、

> 帝国史という問題設定には、「日本人にとって植民地支配とはどのような意味を持ったのか」「日本史研究にとって植民地研究はどのような意義があるのか」という問いが否応なく含まれている。それは確かに必要な問いであるかもしれない。しかし、そこにとどまる限り、ある種の自己中心性を免れないということがある。帝国史研究は、「朝鮮人や台湾人にとって植民地支配はどのような意味を持ったのか」という問いへのこだわりを欠く時、きわめて容易に「日本人」による「日本人」のための「朝鮮史」「台湾史」研究へと回収されてしまうであろう(18)。

と「帝国史」研究の「陥穽」を指摘し、「『日本史』という制度のために見えにくくなっている事実関係や解釈の可能性を発掘しながら、『朝鮮史』『台湾史』研究の成果に接合していくこともまた重要なのではないか。どこまでも過渡的であることを本質とする架橋的な作業として、帝国史研究的な観点も有効なのではないかと考えている」(19)と述べる。

先述のとおり、「帝国史」研究の特徴の一つとして、「『日本人』『日本語』『日本文化』というカテゴリー」の「形成と変容の歴史的プロセスに着目すること」が挙げられるが、「帝国（日本）」という用語が頻出するなか、一方で、「朝鮮人」「朝鮮語」「朝鮮文化」の形成と変容という主題へのアプローチもまた必要とされている現状である。

第二節　政治化する歴史認識問題

一　歴史認識問題に関する政府の関与

冒頭でも触れたとおり、厳密な意味で研究史とはいえないが、戦後朝鮮史研究の動向と大きく関係するものとして、歴史教科書・歴史認識問題について言及しておかねばならない。

戦後、日韓会談の過程で日本側首席代表久保田貫一郎により植民地支配正当化の発言（いわゆる「久保田発言」）がおこなわれて以来、幾度となく歴史教科書／歴史認識問題が政治問題化してきたことは周知の事実である。この後、歴史教科書の記述内容の問題がクローズアップされたのが、一九八二年六月のことであった。荒井信一によれば、「一九八二年の教科書問題は、日本人の歴史認識の問題が近隣諸国として関心をもたざるをえない問題であり、国際的な文脈での解決を要することを示した」[20]という。もっとも、その解決方法をめぐっては、政府主導での解決ということが学問・思想の自由との関係で問題を含むことから、日韓双方において温度差が生じているというのもまた現状である。

とはいえ、歴史認識問題は現役閣僚の「妄言」ないしは靖国神社参拝などに触発される形で幾度となく表面化している。一九九〇年代半ばには、日韓両国の学者・教育者らによる共同歴史研究を政府が支援するプロジェクトが発足するものの、とくに成果を挙げないまま二〇〇〇年には幕を閉じている[21]。一九九六年には、自由主義史観研究会のメンバーを中心に「新しい歴史教科書をつくる会」（以下、「つくる会」）がつくられ、教科書問題が再び顕在化することになるのである。「つくる会」は二〇〇〇年に自らの編んだ中学校用歴史教科書の検定を文部省に申請し、翌年四月には文部科学省の検定に合格するという事態になった。これを機に韓国を始めとする東アジア諸国との間で歴史教育のあり方を再検討する雰囲気が一気に高まったのである。それは、「つくる会」とその教科書叙述への批判にとどまることなく、すべての歴史教科書の記述の検討、教科書編纂・採択制度の批判的検討、歴史教育者どうしの教育実践問題の討究、東アジア共通の歴史認識の構築など幅広い領域ですでに進行していたさまざまな取り組みの意義を顕在化させ、また新たな取り組みを生むにいたった。「つくる会」は、〇四年に改訂版の検定を文部科学省に申請し、翌年四月にその改訂版教科書が合格とされたが、これらの取り組みは継続しておこなわれていくことになった。具体的には、日韓の歴史学・歴史教育関連学会一〇学会が共同でシンポジウムを開催したり[22]、歴史教育の副教材を国家の枠を超えて共同編纂する取り組み[23]などがそれである。

政府レベルでも、二〇〇一年一〇月に小泉純一郎首相(当時)が訪韓し、首脳会談の席上で歴史教科書に関する共同研究委員会の設置が合意された。先の日韓歴史関連学会の共同シンポジウムもこのような政治的動向をにらんでのことであった[24]。〇二年五月、日韓歴史共同研究委員会が発足した。研究期間は二年間で、その後一年間の整理期間を経て、〇五年六月に共同研究の成果が公開、両国合同支援委員会に提出された[25]。〇七年四月には、第二期の研究委員会が発足したが、今回は「教科書小グループ」というワーキンググループが別立てで設置されている。もっとも、人選の経緯その他会議の進捗状況に関しては一切非公開とされている。

さて、これとはまったく別の動きとして、韓国政府による近現代史糾明に対する直接的関与の動きについても触れておかねばならない。二〇〇四年に「日帝強制占領下反民族行為の真相糾明に関する法律」が制定され、これに基づき「親日反民族行為真相糾明委員会」が大統領直属機関として発足した。文字どおり植民地期朝鮮人の「反民族」＝「親日」行為について糾明することを目的としている[26]。同年には、このほかにも「日帝強制占領下強制動員被害真相糾明等に関する特別法」が可決成立し、国務総理下に「日帝強占下強制動員被害真相糾明委員会」が設置されるにいたった。この委員会では戦時強制動員の実態調査がおこなわれている。また、〇五年には「真実・和解のための過去史整理基本法」が制定され、同年末に「真実・和解のための過去事整理委員会」が発足した。ここでは、独立運動史、海外同胞史のほか現代史における民間人犠牲、人権侵害などの事件について糾明することが目的となっている。

このように政府が直接歴史の糾明に携わることは日本ではあまりなじみのないことであろう。その評価についてはいろいろと見解が分かれるだろうが、ここではとりあえず近年の動向としてこれらの事実に言及するにとどめる。

二　日韓における歴史認識問題
――「近代」および植民地支配への問いをめぐって

日本の保守言論による植民地支配に関する発言で、歴史認識問題として戦後常に噴出してきたのが、日本の植民地支配が朝鮮の「近代化」に貢献したという論調である。このような論調に目新しさはなく、研究史の俎上に載せるに値しない言辞であることは明白だが、次の西尾幹二の言辞はわかりやすいので、とりあえず挙げておく。

> 日本総督府は、併合後、真っ先に近代化の基礎として最低限必要な人口調査や土地調査、治山、治水、灌漑、農業改良、小作制度の改善、さらに教育の普及と公平な司法の導入等々をやってのけた。それ以前の朝鮮半島は小作人が虐げられ、貴族階級が恣意専断による司法の乱用をほしいままにしていた哀れな国土だった。いま韓国が採用している文字、ハングルは、十五世紀につくられた人工語だが、それまで漢字漢文を正書とする両班（貴族階級）から軽蔑され、相手にされない文字であったがために、実用化に至っていなかった。日本総督府時代が初めてハングルを普及させ、小学校教育に導入したものであることを、今の韓国の人はどれくらい知っているのであろう[27]。

あらゆる領域の「近代化」を朝鮮総督府がおこなったとする「植民地施恵論」の典型であるが、このような言辞は、総督府がどのような権力をもって、どのようなプロセスを経ておこなわれたのか、またその結果、朝鮮社会はどのような変容を迫られ、朝鮮人はどのように対応したかが驚くほどまったくみえてこない。その意味で、歴史学の議論としては価値がないことはいうまでもない。ただ、大衆への普及力という意味では、日本社会のなかに受け入れられやすい素地があるため、無視できない側面がある。インターネット、マンガなど多様な媒体でこのような「施恵論」がひろまっていることも事実であり、その意味で、歴史家が何らかの対処をしなければならない状況にきているとの危機感はぬぐえない[28]。

「近代（化）」をめぐる歴史認識問題は日本だけではなく、

韓国でもいま問題となっている。それが、新保守（ニューライト）運動の歴史観である。ニューライトを標榜する団体はいくつか存在するが、そのうちの一つで二〇〇四年一一月に発足した「自由主義連帯」は、盧武鉉政権（当時）の対外政策を親共和国、反米的なものととらえ批判し、韓国の歴史教科書の見直しをおこなうなどの活動を繰り広げている[29]。そのニューライト運動に大きな影響を与えたとされる研究書が〇六年に刊行された。朴枝香・李栄薫・金哲・金一栄編『解放前後史の再認識』（一・二、本の世界）である。この本自体は論文集の形をとっており、日本やアメリカなどの外国人研究者の論文も収録されているが、すべてがニューライトの思想にもとづいているというわけではない。ただ、「支配―抵抗」の二分法的理解や、「親日」派の断罪など、かつての民族主義的歴史叙述に対しては徹底的に批判をする。その意味で、国民国家論以降の歴史学方法論を意識して成立しており、問題意識としては、後述する「植民地近代化論」、「植民地近代論」と通底する面がある。

　事実、二〇〇六年四月の「ニューライト財団」設立にあたり、その発起人代表として「植民地近代化論」の主唱者である安秉直が名を連ねている。安はニューライト運動の実績について次のように述べる。

> 〔……〕政治思想の分野で、（一）執権民主化勢力によって、その正当性が否定された一九四八年の建国と一九六〇年代以後の産業化が正常かつ必須の歴史過程であったことを究明し、大韓民国の建国と経済発展が世界に誇るべきものであることを実証し、（二）統一至上主義者たちが推進してきた太陽政策が虚構であることを明らかにし、これを対外的に闡明することで北韓（＝共和国）の人権改善と体制変化が朝鮮半島問題の本質であることを明らかにする一方、（三）分配を前面に押し立てた大きな政府の統制・干渉政策ではなく、「小さな政府―大きな市場」に基づいた成長第一の自由主義経済政策が真の市場経済秩序を定立し、貧困問題を解決する正しい方向であることを提示した。
>
> 　社会運動分野では、（一）韓総連（＝韓国大学総学生会連合）など従来の左翼学生運動に立ち向かい、自由主義学生運動を展開し、（二）教育先進化の最大障害物である全教組（＝韓国全国教職員労働組合）に対抗す

る自由教員組合を設立した。ニューライト財団は、このような成果を土台として思想的側面からこの運動をいっそう深化・発展させようと考える[30]。

そして、安は、次のようにも語る。

ニューライト思想の深化・発展は韓国近現代史に対する新しい認識から出発する。執権民主化勢力は韓国近現代史が自主的であり内在的なものでなければならないと主張してきた。よって、彼らが追究する目標は自主・自立・自衛にあった。このような歴史観は虚構であり、韓国近現代史において実証することのできないものである。なぜならば、韓国近現代史は実際に国際関係のなかから出発し、展開してきたためである。このような事実は目をあけてそのまま見さえすれば、三尺童子でも容易にわかることである。

しかし、執権民主化勢力はこのような国際関係を単純な帝国主義の侵略と民族独立運動（侵略と抵抗）としてのみ把握する。だが、侵略と抵抗は韓国近現代史の一側面にすぎないのであって、開発と協力がもう一つの異なる側面を形成する。日帝下の制度改革と開発、米軍政下の自由民主主義の導入と援助、産業化期の先進国からの制度・技術・資本の導入などがそれである。今日の自由と繁栄はこのような国際的関係下における開発と協力を排除した侵略と抵抗だけでは決して成し遂げられなかった[31]。

これが、解放後韓国で支配的であった歴史観を否定し、植民地期および解放後の歴史に対して再評価を試みるものであることは一目瞭然である。そして、その再評価の結果、植民地期以降の経済発展という観点から、大韓民国建国以後の歴史が肯定的に評価され、李承晩、朴正熙らによる独裁体制という否定的なイメージは後景に退くことになった。それだけでなく、その対極で共和国の現代史に関わる評価が否定的なものになっている点も押さえておかねばならない。植民地期の経済開発との解放後史との連続性を示唆するこのような言説が、ともすれば先にみたような日本の植民地支配肯定論ともシンクロナイズすることが憂慮されるが、実際に韓国内でもそのような懸念が一部表明されている。その意味で、これらニューライト運動の歴史観は、日本の歴史修正主義と同様に政治化の様相をみせているといえる。

このような日韓双方における歴史認識問題の推移は、植民地支配と「近代」という主題が「内在的発展論」以降、一定の歴史像を提示しえないままでいることを示している。研究視角の多様化以降、朝鮮植民地期研究に関わって、「近代」というテーマがどのように注目されているのか。その現状を以下で検証してみることにしたい。

第三節　争点化する「近代」

一　「植民地近代化論」

日本の修正主義的歴史観が主張する「近代化」論は、日本の植民地支配を正当化し、ナショナリズムを高揚する役割を果たすだけのもので、学問的検討に耐えうるものでは決してない。ただ、植民地における「近代」をどのようにとらえるかという問題は、近年の朝鮮史研究の動向をみるうえでも、きわめて重要視されていることがわかる。以下では、朝鮮史研究において「近代」がどのように争点とされたかについて簡単に整理、紹介しておこう[32]。

この問題を考えるうえで、まずおさえておく必要のあるのは、「植民地近代化論」と呼ばれる議論の存在である。その詳細に関しては、並木真人らによる整理[33]に譲ることにして、ここでは概要のみを紹介する。

「植民地近代化論」とは、一九六〇－七〇年代韓国の高度経済成長、八〇年代の民主化を背景として登場した、韓国における解放（一九四五年）後の経済成長の要件を、植民地期における開発のための近代的改革に求める議論を指して用いられるカテゴリーである。その代表的論者とされるのが安秉直であり、彼は朝鮮における発展の契機を純粋に国内的なものに求める「内在的発展論」を否定し、朝鮮における資本主義の起源を外来の資本主義導入に求め、植民地下、とりわけ三〇年代における工業化の進展、朝鮮人資本の成長、マン・パワーの形成などを重視し、それが解放後の経済成長の土台となったとする[34]。

こうした議論の背景には、中村哲や堀和生らによる東アジア資本主義形成史研究とりわけ「植民地工業化」論の成果が存在しているが[35]、このような安の議論に対しては、慎鏞廈を中心に、日本による植民地支配を肯定するものとする批判がおこなわれることとなった。慎は日本の植民地政策に近代化の契機を一切認めず、「内在的発展論」を踏まえながら、朝鮮時代後期以来の資本主義の萌芽は植民地化によって挫折を余儀なくされたとした[36]。このような議論は「収奪論」とも呼ばれ、「植民地近代化論」と真っ向から対立することになった。

この「植民地近代化論」が、日本の植民地支配の性格認識をめぐって歴史認識問題の政治化を引き起こしていることは先に言及したとおりだが、その渦中で経済史研究者の李栄薫は、「植民地近代化論」の意義について再解説する。李によれば、「私的自由の原則」に基づく民法（ここでは、「朝鮮民事令」（一九一二年公布）のこと）を導入した朝鮮では、その原則に基づいて身分制の解体、近代的経済成長、私有財産制度の確立が植民地期に成し遂げられ、解放後韓国へと引き継がれたとする[37]。もっとも、このような連続性の認識は植民地支配を肯定するものではない。日本は「投資を通じて朝鮮半島の資源と工業施設を日本人の所有としていくのである」とし、それを「同化政策にともなう実質的な収奪の恐ろしい結果」と理解する[38]。そのうえで李は、「植民地近代化論といえば人々は日帝の朝鮮支配を美化すると考えていますが、とんでもないことです。真の意味の収奪と差別がどのようなメカニズムを通して繰り広げられたのかをきちんとみようというのが植民地近代化論なのです。文字どおり植民地的に遂行された近代化でした」[39]と植民地支配肯定論であるとする批判に対して反論するのである。

先にみたとおり、植民地近代化論の力点はむしろ解放後史の認識に置かれているといってよい。李は、解放後、北朝鮮／共和国では、日本の工業施設を接収し、南朝鮮／韓国では、近代的な法・制度と市場経済体制が、高い教育水準の人的資本を継承したとする[40]。さらに、北朝鮮は社会主義改革にともない、「豊富な物的遺産を受けたが、日帝を通して入ってきた近代的な法と制度を廃棄してしま」い、「近代文明を否定してしま」うことで、「文明化の行き止まりに入り込んでしまった」とも評価する[41]。つまり、植民地近代化論の帰着点は、文字どおりの近代主義を評価軸とした「大韓民国史」の構築にあることがわかる。植民地期認識の観点からすれば、統計的把握を主とした経済史的理解の反面、同時代に厳然として存在した政治史の流れとの絡み合いをどう理解するのかという点に関しては、依然として不明確なままであるということも現状としては踏まえておく必要があろう。

二　「植民地近代論」

さて、「植民地近代化論」と「収奪論」において共通しているのが「近代」を肯定的にとらえる視点であったことは既述したとおりである。一九九〇年代後半になると、このような「近代」肯定論的性格を止揚すべきであるとする研究動向があらわれるようになった。それが、今日、「植民地近代（colonial modernity）論」と呼ばれている一連の研究である。ここでも、その研究動向の詳細に関しては、並木、板垣竜太、松本武祝らの論考[42]に譲り、簡単にその概要を示すにとどめる。

一口に「植民地近代論」といっても、その志向するところはさまざまである。教育史、文化史、文学史、思想史等の諸領域において、植民地期における都市文化の形成、女性史、日常生活史といった多岐にわたる視角から、「近代性」そのものを批判的にとらえる視座であるといえる。

こうした研究の拡大に際し、大きな影響を与えた研究の一つとして、Gi-Wook Shin & Michael Robinson (eds.), *Colonial Modernity in Korea* という論文集がある。そこでは、民族主義に立脚した「収奪論」的歴史認識が否定される一方、植民地主義（colonialism）、近代性（modernity）、ナショナリズム（nationalism）という概念をそれぞれ切り離すことなく、相互作用の関係性としてとらえることの重要性が強調される[43]。Shin & Robinson は「文化的ヘゲモニー（cultural hegemony）」をキーワードとし、「近代的支配の主要な局面は政治的・経済的領域を超えた日常生活のなかにそれ（＝文化的ヘゲモニー）が浸透するところにある[44]」にもかかわらず、「支配—抵抗」の二分法的歴史認識に則った民族主義者の語りが、このような側面を軽視してきたと批判する。

またこの研究に数年先立って、韓国の社会学者たちによって発表された金晋均・鄭根埴（編著）『近代主体と植民地規律権力』は、ミシェル・フーコーの規律権力論を意識しつつ、学校・工場・医療・軍隊などの場を通して、植民地権力は「植民地的秩序のなかで各個人を自らそれ（＝規律）を維持・再生産することのできる主体として作り上げようと試み」、さらには、それにとどまらず各個人における規律の自発的内面化を「社会的に保証する相互監視の装置を整備することで新しい人間型の鋳造」をおこなったと論じた[45]。

言い換えれば、「近代主体」の形成は、西洋近代をコードとした「近代」を敵対的に受容し、その「道具的合理性」を内面化することによっておこなわれ、そのような「近代主体」が、都市大衆文化の担い手となる。しかし、それ自体が有する近代性は「支配的なヘゲモニーを後押しもし、危険にもさらした[46]」のであって、それゆえ複雑かつ多義的であらざるをえなかった。要するに、「植民地近代論」は、植民地下における「近代主体」の行動を媒介に、支配権力と被支配者の関わり方を、その局面ごとに理解しながら、植民地支配の性格をとらえようとする議論であるといえる。このような問題意識に基づいた研究は、日韓双方（とりわけ韓国）において相次いで刊行され、植民地期朝鮮研究に大きな影響を与えている[47]。しかし、多様な問題系を多様な視角でとらえようとするあまり、その性格規定の仕方にはそれぞれの研究成果ごとにずいぶんと幅があるのも事実である。とりわけ歴史学以外の分野での成果も多いが、それらをどのように歴史学の文脈へと還元していけるかということ、現在のところいまだ未知数の部分も少なくない。

ところで、「植民地近代」という問題意識は、現在、台湾史研究でも展開されつつある。朝鮮史の場合と同様、その具体的とらえ方は多様であるため、容易にはおこなえないことではあるが、朝鮮と台湾の場合について、比較対照する作業も要求されるだろう[48]。さらに、高岡裕之が指摘するように、これらの研究成果が、植民地本国＝日本における「近代」のとらえなおしという作業と有機的連関を持つこともまた要請されよう[49]。

三　「植民地近代」・「植民地公共性」・対日協力

以上は研究の概況を示したものであるが、次に朝鮮史研究の文脈に即して、「植民地近代論」のおかれている状況について振り返っておきたい。

先述のとおり、「植民地近代論」の視角は多岐にわたるが、最大公約数的にいえば、従来の民族主義的言説に基づいた語りを解体し、「支配―抵抗」の二分法的図式のなかに固定化されない多様な主体のあり方を、支配権力との関係性を視野に入れつつとらえ返そうとする問題提起であるということになる。

「植民地近代論」はその目的が近代批判にあることから、

まさに近代の産物であるナショナル・ヒストリーを批判することになる。よって、国民国家の相対化という従来の議論の延長線上にあることはいうまでもない。尹海東によれば、そのような「国民史」で描かれてきた民衆像の脱構築が目指されることになる[50]。そして、「植民地近代論」は、その代わりに近代的規律を内面化した「近代主体」の言動に注目する。このような「近代主体」は、「国民史」で描かれてきた、支配権力に抵抗する民族主義者としての民衆ではなく、支配権力による誘導と植民地知識人による社会的啓蒙との間で合理化される「大衆」である[51]。彼／彼女らは権力側が用意した規律を内面化しているという点で、「親日」行為＝対日協力という論点とも大きく関係してこよう。

これと関連して、「植民地公共性」という議論がある。並木の表現を借りれば、「異民族支配のもたらす葛藤の深刻さ、あるいは国民意識や帝国臣民意識の稀薄に起因する合意調達の困難」が「植民地における『政治』の特異性として」挙げられるとし、「植民地政府と被統治者の一部の間で、それぞれの意思実現をめぐり」、合意の調達がおこなわれる場を「公共領域」とみなすことになる[52]。そのような「公共領域」は、並木によれば、被統治者と植民地政府との間のバーゲニングの場であるとされ[53]、尹海東によれば「抵抗と協力が交差する」「グレーゾーン」であるとされる[54]。そのような「公共領域」は、支配権力の側が「大衆」を動員するための機構である一方で、「近代主体」としての朝鮮人はその場を利用して自らの政治的意思を伝えるという両義性を有することになる。まさに、対日協力の問題はここに前景化されることになる。「植民地近代論」と密接に関連する視角であることはいうまでもない。

「植民地近代」の指標となる「大衆」の誕生は、「文化政治」期以降のことであるので、「植民地公共性」の広がりも一九二〇年代以降のこととなる。よって、「武断政治」期については適用が難しいものの、並木は、戦時体制下にいたっては、その「植民地公共性」を拡大させることになったとして、戦時期をその議論の射程内に収めて解釈している[55]。

近年の研究では、松本武祝が朝鮮人下級職員の意識構造と対日協力行為に注目しつつ、倫理的処断を超えて、「植民地近代」の特徴を測ろうとした[56]。しかし、このような問題提起は並木真人が、おもに「文化政治」期における朝鮮人の政治参加の問題を通じてつとに主張したところであり[57]、「植民地期における対日協力の問題を議論することが植民地期朝鮮における『近代』について、具体的な事実を通じて考察する場合の一つの突破口になるものと思われる」[58]とその重要性を喚起していた。

並木や松本の注目する対日協力のあり方は、おもにテクノクラート型（行政機関の職員となった朝鮮人）であるが、並木は、イデオローグ型（著名な知識人層）の「対日協力」についても言及する。なかでも、アジア太平洋戦争期の朝鮮社会主義者の「転向」に関して、[59]「植民地体制への挑戦者に対して、殲滅や追放を強行して新たな紛争を引き起こすよりは、体制内に『適切な』地位を付与して軟着陸させる」[60]システムととらえる。このようなシステムこそ「植民地公共性」の拡大によって生み出されたものであった。

ところが、このような「植民地近代論」の隆盛に対して、違和感を表明する研究もあらわれた。趙景達による批判がそれである。趙は、近代民衆運動史の研究を通じて、「近代」に取り込まれなかった民衆をどう描くべきかを追究してきた。[61]よって、「植民地近代論」に対しても、「近代的公論」＝「植民地公共性」から排除された民衆の存在を軽視していると批判するのである。[62]趙によれば、「民衆史的地平から見た場合、どれだけ多くの民衆が『植民地公共性』に包摂されていたか疑問であ」[63]り、都市・知識人社会ばかりに注目する「植民地近代論」のように、「植民地権力や近代権力がいかに民衆を包摂するかという、『上から』の視点」ではなく、「そうした権力に翻弄されつつも、それに抗い続けた民衆の生の営みやその心性が復元されてこそ、植民地や近代の本質も明らかにされるはずである」[64]と批判する。また、朝鮮社会主義者の「転向」についても、「転向」せずに「沈黙を守った知識人も多くいたし、また非転向を貫いた者の存在も無視でき」ず、「植民地期の言論を表面的に飾った者たちの言説を一般化するのはやはり問題である」とし、「社会主義者らの議論に持続した変革や抵抗の論理を見て取るのは困難である」と批判する。[65]これは、戸邉秀明が「転向」を「主体性／民族性の保持と社会変革への展望を抱いた」「抵抗の戦略の機能」[66]であるととらえているのとまったく対照的である。

このような趙の批判に対して、並木は「植民地公共性」の量的な広がりが問題ではなく、「『近代化』や『公共圏』形成の動きが不可逆的な動向として植民地期から開始されたという事実そのものが重大な歴史的意義を有すると考えており、単に量的な広がりのみに拘泥しているわけではない」[67]と反論した。また、松本は、「近代主体」（そのなかでも松本が注目するのは「農村エリート」）の活動は、趙の主張する「民衆の抵抗や暴力のいわば陰画として描かれる」と、むしろ「植民地近代論」との補完関係にあることを主張する[68]。

　確かに、趙も「民族主義を過大に評価し、それを唯一の尺度として植民地期を見る視座に問題がある」ことに関しては同意しているし[69]、朝鮮社会における「近代性」の偏在という点に関しては松本も指摘していることである[70]。松本のこのような指摘はベクトルこそ違え、「近代」から排除された社会領域を視野に入れているという点では趙と共通していよう。また、板垣も「植民地近代論は近代に対して批判的な視座をもち、近代性・近代化そのもののもつ権力性や抑圧的・差別的・暴力的な諸側面に注目する」とし、「その状況を生きた人々の経験や語りを重視したり、より日常生活に近い次元で叙述したり、容易にカテゴリー化できないような事象を扱ったり、歴史の主体として必ずしも記述されてこなかった人々に焦点をあてたりする」と論じている[71]ことから、趙が主張する民衆（運動）史研究との接合を模索することは可能なように思われる。もっとも、「近代性」、「公共性」が朝鮮社会で機能した力の大きさという点については、右でみたように議論は平行線をたどっているというのが現状である。ことが植民地支配の性格規定に関わる以上、朝鮮近現代史研究者全体が論争の推移を見守り、関心を持ちつづけていく必要があろう。

　以上でみた「植民地近代論」とそれに対する批判の展開は、一面において議論の基盤を共有してはいるものの、植民地性の本質を、権力への包摂過程にみるのか、排除の段階にみるのかという点で大きく対立している。このような対立こそ、被統治者側のどの主体のどのような行為に注目するのか、という戦後朝鮮史学が抱えつづけてきた問いの現在的発現形態であるといえる。議論の当事者でもない筆者が安易に整理を試みることは避けるべきだが、一方において、修正主義的歴史観の横行という社会現象を意識しながら、「近代」への問いが日韓双方において政治問題化している現状において、「植民地支配に関する修正主義を真に克服するためには、植民地における『近代』をも貫く暴力・抑圧・差別の構造をはじめ、植民地―本国の多様な次元における関係性を組み込んだ新たな歴史像を、今日もなお『継続する植民地主義』を見据えつつ構築する必要がある」[72]とする高岡の提言を確認することで、「植民地近代論」とそれをめぐる状況についてのまとめにかえたい。

おわりに

動向の紹介が主であるので、これといった結論が出るわけでもないが、以上で言及してきた「現状と課題」について、自分なりにまとめることにしたい。

本章がいくつかのキーワードに基づいて整理されたものであることは、冒頭ですでに述べたとおりである。そのキーワードの一つは、植民地性を把握するためどの事象に注目するかという点である。すでにみたとおり、戦後朝鮮史学の進展により研究視角は多様化した。いささか乱暴な整理をすれば、政治史・軍事史・経済史中心の動向から、それらが並行しておこなわれつつ、教育史・文化史・思想史などの方面の研究が充実化することになった。中塚明は、一九八〇年代初頭の朝鮮史研究の動向をとらえ、「日本の朝鮮侵略史の研究においては、政治的・軍事的・経済的分野にとどまらず、文化的・精神的な分野にも分析を進める必要がある」[73]と指摘したが、そのような作業はいままさに進行中なのである。しかし、帝国主義史研究の立場からは、「従来の帝国史」研究を始めとした新たな研究潮流は、「従来の帝国主義史研究の成果を継承する姿勢が弱く、それが視野の狭さにつながる」とし、「ポスト・コロニアルの潮流が重視する社会史・文化史は、膨大な蓄積をもつ政治史・経済史の実証成果と有機的に結びついて、はじめて植民地の全体的な歴史像の構築に貢献し得るといえよう」という批判があることにも注意しておきたい[74]。日本「帝国史」研究や「植民地近代論」などにおいて顕著にみられるように、隣接諸分野との「越境」があたりまえになっている今日、朝鮮史研究者として、その意義と課題についてあらためて考える必要があろう。

もう一つのキーワードは、歴史の主体という点である。かつて、旗田が「朝鮮の人間が歩んで来た朝鮮人の歴史を研究せねばならない」と強調したのは、朝鮮人／朝鮮社会がそれまで他律的な存在として描かれてきたという反省に基づくものであった。それ以後、「内在的発展論」を含め、「一国史」として朝鮮史を描くことが要求されたのは、『朝鮮の歴史』（一九七四年）に書かれた「朝鮮は外国であり、朝鮮史は外国史である」という「あたりまえのこと」がなかなか了解されないという背景があったからであろう。その意味で、戦後朝鮮史学においては朝鮮人の主体性をどう描くかということが常に課題視されていたのである。(75)

国民国家論が定着していくなか、「一国史」的研究姿勢は批判されることになったが、むしろそれにより支配者側、被支配者側の双方における多様な主体の存在が描き出されるようになった。「民族」に一元化されない主体像の構築が目指されるという意味において、歴史における主体のとらえ方に大きな変化が生じたといえるのではないだろうか。しかし、日本「帝国史」研究の課題について駒込が認識するとおり、『朝鮮人や台湾人にとって植民地支配はどのような意味を持ったのか』という問い」の必要性は依然として残っているのである。戦後、常に意識されていた主体の問題は同様の課題をいまだ持ちつづけていることになろう。そして、近年にいたっては、主体の問題が「近代化」ないしは「近代」をどうとらえるかという問題と、一面において政治問題化しながら大きく関わるようになった。

一方的に日本側の貢献を主張する反面、『朝鮮人や台湾人にとって植民地支配はどのような意味を持ったのか』という問い」を完全に欠いた日本の修正主義的歴史観に対抗するためにも、植民地における主体と植民地権力という点に関して、歴史家は常に問いつづけなければならない。「近代主体」に注目し、その言動を植民地権力との距離／関係性において把握しようとするのが「植民地近代論」であったが、そのような視角ゆえに経済史中心の「植民地近代化論」とは本来区別される。しかし、そのような「植民地近代論」における主体のとらえ方さえも一面的であるという批判が民衆史研究の側から出されていることもすでに述べたとおりである。主体像が多様化するなか、このような論争は避けて通れないであろう。いっそう議論が深化することが期待される。

今後、朝鮮植民地期研究がどのように推移していくのか、未知数の部分も多いが、これらキーワードによって提示される問いは常に問われていくことになるだろう。

以上で紹介した研究動向はあくまで一部である。他の研究動向についても整理する必要があるのはいうまでもなく、それは筆者に残された今後の課題ということになろう。不十分な研究動向紹介になり、筆者の勉強不足さをさらけ出す形になったが、批判と叱正を請う次第である。

注

（1）旗田巍『朝鮮史』岩波書店・全書、一九五一年、iv～v頁。

（2）朝鮮史研究会編『朝鮮の歴史』三省堂、一九七四年、二頁。

（3）朝鮮史研究会の機関誌である『朝鮮史研究会論文集』では、毎号巻末に前年に公刊された朝鮮史関連の論著リストが収録されているほか、一九九四年八月にはそれをまとめる形で『戦後日本における朝鮮史文献目録―一九四五～一九九一―』（緑蔭書房、一九九四年）が刊行された。また、一九九九年九月には、この文献目録のデータベースがインターネット上で公開されるにいたり、二〇〇七年一〇月一五日現在、二万八七一六件のデータ（二〇〇六年刊行分まで）が蓄積されている（http://www.zinbun.kyoto-u.ac.jp/~mizna/sengo/）。

（4）以下の記述に際しては、中塚明「日本における朝鮮史研究の軌跡と課題―近代史研究の分野をふりかえって―」（『朝鮮史研究会論文集』第一七集、一九八〇年三月）、同「内在的発展論と帝国主義研究」（朝鮮史研究会編『新朝鮮史入門』龍溪書舎、一九八一年）、吉野誠「日本帝国主義の朝鮮支配」（同前書）、並木真人「戦後日本における朝鮮近代史研究の現段階」（『歴史評論』第四八二号、一九九〇年六月）、岡部牧夫・柳沢遊「解説・帝国主義と植民地」（『展望日本歴史 二〇（帝国と植民地）』東京堂出版、二〇〇一年）、高岡裕之「『十五年戦争』・『総力戦』・『帝国』日本」（歴史学研究会編『現代歴史学の成果と課題 一九八〇－二〇〇〇年 I（歴史学における方法論的転回）』青木書店、二〇〇二年）などを参照した。

（5）梶村秀樹「朝鮮近代史研究における内在的発展の視角」（梶村秀樹著作集編集委員会・刊行委員会編『梶村秀樹著作集』第二巻、明石書店、一九九三年）一六五頁（初出は、滕維藻ほか編『東アジア世界史探究』汲古書院、一九八六年）。

（6）梶村秀樹『朝鮮における資本主義の形成と展開』龍溪書舎、一九七七年、六頁。

（7）同前書、七頁。

（8）日本帝国主義史研究（日本資本主義支配研究）の観点からの「内在的発展論」の評価は、村上勝彦「日本資本主義と植民地」（社会経済史学会編『社会経済史学の課題と展望』有斐閣、一九八四年）を参照されたい。

（9）梶村秀樹前掲稿「朝鮮近代史研究における内在的発展の視角」一七一頁。

（10）同前稿、一六八頁。

（11）並木真人前掲稿「戦後日本における朝鮮近代史研究の現段階」一九～二一頁。

（12）同前稿参照。

（13）柳沢遊・岡部牧夫前掲稿「解説・帝国主義と植民地」八頁。

（14）前述の日本帝国主義史研究が継続して成果を挙げる一方、今日でも基本的文献として有効性を失わない宮田節子らによる戦時期の「皇民化政策」に関する研究もこの時期に成果が出ている（宮田節子『朝鮮民衆と「皇民化」政策』未来社、一九八五年など）。

（15）もっとも、本来であれば、学習院大学東洋文化研究所のプロジェクトの一環としておこなわれている旧総督府官僚の証言の録音記録の活字化や韓国併合史の研究など政治・外交史の方面における新たな史料の編纂および日韓間での活発な議論についても触れなければならないが、ここでは詳論を避ける。別稿を用意したい。

（16）報告者と報告内容のラインナップは次のとおり。
　岡本真希子「総督政治をめぐる政治構造」、安田敏朗「「国語」と植民地―帝国日本の言語編制と朝鮮―」、田中隆一「帝国日本の司法連鎖」、申奎燮「在満朝鮮人の『満洲国』および『日本帝国』像」。

　うち、安田報告を除く三人の報告内容は『朝鮮史研究会論文集』第三八集（二〇〇〇年一〇月）に収録された。

（17）駒込武「『帝国史』研究の射程」（『日本史研究』第四五二号、二〇〇〇年四月）二二四頁。

（18）同前。

（19）同前稿、二二五頁。

（20）荒井信一「日韓歴史学会合同シンポジウムによせて」（歴史学研究会編『歴史教科書をめぐる日韓対話―日韓合同歴史研究シンポジウム―』大月書店、二〇〇四年）二三〇頁。なお、本論文は、一九八二年以降の歴史教科書問題をめぐる政官界の動向、社会の反応について整理されている。

（21）同前。

（22）歴史学研究会・歴史科学協議会・歴史教育者協議会・日本史研究会・朝鮮史研究会（以上、日本側）、歴史学会・韓国史研究会・韓国歴史研究会・日本史学会・歴史教育研究会（以上、韓国側）の一〇学会による合同シンポジウムは、二〇〇一年一二月（日本）、二〇〇三年六月（韓国）、二〇〇五年一月（日本）で合計三回のシンポジウムが開催された。うち、最初二回のシンポジウムの内容に関しては、歴史学研究会編前掲書『歴史教科書をめぐる日韓対話』に収められている。

（23）代表的なものを挙げると、日中韓三国共通歴史教材委員会編『未来をひらく歴史―東アジア三国の近現代史―』（高文研、二〇〇五年）、日韓共通歴史教材制作チーム編『日韓共同歴史教材　朝鮮通信使―豊臣秀吉の朝鮮侵略から友好へ―』（明石書店、二〇〇五年）、歴史教育者協議会・全国歴史教師の会編『向かいあう日本と韓国・朝鮮の歴史―前近代編―（上・下）』（青木書店、二〇〇六年）、歴史教育研究会（日本）・歴史教科書研究会（韓国）編『日韓歴史共通教材　日韓交流の歴史―先史から現代まで―』（明石書店、二〇〇七年）などがある。

（24）和田春樹「日韓共同シンポジウム―背景、課題、経過―」（歴史学研究会編前掲書『歴史教科書をめぐる日韓対話』）二七～三一頁。

（25）『日韓歴史共同研究委員会（第一期）報告書』http://www.

jkcf.or.jp/history/all_j.pdf。なお、報告書の内容は、財団法人日韓交流基金のウェブサイト（http://www.jkcf.or.jp/history/report.html）から閲覧が可能である。植民地期部分の記述は「近現代編」のうち、第二部「日本の植民地支配と朝鮮社会」であり、さらに「植民支配の構造と朝鮮人の対応」、「植民支配と社会変化」、「植民支配と経済変化」、「戦時体制下の総動員」、「朝鮮駐屯日本軍」と各論ごとに、日本側・韓国側一名ずつの執筆者と同様に各一名ずつのコメントが付されている。日本側の執筆者に対しては韓国側のコメントが、韓国側の執筆者には日本側のコメントが付されている。

（26）二〇〇五年一二月に「親日反民族行為者財産帰属特別法」が成立することにより、「反民族行為」の認定を受けたものの子孫の財産国家が接収することが可能になったことも付記しておきたい。

（27）西尾幹二『国民の歴史』産経新聞ニュースサービス、一九九九年、七〇八頁。

（28）この意味で、歴史家にとってもっとも危機に映った現象の一つが、山野車輪『マンガ嫌韓流』（晋遊舎、二〇〇五年）とその関連本の刊行ではなかっただろうか。同書および関連書に対する批判については、太田修・朴一ほか『『マンガ嫌韓流』のここがデタラメ』（コモンズ、二〇〇六年）、田中宏・板垣竜太編『日韓　新たな始まりのための二〇章』（岩波書店、二〇〇七年）などを参照されたい。

（29）ニューライト運動の歴史観と韓国社会の動向については、並木真人「大衆の国民化と民族化—植民地期朝鮮の事例から—」（『国際交流研究』第九号、二〇〇七年三月）を参照されたい。

（30）＊安秉直「『ニューライト財団』を設立して—先進化のための理念と政策の創出に邁進すること—」（『ニューライト』http://www.newright.or.kr/read.php?cataID=nr06000&num=1509（二〇〇七年九月一日接続）。

＊は朝鮮語文献であることを示す。また引用文中の〔　〕は原則として引用者による。以下同じ。

（31）同前。

（32）以下の一、二の記述は、高岡裕之・三ツ井崇「問題提起—東アジア植民地の「近代」を問うことの意義—」（『歴史学研究』第八〇二号、二〇〇五年五月）の一部（三ツ井執筆担当部分）を改稿したものである。

（33）並木真人「植民地期朝鮮政治・社会史研究に関する試論」（『朝鮮文化研究』第六号、一九九九年三月）。鄭在貞「日本統治下の朝鮮の社会と経済をどう見るか—「開発論」と「収奪論」を越えて—」（『世界の日本研究二〇〇二—日本統治下の朝鮮：研究の現状と課題—』国際日本文化研究センター、二〇〇三年）。趙亨根（藤井たけし訳）「アナンケーとしての植民地性から問題系としての植民地近代性へ」（『Quadrante』第六号、二〇〇四年三月）。

（34）＊安秉直「韓国近現代史研究の新しいパラダイム」（『創作

と批評』九八号、一九九七年一二月）。

(35) その研究成果は多数にわたるが、例えば、中村哲「近代東アジアにおける地主制の性格と類型」（中村哲・梶村秀樹・安秉直・李大根編『朝鮮近代の経済構造』日本評論社、一九九〇年）、堀和生『植民地工業化の史的分析―日本資本主義と植民地経済―』（有斐閣、一九九五年）などが挙げられよう。中村の議論は、朝鮮南部においては自立性の高い小借地農型の近代的・中間的地主制が発達しており、資本主義に対する適合性が高かったとし、堀の議論は、一九三〇年代における市場メカニズムに基づく資本主義的発展の可能性を指摘するものであった。

(36) ＊慎鏞廈「〈植民地近代化〉論再定立の試みに対する批判」（『創作と批評』九八号、一九九七年一二月）。

(37) ＊李栄薫『大韓民国の話』図書出版キパラン、ソウル、二〇〇七年、八三～九四頁。

(38) 同前書、九四頁。

(39) 同前。

(40) 同前書、一七〇～一七九頁。

(41) 同前書、一七四頁。

(42) 並木真人「朝鮮における『植民地近代性』・『植民地公共性』・対日協力―植民地政治史・社会史研究のための予備的考察―」（『国際交流研究』第五号、二〇〇三年三月）。趙亨根前掲稿「アナンケーとしての植民地性からの問題系としての植民地近代性へ」。板垣竜太「〈植民地近代〉をめぐって―朝鮮史研究における現状と課題―」（『歴史評論』第六五四号、二〇〇四年一〇月）。松本武祝「『植民地的近代』をめぐる近年の朝鮮史研究―論点の整理と再構成の試み―」（宮嶋博史・李成市・尹海東・林志弦編『植民地近代の視座―朝鮮と日本―』岩波書店、二〇〇四年）。

(43) Gi-Wook Shin, Michael Robinson, "Rethinking Colonial Korea", in Gi-wook Shin, Michael Robinson (eds.), *Colonial Modernity in Korea*, Harvard University Press, Cambridge and London, 1999, pp.5-6.

(44) *Ibid*, p.7.

(45) ＊金晋均・鄭根埴（編著）『近代主体と植民地規律権力』文化科学社、ソウル、一三～二五頁。

(46) Shin, Robinson, op.cit., p.12.

(47) 代表的なものは板垣竜太前掲稿「〈植民地近代〉をめぐって」、松本武祝前掲稿「『植民地的近代』をめぐる近年の朝鮮史研究」でも紹介されているが、近年論文集の形として刊行され、多様な論点を紹介したものとして、＊延世大学校国学研究所編『日帝の植民地支配と日常生活』（慧眼、ソウル、二〇〇四年）、＊方基中編『日帝ファシズム支配政策と民衆生活』（慧眼、ソウル、二〇〇四年）、＊林志弦編『国史の神話を超えて』（ヒューマニスト、ソウル、二〇〇四年）、宮嶋博史・李成市・尹海東・林志弦編前掲書『植民地近代の視座』、＊孔堤郁・鄭根埴編『植民地の日常―支配と亀裂―』（文化科学社、ソウル、二〇〇六年)、＊尹海東、チョン・ジョンファン、許洙、ファン・ピョンジュ、イ・ヨンギ、尹大石編『近代を再読する―韓国近代認識の新しいパラダイムのために―』(歴史批評社、ソウル、二〇〇六年)などを挙げることが可能である。

(48) この意味で、張隆志のおこなった台湾史における「植民地近代論」の整理が、韓国で翻訳・紹介されたことの意義は大きい。＊張隆志(ウ・キョンソプ訳)「植民地主義・近代性と台湾近代史研究―史学史と方法論に対する反省―」(『歴史問題研究』一二号、二〇〇四年一二月)参照。

(49) 高岡裕之・三ツ井崇前掲稿「問題提起」四頁。

(50) 尹海東(河かおる訳)「植民地近代と大衆社会の登場」(宮嶋博史・李成市・尹海東・林志弦編前掲書『植民地近代の視座』)七〇〜七一頁。

(51) 同前稿、六六〜七〇頁。

(52) 並木真人前掲稿「朝鮮における『植民地近代性』・『植民地公共性』・対日協力」一六〜二四頁。

(53) 同前。

(54) 尹海東(藤井たけし訳)「植民地認識の『グレーゾーン』―日帝下の「公共性」と規律権力―」(『現代思想』第三〇巻六号、二〇〇二年五月)。

(55) 並木真人「『植民地公共性』と朝鮮社会―植民地期後半期を中心に―」(朴忠錫・渡辺治編『「文明」「開化」「平和」―日本と韓国―』〔日韓共同研究叢書一六〕慶應義塾大学出版会、二〇〇六年)二三〇〜二四〇頁。さらに、並木は「総力戦体制」論の枠組みを応用し、それを「『植民地公共性』の具体的な発現形態」(同、二三九頁)ととらえ、戦時期と戦後期の社会を「連続」面でとらえようとする。

(56) 松本武祝『朝鮮農村の〈植民地近代〉経験』社会評論社、二〇〇五年。同「戦時期朝鮮における朝鮮人地方行政職員の『対日協力』」(倉沢愛子ほか編『岩波講座　アジア・太平洋戦争　第七巻(支配と暴力)』岩波書店、二〇〇六年)。

(57) 並木真人「植民地期朝鮮人の政治参加について―解放後史との関連において―」(『朝鮮史研究会論文集』第三一集、一九九三年一〇月)。

(58) 並木真人前掲稿「植民地期朝鮮政治・社会史研究に関する試論」一一四頁。

(59) 厳密にこのような研究傾向のものをすべて「植民地近代論」と分類できるかどうかは検討を要するが、＊洪宗郁「中日戦争期(一九三七〜一九四一)朝鮮社会主義者たちの転向とその論理」(『韓国史論』四四、二〇〇〇年)、同「一九三〇年代における植民地朝鮮人の思想的模索―金明植の現実認識と「転向」を中心に―」(『朝鮮史研究会論文集』第四二集、二〇〇四年一〇月)、崔真錫「朴致祐における暴力の予感―『東亜共同体論の一省察』を中心に―」(『現代思想』第三一巻三号、二〇〇三年一二月)、戸邉秀明「転向論の戦時と戦後」(倉沢愛子ほか編『岩波講座　アジア・太平洋戦争　第三巻(動員・抵抗・翼賛)』

岩波書店、二〇〇六年）、趙寛子『植民地朝鮮／帝国日本の文化連環―ナショナリズムと反復する植民地主義―』（有志舎、二〇〇七年）などを挙げることができる。

(60) 並木真人前掲稿「『植民地公共性』と朝鮮社会」二二九～二三〇頁。

(61) 趙景達『朝鮮民衆運動の展開―士の論理と救済思想―』岩波書店、二〇〇二年。

(62) 趙景達「暴力と公論―植民地朝鮮における民衆の暴力―」（須田努・趙景達・中島久人編『暴力の地平を超えて―歴史学からの挑戦―』青木書店、二〇〇四年）二九一頁。

(63) 趙景達「一五年戦争下の朝鮮民衆―植民地近代論批判試論―」（『学術論文集』（朝鮮奨学会）第二五集、二〇〇五年九月）一〇頁。

(64) 同前稿、二四頁。

(65) 趙景達「日本帝国の膨張と朝鮮知識人―東亜共同体論と内鮮一体論をめぐって―」（石田憲編『膨張する帝国 拡散する帝国―第二次大戦に向かう日英とアジア―』東京大学出版会、二〇〇七年）一六五～一六六頁。

(66) 戸邉秀明「資料解題（資料と証言Ⅰ　日中戦争期・朝鮮知識人の東亜共同体論）」（『Quadrante』第六号、二〇〇四年三月）三五一頁。

(67) 並木真人前掲稿「『植民地公共性』と朝鮮社会」二四二頁。

(68) 松本武祝前掲書『朝鮮農村の〈植民地近代〉経験』三二〇～三二一頁。

(69) 趙景達前掲稿「一五年戦争下の朝鮮民衆」二四頁。

(70) 松本武祝前掲書『朝鮮農村の〈植民地近代〉経験』一二三～一二七頁。同「植民地朝鮮における衛生・医療制度の改編と朝鮮人社会の反応」（『歴史学研究』第八三四号、二〇〇七年一一月）。

(71) 板垣竜太前掲稿「〈植民地近代〉をめぐって」三六頁。

(72) 高岡裕之・三ツ井崇前掲稿「問題提起」五頁。

(73) 中塚明前掲稿「内在的発展論と帝国主義研究」一七四頁。

(74) 柳沢遊・岡部牧夫前掲稿「解説・帝国主義と植民地」一一頁。

(75) 本論では言及しなかったが、主体（性）という問題を考える際、階級という視点が常に意識されてきたという点にも注目しておく必要があろう。

第４章

台　湾

谷ヶ城秀吉

はじめに

日本を代表する台湾研究者の一人である若林正丈が強調するように、二〇〇〇年初頭までの台湾における自由化・民主化の進展は、「『台湾住民とは何者か』『台湾とは何か』の問いをめぐるアイデンティティ・ポリティックス」[1]と台湾ナショナリズム[2]を生み出した。こうしたアイデンティティの探求や台湾ナショナリズムの高揚は、政界だけにとどまらず、アカデミズムにも影響を及ぼす。これは歴史研究も例外ではない[3]。むしろ台湾における歴史学は、「共有する記憶」を再編成し、新たにナショナル・ヒストリーを構築することによって、台湾ナショナリズム形成の中心的役割を担う。たとえば、この渦中にある呉密察は、台湾ナショナリズムと歴史研究の関係について「台湾史は台湾ナショナリズムの高揚によって成立したのであるから、成立したところの台湾史も台湾ナショナリズムの発生・成長およびその構造について説明する必要が出てくる。つまり、目下のところ台湾ナショナリズムを有効に分析し説明することが台湾史にとって最も重要な課題なのである」[4]と宣言する。

ここで呉密察が想定する台湾史は、民主化以前の国民党オフィシャルな外来政権中心史観や漢人中心史観を退けつつ、台湾ナショナリズムの分析を通じて、台湾を主体とし、台湾という空間において、各エスニック・グループ平等の歴史を叙述しようとする試みにほかならない[5]。かかるアプローチは、後述するように現在の台湾における歴史研究の主流となりつつある。

しかし一方で呉密察は、「台湾史を理解するためには、異なる時期に、台湾に影響を与えてきた諸外地の状況を一つ一つ理解する必要がある。すなわち、台湾史は台湾島内のみに局限して考えることはできず、世界史の背景から捉えねばならない」[6]として、ナショナル・ヒストリーの外側との関係をも視野に入れる。この視野にはいうまでもなく一九世紀末から二〇世紀中盤までの台湾を支配した日本との関係も含まれる[7]。そこで、日本における植民地期台湾史研究に対する批評を確認することで本章の導入としたい。

さきほどから繰り返し引用している呉密察は、日本の歴史研究者が「かつて台湾を領有した史実に触れようとせず、双方の歴史的関係を忘れようとし」ていると指摘し、「『日本の—引用者」歴史研究者はなぜこのような史実を直視することができないのか」[8]と異議を唱える。他方、戦後日本において台湾史研究をリードした戴國煇も「何故、戦後の日本の学界で、台湾支配の問い直しや歴史的位置づけの学術的作業が行われないのだろうか?……それにしても日本本位の『台湾植民統治史』が存在しないのでは、批判したくても批判のしようがないことになります」[9]と、日本の戦後歴史学が台湾に対する植民地支配を無視し続けてきたことに失望を隠さなかった。

一方、日本における台湾史研究を回顧した石田浩は、その研究アプローチを、①かつて中国史研究の一部であった台湾史研究、②日本植民地史研究・日本帝国主義史研究の一環としての台湾史研究、③戦後台湾経済研究を起源とする台湾経済史研究、④民俗学・人類学・民族学・社会学・原住民といった視点からの研究、⑤日台民間交流よる台湾研究、に分類する。[10]このうち②の日本植民地史研究のアプローチに対して石田は、「その研究視点や歴史観は中国中心史観であり、台湾は中国の一部でしかなく、台湾そのものを扱う研究は少なかった。また、現在台湾が置かれている厳しい国際環境には無関心であり、台湾人研究者との交流も少なく、日本人の台湾認識に大きな影響を与えてこなかった」と、厳しく批判する。

そこで石田が批判した日本植民地史研究をさしあたり浅田喬二の研究[11]で確認しておこう。山田盛太郎が提起した四つの日本地主制の特徴、すなわち近畿型、東北型、北海道型、「植民地計画的の朝鮮の型」のうち、「植民地における日本地主制の本格的研究は放置されたままになっているようである」[12]という問題関心から浅田は、植民地地主制の包括的な検討を試み、その検討を通じて日本による土地支配を「植民地的・封建的性格」と位置づけた。このうち、台湾の地主制について浅田は、糖業資本による「植民地的・半封建的性格の『小作制プランテーション』と規定しうる」[13]とする。しかし、浅田が同書で日本の植民地支配の特質として提示する「本国地主制の植民地的再生」は、「朝鮮において典型的にみることのできるように」[14]、「朝鮮で代表的にみることができるように」[15]と自身で繰り返し記すように、主として朝鮮における事例から位置づけたものにすぎず、したがってこれを台湾へ適用することはきわめて困難である。実際に浅田は、植民地期における台湾人地主の広範な存在を看過しており、その役割や歴史的意味も軽視したから、植民地期台湾における日本の土地支配の特質、ひいては台湾経済そのものの特質を本質的な意味において抽出したとはいえない。つまり台湾経済の特質を把握できない以上、浅田の分析が日本の包括的な植民地支配を十分に位置づけえたとはいえない。これは、植民地期における有力な台湾人資本家「五大族系資本」の経済活動の分析を通じて「一方では伝統的社会経済構造が温存=利用されながらも土着資本勢力は後退し、他方ではモノカルチュア的生産形態のもので資本主義化が強力におし進められ、土着社会経済は資本主義的合理性の浸透を強くうけた」[16]とした凃照彦の位置づけと大きな落差を感じざるをえない。植民地期台湾経済史研究において、凃の成果が古典として現在でも多くの研究に対置される一方、浅田のそれが生命力を失っているのは、単に基礎とする経済学のディシプリンの差異ではなく、現地社会へのまなざしの差異ではあるまいか[17]。

こうした呉密察、戴國煇、石田浩らの批判に対して、日本植民地史研究者はいかなる応答をし、そしていかなる方向性を提示しうるだろうか。残念ながら本章は明確な回答を用意できない。そこで本章では、台湾を対象とした植民地期台湾史研究の動向を概観することで知見を得たい。

まず台湾および日本における植民地期台湾に関する研究環境の変化について言及し、ついで一九九〇年代以前の代表的な研究成果に触れたあと、九〇年代以降の業績についていくつかの研究領域からその動向を確認する。前述の目的や関心から、本章が言及する研究成果は日本におけるそれに限定し、台湾における研究は必要に応じて触れることとする。台湾史研究の詳細な動向は、既刊サーベイを参照されたい[18]。

以上の作業を経て、次に台湾におけるナショナル・ヒストリーに対する議論や植民地期台湾史研究のフレームワークをそれぞれ代表的な研究者の言説から紹介する。

なお、本章は疋田康行が提示した日本植民地経済史研究の定義[19]を援用して、日本植民地研究をさしあたり「日本帝国の公式植民地、委任統治領、租借地・付属地、軍事占領地等における日本による政治的・経済的諸支配と当該地域の社会の構造変化を、日本との関連や対比に着目してアプローチする研究」としておく。また、繁体字・簡体字は適宜常用漢字に改めた。

第一節　台湾史研究の位置

一　台湾史研究の位置

まず台湾における「日治時期」（以下、「植民地期」とする）台湾史研究の学術的な位置について簡単に言及しておこう。総統府直轄の総合学術研究機関、中央研究院における台湾史研究所籌備処の設置（一九九三年）および同処の台湾史研究所への昇格（二〇〇四年）、あるいは台湾省文献委員会の国史館編入（国史館台湾文献館、二〇〇二年）といった公的研究機関の再編[20]に象徴的にみられるように、近年の台湾における歴史研究は、「中国史」としての国民党オフィシャルな台湾史から台湾住民や台湾社会を主体とした「ナショナル・ヒストリー」としての台湾史への転換を試みている。

こうした台湾における「ナショナル・ヒストリー」としての台湾史研究の進展は日本の歴史学界にも影響を与える。試みに岡本真希子[21]にならって『史学雑誌』の「回顧と展望」における台湾史の位置づけを確認しておこう。九〇年代の「回顧と展望」を繙いてみると、「九八年に日本台湾学会が結成されたのを受けて、学会報が創刊された……その冒頭で若林正丈氏が台湾研究の『学際性』を強調している。だが、台湾研究だけでなく、中国現代史研究そのものも『学際』的になっていく必然的傾向を持つのではないだろうか」［傍点―引用者］[22]といった叙述に見られるように、日本における台湾史研究は中国近現代史研究の一部に回収されていた[23]。こうしたカテゴライズに対し、二〇〇一年度の執筆を担当した林淑美は、以下のような異議を申し立てる。少し長いが引用しておこう。

　台湾は一九八五から一九四五までの半世紀にわたって日本の国土の一部分を成し、中国とは異なる歴史過程を歩んできた。さらに戦後から現在に至るまでの台湾における政治的動向や新たなアイデンティティの形成などについては既に周知の事であり、今敢えてここで贅言するまでもあるまい。かかる状況に照らしてみる時、「台湾近現代史はなぜ『中国史』の範疇に含まれているのか」という疑問は、読者のような歴史研究者ならずとも容易に感ぜられるところであろう……関係者の再考を期待したい[24]。

この結果、翌〇二年度の「回顧と展望」は、「近現代において、台湾の人々の経験した歴史が中国大陸の人々のそれと大きく異なることを考えれば、当然の措置である」[25]として「台湾」の項目を登場させる。これ以降の「回顧と展望」は、台湾研究を取り扱う分量が年々増大し、かつ台湾を直接フィールドとする研究者が執筆した精確かつ豊富な情報が学界に提供されるようになった[26]。

このように日本の歴史学界において台湾史は自立した一つの研究領域とみなされるようになった。とはいえ、いうまでもなくこれは日本の学界が台湾独立問題へコミットしたことを意味するものではない。とりわけ若い研究者は、台湾の現実の政治・経済の動向やポップ・カルチャーに関心を示しつつ、台湾を純粋な研究対象として捉える傾向が強いように思える。つまり「日本における歴史学会において重要なことは、『独立』か『統一』かという議論それ自体への賛否であるよりも、この問題が大きな政治的イッシューとならざるを得ない状況が歴史的にどのように形成されてきたのかということを解明することであろう」[27]とする駒込武の提言が、日本人の研究者の間におおむね共有されていると考えられよう。

二　台湾史研究へのアプローチ

一九九〇年代までの台湾史研究を規定した要因の一つに、歴史学研究の根幹である一次資料の使用が制限、あるいは資料自体が「不足」していたことがあげられる[28]。それゆえ、日本における九〇年代までの研究の多くは、台湾総督府や台湾銀行が刊行した出版物や雑誌、日本国内で閲覧可能であった国立公文書館、外交史料館、防衛庁（現防衛省）防衛研究所図書館などに所蔵された史資料群に依拠せざるをえなかった。

ところが台湾における政治的民主化は、結果的に史資料の公開を促すこととなった[29]。本章では台湾総督府の内部資料である『台湾総督府档案（文書）』（以下、『総督府文書』[30]）および国策会社・台湾拓殖株式会社の社内資料である『台湾拓殖株式会社档案』（以下、『台拓档案』[31]）の二つを民主化の過程で公開された代表的な一次資料としてあげておこう。一九四五年の日本の敗戦とともに国民党に接収された両档案は、紆余曲折を経て現在は南投市中興新村にある国史館台湾文献館が所蔵する。その後『総督府文書』は二〇〇二年から、『台拓档案』は一九九七年から全面公開され、現在『総督府文書』は電子媒体で、『台拓档案』は影印（コピー）本で閲覧することができる（ただし、所蔵する国史館台湾文献館に赴く必要がある）。このような植民地期の支配機関である総督府や国策会社の内部資料は、日本植民地期台湾史研究だけでなく、日本近代史研究にとってもきわめて重要な意義を持ちえよう。

加えて近年では、こうした日本語史料だけでなく、多くの漢文史料が台湾人研究者によって「発見」、刊行されている。ここ数年だけでも台湾議会設置運動の中心人物として著名な林献堂の『灌園先生日記』[32]や蔣渭水の『蔣渭水全集』[33]、農民運動家簡吉の『簡吉獄中日記』[34]、保正であった張麗俊の『水竹居主人日記』[35]などが刊行され、日本側にもこれらの史料を用いた研究が確認できる[36]。また『埔里社退城日誌暨総督府公文類纂等相関史料彙編』[37]、あるいは『台湾総督田健治郎日記』[38]など日本語史料の中文訳も多く刊行されており、台湾人研究者へ利便を提供している点も指摘しておきたい。

第二節　日本における植民地期台湾史研究

一　一九九〇年代までの植民地期台湾史研究

まず一九九〇年代までの日本における植民地期台湾史研究の成果について簡単に整理しておこう。戦後日本の台湾史研究を手際よくまとめた川島真によれば[39]、一九四〇年代から五〇年代にかけての日本の植民地期台湾史研究は、主として戦前台湾に在住し戦後帰国した研究者によって担われたとされる。ついで六〇年代にはアジア経済研究所の発足や台湾人留学生による研究、植民地史研究としての台湾研究の萌芽が見られ、これらの流れを経て七〇年代から八〇年代初頭には現在の台湾史研究で中心的な役割を果たしている研究者が成果を発表しはじめる。とりわけ「第一に気構えないこと。第二に『正統』と既存の枠組の呪縛から自由でありたいこと。第三に『政治』を研究会にもち込まないこと」[40]を了解事項とした台湾近現代史研究会の成立は、当該期の若手研究者の活動基盤となっただけでなく、「台湾史」というカテゴリーが「存在しうる領域」であることを提示したという意味において看過しえないトピックであろう。

当該期の注目すべき研究者を掲げておく。政治史では独立運動家の立場から台湾の歴史を著した王育徳[41]、台湾人意識の形成を台湾民主国の成立過程に求めた黄昭堂[42]、日本の台湾領有期から日中開戦前夜までの台湾人抗日運動を詳細に叙述した許世楷[43]、武力による抗日運動ではなく、近代的な知識人の抗日運動を観察することで台湾人の自我の形成を強調した若林正丈[44]、近代日本政治史の文脈から台湾統治政策と内地延長主義の内実を描いた春山明哲[45]らに代表できよう。一方、経済史では前述の浅田や凃のほか、日本資本主義の脆弱性から一九三〇年代以降の台湾における「工業化」政策の限界を指摘した小林英夫[46]、中国・満州・朝鮮・台湾における日本の金融政策を包括的に検討しつつ、台湾に関しては台湾銀行の活動に力点を置いて分析した波形昭一[47]などが主として日本帝国主義史研究の立場から先駆的研究を提出した[48]。

『岩波講座　近代日本と植民地』は、これら七〇年代から八〇年代の植民地期台湾史研究の成果を含む、日本における植民地史研究の一つの到達点である。九二年から九三年にかけて刊行された同シリーズ全八巻八九本の論文のうち、大江志乃夫「植民地戦争と総督府の成立」、近藤正己「台湾総督府の『理蕃』体制と霧社事件」、若林正丈「一九二三年東宮台湾行啓と『内地延長主義』」、後藤乾一「台湾と南洋」（以上、第二巻）、柯志明「『米糖相剋』問題と台湾農民」、越沢明「台湾・満州・中国の都市計画」（以上、第三巻）、春山明哲「明治憲法体制と台湾統治」、駒込武「異民族支配の〈教義〉」（以上、第四巻）、梁華璜「対岸政策と『台湾籍民』」（第五巻）、若林正丈「台湾議会設置請願運動」、林瑞明「決戦期台湾の作家と皇民文学」（以上、第六巻）、田村志津枝「台湾の大衆芸能のありさま」、松永正義「台湾の文学活動」（以上、第七巻）、呉密察「台湾人の夢と二・二八事件」（第八巻）の一四本が直接台湾を取り扱ったほか、複数の論文が台湾について触れている。本シリーズは文学、台湾島外との関係、原住民統治政策、戦後の脱植民地化など、現在の台湾史研究で中心的なテーマを占める諸論文を配置しつつ、「同化主義」の分析を通じた伝統的な統治政策史の論文を並列した点にその特徴を見出せよう。

二　一九九〇年代以降の植民地期台湾史研究

ついで一九九〇年代以降の日本における植民地期台湾史研究について、政治・経済・教育・文学・社会その他に分類して概観する。植民地期台湾史研究に限らず、日本の歴史学界における近年の大きな特徴の一つとして、研究テーマの多様性と学際的色彩があげられよう。したがってかかる分類に適合しえない研究が多いことは承知しているが、さしあたりの便宜として分類した。

政治

九〇年代に入ると、政治史の領域における植民地期台湾史研究は、かつての抗日運動史研究から、統治の実態を詳細に論じ総体としての日本植民地統治史の描写を試みる研究へと中心を移していく。その代表的な研究としては、『総督府文書』を利用した檜山幸夫・栗原純らの成果[49]や、台湾と日本国内の政治空間の再架橋を試みた岡本真希子[50]の研究が該当しよう。また近年は法制整備や運用の観点から植民地統治を位置づける議論が多数提出されている。ここでは浅野豊美[51]の一連の研究や、台湾人名望家を視野に入れて植民地統治機構の整備を検討した劉夏如[52]、当時の支配者であった日本人の台湾認識を『台湾私法』から丁寧に読み解いた西英昭[53]、法運用の担い手である実務法曹の思想を丹念に描いた呉豪人[54]の研究を提示しておこう。

そのほか、九〇年代まではほとんど空白に近かった戦時期台湾における総督府の統治実態を台湾社会との関連で議論する近藤正己[55]の研究や、二・二八事件を帰着点に台湾人の植民地期における「台湾人意識」の形成や戦後における自主的な脱植民地化の試みを描いた何義麟[56]、在台日本人の引揚を考察した加藤聖文[57]や楊子震[58]の研究も注目すべき成果に数えられよう。

経済

石田浩ら地域史研究者からの批判を受けて進展した近年の台湾に関する経済史研究の動向は、大きく三つの潮流に区分できよう。第一に植民地期における台湾社会の変化を主として台湾人の経済活動から検討しようとするものである。台湾においてはいうまでもなく、日本においてもこの観点からの研究が今後の中心となるだろう。たとえば、従来検討されてきた植民地工業化の文脈だけではなく、台湾人を主体とする経済活動・企業行動の分析を通じて植民地期台湾における工業発展の実態に迫ろうとする堀内義隆[59]や四方田雅史[60]の研究、あるいは台湾人茶商の自立的な商業活動を強調した河原林直人[61]の研究がその代表的な成果である。

第二に日本による台湾の植民地化を支配／抵抗といった二項対立に収斂させるのではなく、複雑な支配実態の分析を通じて植民地統治のあり方を経済的側面から位置づけようとするものである。在台日本人商工業者の経済活動の限界を考察した波形昭一[62]、製糖会社の企業活動を分析した久保文克[63]、移出米流通過程における総督府権力の介入の効用と限界を指摘した中島航一[64]、総督府権力は貿易経路を転換しうるようなインフラを提供したものの、その担い手の中心は必ずしも日本人商人ではなかったことを指摘した谷ヶ城秀吉[65]、実務を担当した官吏にまで踏み込んで総督府の経済政策を検討したやまだあつし[66]の研究などがこれに該当する。

最後に第三の潮流として、植民地期と戦後期を架橋し台湾経済の発展過程を歴史的に位置づけようとする動きがある。ここでは北波道子[67]や湊照宏[68]の一連の研究にその試みを見いだすことができる[69]。

教育

近年の植民地における教育史関係でメルクマールとなるのは、駒込武の一連の研究である。この研究は、第三節で駒込の歴史観を検討する際の伏線となるから、やや詳細に言及しておこう。

駒込の代表的な著書『植民地帝国日本の文化統合』は、『同化』という言葉のインフレーションにより、植民地支配の理念も実態も見えにくくなっている」（傍点は原文のまま）という先行研究への批判から、教育勅語、日本語教育を通じた日本の「同化政策」は、差別的な「帝国」の構造を拡大再生産するだけで、「帝国」の文化統合の原理としては空洞化していたと結論づけた労作である[70]。ただし本書の最大の目的は「植民地帝国日本による異民族支配の歴史のうちに、ナショナリズムの自己否定の契機が胚胎し、自己矛盾を深めていく過程を明らかにすること」（傍点は原文のまま）[71]にあって、台湾のナショナリズムの形成分析には重きを置かない点に注意しなくてはならない。

この駒込の研究を、『台湾近現代史』を『日本帝国史』に従属させるような見方は、それ自体として、論者の意図に関わらず、植民地主義の遺産を引き継いでしまっている」として批判的に継承したのが、陳培豊の研究[72]である。陳は、これまでの同化政策の「同化政策→心理・感情の日本化→被統治者による抵抗・拒絶→民族抵抗運動の発生→皇民化に伴う弾圧」という通説に対し、戦時日本が植民地台湾にもたらした「暗」としての皇民化政策だけでなく、台湾が経験した「明」としての近代化に焦点をあてる。そして陳は同書で「台湾統治において達成された近代化とは、日本の国家体制の平衡を維持するための方便である『同化』教育を積極的に、それも〝文明への同化〟として台湾人が選択的に受容し、自ら勝ち取った結果」[73]と結論づける。今後はエリートあるいはイデオローグといった、「近代」を選択的に受容しえた一部の台湾人だけではなく、受容／拒否を選択できない大多数の台湾民衆が「近代」とどのように対峙したのかを検討することが求められよう。

日本語教育に関するテーマは依然として多く[74]、教育政策・教育思想[75]、教科教育の各論[76]でも主に法制度の整備・比較の観点から踏み込んだ研究が見られる。今後この分野では、陳培豊が試みたような、台湾人の「近代」の受容過程における実態の解明が中心的な課題となろう[77]。

文学

星名宏修が回顧するように、植民地期の台湾における文学は八七年の戒厳令解除までは「台湾文学」を名乗ることができず、「中国内の台湾」という意味での「郷土文学」とラベリングされざるをえなかった[78]。しかし、戒厳令解除後の九〇年代以降、台湾文学史も他の領域同様に大きく進展し、日本台湾学会においては毎年パネル報告が組織されるなど、台湾史研究の中でもとりわけ活発な研究領域である[79]。

星名によれば、九〇年代における日本植民地期台湾文学史の特徴は、第一に雑誌の復刻や植民地期に活躍した台湾人文学者の作品集の出版が進んだこと[80]、第二に台湾において台湾文学の講座を持つ機関が拡大したことにより、若い研究者による学位論文が急増していることになる。こうした環境整備に対応して、近年ではアジア太平洋戦争期に活動した台湾人および在台日本人作家による「皇民文学」の再評価・再定義や[81]、中央文壇作家の台湾観をめぐる批評が[82]中心的なテーマとなっていることを指摘しておく。

社会、その他

以下、台湾社会を分析対象とした研究領域について言及する。

原住民を対象とした研究は学際的色彩が強く、とりわけ文化人類学のディシプリンからはすぐれた研究成果が多数提出されているが、本章では主として歴史学の研究成果に限定して紹介したい[83]。

小林岳二によれば、戦後日本における台湾原住民[84]の歴史的研究は、霧社事件と高砂義勇隊[85]に対する関心から始まったとされるが[86]、近年の日本植民地期の原住民をめぐる研究は、次の二つに分けられよう。第一に原住民統治史・政策史研究の視角からの研究であり、日本ではこの分野の業績がもっとも多い。その代表的な成果として、松田吉郎[87]や山路勝彦[88]の成果のほか、『総督府文書』を用いて総督府の原住民族統治の実態に言及した北村嘉恵の一連の研究[89]や原住民族が市場経済に組み込まれていく過程を丹念に叙述した中村勝の研究[90]などがある。第二に、支配者である台湾総督府や日本人人類学者が原住民族をどのように語り、表象していたのかを問う視角である。ポスト・コロニアリズムの手法の影響を強く受けたこの視角の代表的研究として、松田京子[91]と小林岳二[92]の成果をあげておこう。

近年、日本においても多くの成果が見られるようになった医療・公衆衛生の領域では、日本経由で近代医学を受容しつつも、その発展は植民地性を免れることができなかったと指摘した劉士永[93]、平地における農業開発とマラリア流行の関連について実証した顧雅文[94]、台湾における医療制度の確立を台湾公医設置の観点から検討した鈴木哲造[95]の研究をあげておく。

そのほか植民地期の台湾社会を対象とした研究を掲示しておこう。ジェンダー研究[96]では、廖秀真[97]・游鑑明[98]・洪郁如[99]・植野弘子[100]などの研究がある。また台湾総督府の社会政策を検討した大友昌子[101]、支配体制と台湾社会の変容を中間団体の観点から検討した宮崎聖子[102]、宗教関係では、蔡錦堂[103]や松金公正の一連の研究[104]、観光史では曽山毅[105]・松金ゆうこ[106]、都市史では青井哲人[107]、メディア史では三澤真美恵[108]、李承機[109]、本田親史[110]などの研究も注目すべき成果であろう[111]。

日本との関連から植民地期の「記憶」や「経験」に着目して現在の台湾を逆照射した研究として、呉密察・黄英哲・垂水千恵編『記憶する台湾』[112]と五十嵐真子・三尾裕子編『戦後台湾における「日本」』[113]をあげておこう。

『記憶する台湾』は、台湾人研究者の発話に対する日本人研究者の応答という形式で構成される。記憶・アイデンティティ・原住民・文学・映画・モダニティ、そして学知という近年の台湾史研究において流行のテーマを取り上げ、複雑な「エスニック・グループがアイデンティティの確立に向けて、熾烈な議論を繰り返す」台湾においては、「特に日本の植民地統治権力が台湾に残した『帝国』の記憶と如何に対峙するかは、アイデンティティ確立における大きな要素」[114]であるとする。同書は、現在の台湾社会における「日本」の記憶の残滓に着目しつつ、「台湾人アイデンティティとは何か」を日本との関連で問い直した研究である。

他方、『戦後台湾における「日本」』も、現在の台湾社会における「日本」の記憶を問い直す論考によって構成される。しかし、本書の特筆すべき点は、「複雑な局面をもつ植民地経験を、我々日本人は一体どのように捉えたらよいのだろうか」[115]という問いにあるだろう。したがって前者と比較して、本書は台湾における「日本」を問う意味が強く押し出されている。これは日本人が台湾研究に携わる意味、あるいは日本人の台湾観[116]そのものも問いかける、きわめて示唆的な問いであるといえよう。

第三節　植民地期台湾史研究のフレームワーク

一　ナショナル・ヒストリーとしての植民地期台湾史研究の動向

呉密察は、台湾の政治的な民主化・自由化は、同時に台湾化（「本土化」）をも意味し、それゆえ台湾史研究が「台湾在住の人々が自身の存在意義とアイデンティティを模索する資材となった」[117]と主張する。したがってかつての国民党時代には主流たりえなかった台湾や台湾人を主体とする歴史が九〇年代末期から構築されつつある。

しかしナショナル・ヒストリーとしての台湾史研究それ自体に対する批判が存在しないわけではない。その急先鋒である陳光興は、「アカデミズムにおけるエスニシティやナショナリズムの研究なり言説は、どうやら政府側のエスニック・グループの分類系統の構築をもっと批判的に距離をおいてみることができなかったようだ」[118]とし、近年の台湾史研究のある種の政治性を批判する。

この陳光興の台湾史研究批判に対して呉豪人は、ナショナル・ヒストリー構築の基礎となる「台湾人のナショナル・アイデンティティ」に関する研究者間のコンセンサスが必ずしも得られていないことを認める。しかし他方、ナショナル・アイデンティティの議論が「政治上のタブーとされても、学問上には欠かせない絶対必要条件だとすれば、それを避ける理由はない」[119]と主張する。そして陳の「ポスト・コロニアリズムの論法を安易に、無反省に受け止めた」研究が、「現時点の台湾におけるナショナル・アイデンティティの再構築には、要らぬ混乱を起こした」[120]と反論する。

この論争に対する日本人台湾研究者の立場は複雑である。たとえば森宣雄は、陳光興の議論を「日本の敗戦というものを台湾やかつての大東亜共栄圏との関係から考える中で、あえていえばここでこんな話をしている私たちのような者が受け止めて、引き受けて応答しなければいけなかったものだと思うんです」[121]と述べ、陳の議論を積極的に受け止め、植民地支配や戦後国際関係の文脈から陳に応答しようとする。一方、駒込武は「陳光興の論文をどう評価するかということは、僕の中で揺れている」と断ったうえで、「まずは日本帝国主義や日本ナショナリズムをきっちりと批判する作業の中で、彼の議論とうまく接合する地点を捜すほかないのではないかと感じています」[122]とし、陳の議論に端を発した台湾ナショナリズムの問題そのものよりも帝国主義や日本のナショナリズムの分析から植民地支配を読み取っていこうとする。他方、「日本の文脈では、いかにナショナリズムを批判しようとも現実にはみずからが所属する国民国家という枠組みが解体することは考えにくい状況にある。あるいは、そのような状況にあることが漠然と知覚され共有されているからこそ、ナショナリズム批判が一種のトレンドとなる。これに対して、国民国家という枠組みが疑問視されるような不安定な状況下で住民が主体的に解放を求めるために起動するナショナリズムを―それが中国ナショナリズムであろうと台湾ナショナリズムであろうと―教条的に批判することには、慎重でなければならない」[123]と、日本人研究者による安易な台湾ナショナリズム批判を戒める三澤真美恵のような立場も存在する。

このように台湾におけるアカデミズムの状況に対する日本側の研究者のポジションは多様である。しかし、それゆえに日本の台湾史研究は、双方の立場から自由であるといってもよいだろう。つまり川島真が「日本の台湾研究が、必ずしも台湾の台湾研究と同じではないということ。『台湾に即して』いても、やはり外からの視線が研究に反映する。台湾の政治状況や学問状況を体感しつつも、一定の距離をもった視線を大切にする必要もあろう。また日本から見るからこそ見える台湾もあるだろう」(124)と指摘するように、日本の台湾史研究が台湾の台湾史研究と全く同じスタンスで描かれる必要はない。しかしここで強調したいのは、台湾と日本を対抗軸で捉えることではない。むしろ問題は、台湾の台湾史研究と日本の台湾史研究をいかに架橋するかにあると考えている。

以下、台湾史総体に寄与しうる近年の日本における植民地期台湾史研究のフレームワークについて若干付言しておく。

二　日本近代史としての台湾

前掲の呉豪人は、植民地期台湾を対象とした日本人の研究は、「あくまで日本近代史の欠落した部分を補うためにある」とし、「台湾史は依然として日本史の素材であり、客体であるが一つの自律した存在となることはありえない」(125)としたうえで、以下のように述べる。

主体性を持つ台湾研究が成立したとはいえ、まだ萌芽期であり、かつての「中心」部、たとえば中国、あるいは日本の歴史的ディスクールもまだ健在である。それに互いに用いるディスクールが相入《ママ》れないということは、周縁と中心との闘いが決着のついたものを意味するのではなく、むしろ「対等的条件が満たされた」周縁と中心との闘いがこれから始まろうとしていることを意味している。(126)

こうした呉豪人の批判、あるいは前述した戴國煇や呉密察の日本史研究への疑義に対する日本史研究者からの一つの応答として、ここでは檜山幸夫の問題意識や方法論を事例に確認しておこう。

檜山は、「日本近代史の範疇とその研究対象領域から台湾史を含む『旧外地史』が意識的に排除され、そこで刻まれていた歴史と人々が切り捨てられ、『旧外地史』が『植民地史』の枠内に閉じ込められて、支配と被支配・弾圧と抵抗という単純な構造のみで全歴史過程が語られてしまったことから、日本近代史研究は領土拡大と支配領域の拡大という対外侵略を発展の原理とした『大日本帝国』の対外膨張発展史であったことの実態を、構造的且つ総体的に明らかにすることができず、結果として蓋をして、却って内向きの一国主義的なものに陥ってしまった」[127]と現状の日本近代史を批判する。そして、「台湾統治を含めた外地統治支配を総体的且つ構造的に把握できない限り、日本近代史は解明できない」[128]と主張する。さらに檜山は、植民地期を扱う日本近代史は「台湾近代史研究にとっての台湾史研究とは異なる、日本近代史研究にとっての台湾史研究」[129]と明確に峻別したうえで、日本史研究者は台湾を含む植民地統治構造を積極的に解明すべきであるとする。換言すれば、ここで檜山が想定する日本史アプローチによる植民地期台湾史研究は、ナショナル・ヒストリーの台湾史とは別次元の性格を持ちながらも、その関係を従属的に取り扱おうとするものではなく、相互補完的な関係を意図していると理解しうる。これは呉豪人が見立てたような、台湾を主体とした台湾史研究と日本近代史としての台湾史研究（あるいは中国史としての台湾史研究）の関係を対抗関係として捉えるのではなく、かつて川島真が「台湾研究は独自性をもった学問分野だということができるが、これは中国研究や日本近代史研究と対抗することを意味するものではない」[130]と述べた、台湾史・中国史・日本史研究の複合的な関係を目指しているものといえよう。

むろん、檜山の提言もいくつかの問題を孕んでいる。その最大の問題は、研究対象の拡大と深化が研究者をますます「地域」や「専門」の枠内にとどめるようになっている点である。したがってかつては一般的に志向された植民地支配の総体的把握はきわめて困難になっている。しかし他方、かかる障壁を越境しようとする国際日本文化研究センターの「日本の朝鮮・台湾支配と植民地官僚」[131]や後述する『日本資本主義と朝鮮・台湾』のような野心的な共同研究も存在する。今後はこれらの共同研究がどこまで「総体的」に植民地支配を捉えうるのかが焦点になるだろう。

三　帝国史研究

次に近年の日本における植民地研究を代表する一人である駒込武の言説から近代日本と台湾の結びつきを歴史化するアプローチについて考えてみたい。

周知のように、駒込の分析対象地域は台湾だけにとどまらず、朝鮮・満州といった、かつての日本帝国の支配領域とほぼ重なり、その主著『植民地帝国日本の文化統合』は、それまでの帝国主義研究、あるいは支配／抵抗の観点からの研究が主流であった学界に一石を投じた。

この研究の基底となったのは、いわゆる帝国史研究のアプローチである。この帝国史研究は、「日本人にとって植民地支配はどのような意味を持ったのか」、「日本史研究にとって植民地の研究はどのような意義があるのか」[132]に関心を置くアプローチである。その背景には「戦後の日本が、植民地を放棄し、『身軽』な小日本主義として再出発しながら、戦後日本をいかに再生するのかという『内向き』の立場」が「植民地を有する帝国の時代に逆戻りさせてはならないという現実の課題が強く意識されればされるほど」[133]強調されるという日本近現代史研究への反省がある。かかる問題意識は、前述の檜山のそれとほぼ同じスタンスであると言ってよいだろう。

しかし帝国史研究の特徴は、かかる問題意識にだけあるのではない。一九九九年度の日本史研究会大会近現代史部会「帝国日本の支配秩序――一五年戦争期を中心に――」において駒込は、以下のように述べている。

> たとえば朝鮮史の研究者は、特に近現代を対象とする場合、韓国（大韓民国）の人であれ、日本人であれ、しばしば日本語の資料や先行研究を読むことを迫られる。これに対して日本史研究者が朝鮮語の文献を読まねばならないと感じる機会は少ない。そうした非対称的な関係は植民地支配の事実そのものによって生み出されたものであり、しかも、現在進行形の事実として存在している……しかし、この非対称性に無頓着である時、たとえ研究の内容において植民地支配を批判し、「日本人」という概念を揺るがそうとしても、研究という作業そのものが遂行的に「日本人」や「日本史」という枠組みを強化し、植民地主義的な関係を再生産してしまう可能性がある。それは新たな文化帝国主義であると評することさえできるかもしれない[134]。

このように、「日本人」による「日本人」のための植民地史の再生産を強く批判しながらも、駒込自身はあえて日本との関わりで植民地史を捉えようとする。続けて駒込は以下のように述べる。

> このように述べたからといって、帝国史研究という

スタンスがトータルに否定されるべきだとも考えていない……植民地支配の歴史を単に「日本史」の延長上に生じた一挿話としかみなされない認識枠組みが厳然たる制度として存在する以上、一足飛びに「朝鮮人や台湾人にとって植民地支配はどのような意味を持ったのか」という問題に接近したと思いこむ危険性も常に存在する。したがって、自らの足下に井戸を掘るようにして「日本史」という制度のために見えにくくなっている事実関係や解釈の可能性を発掘しながら、「朝鮮史」「台湾史」研究の成果に接合していくこともまた重要なのではないか。どこまでも過渡的であることを本質とする架橋的な作業として、帝国史研究的な観点も有効なのではと考えている。(135)

つまり駒込の帝国史研究は、日本史と台湾史を架橋することで帝国の全体像を描くことにこだわりを見せている。この駒込の基本的な姿勢は、現在も継続していると言ってよい。近年の帝国史研究を批判した吉澤誠一郎の指摘に対して駒込は二〇〇五年の別稿で、「皮肉なことに、同書[駒込『植民地帝国日本の文化統合』—引用者]は、そこで論じている内容を自ら裏切って、『日本人』による『日本人』のための『日本文化論』に回収されかねないものになってしまったと感じている」(136)と自覚する。しかし自己の研究が台湾史研究に回収されるべきだとはしない。ここで駒込は、「自らの研究がつまるところ『日本史』という制度の中にあるものだとしても、『台湾近現代史』としても批判に耐えうるものであり、『世界史』に向けて開かれた」(137)歴史研究にその到達点に設定する。

こうした日本を分析対象とした帝国史研究は、言説レベルや方法論レベルでの議論は多く散見されるものの、その方法を援用した実証研究は、まだその端緒にすぎない。そこで先行して帝国史研究が開始されたイギリスにおける研究動向から、想定しうる課題を提示しておき、将来の日本における帝国史研究が直面すると考えられる問題点をあらかじめ炙り出しておくこととする。

イギリスにおける帝国史研究を議論した木畑洋一(138)、平田雅博(139)、前川一郎(140)は、帝国史研究の問題を以下のように指摘する。

第一に、帝国を構成する「中心」と「周縁」の双方に目配りをする視角の必要性である。帝国史の意義は、「中心」

のナショナル・ヒストリーと「周縁」のそれを媒介するところにあるとされるが、それゆえ帝国史研究は、「双方の保守派から批判を受ける上、橋をかけられないまま、河に転落するピエロ役に終わる可能性もある」[11]。加えて、かつての「中心」に属する研究者が帝国を分析する場合、「支配された側」への配慮が必要であるにもかかわらず、往々にしてそれは軽視されがちである。この点について前川は、「そもそも帝国の歴史を扱う研究は、過去に植民地状態を経験した人々のナショナル・ヒストリーとの間に、抜き差しならぬ緊張関係を要求されている。そこで描かれるナショナル・ヒストリーは、当然のこと『イギリス史』だけではないはずである。にもかかわらず、国内史と帝国史の間の『架橋』をめぐる議論では、植民地の側のナショナル・ヒストリーに対する関心はあまりにも低い」[12]と注意を促す。いうまでもなく、これは日本における帝国史研究にも該当しよう。

第二の問題として、現在の帝国史研究の中心である「文化史・社会史としての帝国史」、いわゆる「新しい帝国史」は、帝国の支配を構造化したマクロな政治経済に対して無自覚であると指摘される[13]。すでに検討したように、日本における台湾史研究も、その研究対象は文化史・社会史が主となる一方、政治史・経済史は、一九八〇年代までの研究が提示したような大枠の歴史観を提示しえていない。したがって台湾を対象とした帝国史研究にも、前川が強調するような権力構造を解明するような政治史・経済史研究の進展がますます要求されるであろう。

四　新しい視角と植民地期台湾史研究
――植民地近代論・比較史

台湾人アイデンティティ形成の検討に関して台湾社会における「近代」の受容・消化過程を分析する視角がある。これはいわゆる「植民地近代（colonial modernity）論」で、前章で言及された朝鮮史における植民地近代論を台湾にも適用しようとする試みである[11]。この視角からは夏鑄九[15]や三澤真美恵[14]の研究などがあり、今後この視角からの研究も増えてくるだろう。

もう一つの注目すべき動向として、比較史の観点からの研究がある。換言すれば、これは近代東アジア史からの視点とも言えるもので、本章では近年の代表的な成果として堀和生・中村哲編『日本資本主義と朝鮮・台湾』をあげておく[17]。本書の編者である堀和生によれば、戦前期の日本帝国の歴史的意義を考える場合、伝統的な一国主義的な認識の問題と、日本・朝鮮・台湾における政治体制の断絶の大きさという問題が横たわっており、したがって日本の植民地支配が現地社会を大きく変革したという歴史的意義が看過されているとする。これらの問題を解決するために同書が試みた手法は、各論文一つ一つが特定テーマにしたがって日本・朝鮮・台湾を比較した点にあるだろう。具体的にいえば、同書は植民地における工業化の進展や生産力の発展を考察するに際して、土地調査事業、農業開発、小農経営、在来綿業、工業化、電源開発、鉄道・道路運送業、輸出志向工業化について朝鮮と台湾の比較を行っている。比較研究の重要性は以前から強調されており、これまで多くの成果が提出されてきたが、大部分は一国史を単純総和した構成であった。かかる意味において、一国史的史観からの果敢な「越境」を試みた同書は、比較史の手法による共同研究の一つの座標軸となりうるであろう[18]。

おわりに

以上、日本における成果を中心に植民地期台湾史研究を概観した。以下、本章の観察から今後の日本植民地史研究の課題をいくつかあげておく。

これまで研究成果を概観してきたように、近年の日本における台湾史の大きな特徴は台湾人や台湾社会を主体とした歴史観から描かれる点にある。しかし他方、日本による統治のあり方を日本との関係から位置づける研究が数多く提出されている点もまた見逃せない。

このような日本との関連から描かれる植民地期台湾史研究は、檜山や川島の議論にみられるように必ずしも台湾のナショナル・ヒストリーと同一ではないし、また同一である必要もないと考えられる。むしろ課題は、二つの異なる台湾史研究を架橋しうる方法論的枠組みや分析視角をいかに得るかにある。

こうした視角から台湾の近代を描くとき、本章「はじめに」で浅田と凃の対比で述べたように、日本の統治のあり方だけではなく、台湾社会そのものへのまなざしも不可欠である。換言すれば、植民地統治というアクションに対する台湾社会のリアクション、あるいは台湾社会のアクションに対する台湾統治のリアクションを念頭に置きながら、その往復運動を検討することが重要であろう[14]。かかる意味において、「日本近代史にとっての台湾近代史」は台湾のナショナル・ヒストリーと接合しうるだろうし、逆説的に「台湾近代史にとっての日本近代史」も当然成り立ちうる。付言すれば、「中国近代史にとっての台湾近代史」[15]もまた同様ではあるまいか。

注

(1) 若林正丈「台湾をめぐるアイデンティティ・ポリティックスへの視角—民主化、エスノポリティックス、国家・国民再編—」(『ODYSSEUS』第五号、二〇〇一年二月)七四頁。

(2) 若林は、台湾ナショナリズムを「『一つの中国』原則に対して、台湾には独自の主権国家が樹立されるべきであるとの政治的言説と運動であるが、台湾には『中国人』とは異なるネーションとしての『台湾人』が存在している、あるいは存在すべきである、として、『台湾文化』の独自性を主張する、ないしは形成しようとする、文化ナショナリズムもこれに付随する」と定義する(若林正丈『台湾—変容し躊躇するアイデンティティ』筑摩書房、二〇〇一年、一七四頁)。

(3) 台湾大学の周婉窈は、「近年台湾社会がもっとも困惑しているのが国家アイデンティティの問題であり、さらにはこの問題をめぐって生起する『統一か、独立か』の争いである。私たちはこの紛争に巻き込まれることを望まなくても、歴史研究者として、その影響からまぬがれる方が難しい」(周婉窈(濱島敦俊監訳、石川豪・中西美貴訳)『図説 台湾の歴史』平凡社、二〇〇七年、二一二頁)と述べている。

(4) 呉密察(帆刈浩之訳)「台湾史の成立とその課題」(溝口雄三・浜下武志・平石直昭・宮嶋博史編『アジアから考える』三、東京大学出版会、一九九四年)二三五頁。

(5) 同前書、二三四頁。

(6) 同前書、二三九頁。

(7) 植民地期に対する歴史観は台湾における現実の政治においてきわめて重要な問題とされる。たとえば二〇〇七年七月九日に台北で開催された台湾民衆党結成八〇周年を記念するシンポジウム「歴史と政治の対話」における抗日運動家蔣渭水の評価について、日本に抵抗した「中華民族」の象徴と捉える馬英九(国民党)と日本も国民党もともに外来政権であるとした謝長廷(民進党)の両総統候補の歴史観にその差異が象徴されよう(『朝日新聞』朝刊、二〇〇七年八月一日)。

(8) 呉密察「台湾史研究はいかにして成立するか?―台湾ナショナリズムの歴史記述戦略」(『日本台湾学会報』第一号、一九九九年五月)二五頁。

(9) 戴國煇「台湾史研究をめぐる諸問題」(『社会科学研究』第五巻第二号、一九八五年三月)一八頁。

(10) 石田浩「台湾研究と「台湾史研究会」―台湾研究二十七年私史―」(『現代台湾研究』第二五号、二〇〇三年一二月)六~七頁。

(11) 浅田喬二『日本帝国主義と旧植民地地主制―台湾・朝鮮・「満州」における日本人大土地所有の史的分析―』龍渓書舎、一九六八年。なお、本章では増補版(一九八九年)を使用した。

(12) 同前書、二頁。

(13) 同前書、二五九頁。

(14) 同前書、二五三頁。

(15) 同前書、二五四頁。

(16) 涂照彦『日本帝国主義下の台湾』東京大学出版会、一九七五年、四九三頁。

(17) 浅田も「植民地における日本資本主義の展開と植民地経済の自主的発展との対抗、共存、『同化』の諸関係を具体的に検討することが必要である」(浅田喬二「日本植民史研究の現状と問題点」『歴史評論』第三〇〇号、一九七五年四月、一七九頁)と述べており、植民地史研究における現地社会の分析の必要性を認識していた。

(18) 主な植民地期台湾史研究のサーベイ論文として以下のものをあげておく。浅野豊美「台湾の日本時代をめぐる歴史認識」(劉傑・三谷博・楊大慶編『国境を越える歴史認識―日中対話の試み』東京大学出版会、二〇〇六年)。石田浩「台湾研究の現状と課題」(『関西大学経済論集』第四〇巻一号、一九九〇年四月)。岡本真希子「植民地期台湾に関する近年の研究動向」(『日本植民地研究』第一六号、二〇〇四年六月)。金子文夫編「戦後日本植民地研究史」(大江志乃夫ほか編『岩波講座 近代日本と植民地 第四巻(統合と支配の論理)』岩波書店、一九九三年)。川島真「戦後日本の台湾史研究―政治史・経済史を中心に―」(亜東関係協会編『「日本之台湾研究」国際学術研討会論文集』外交部、二〇〇五年)。呉文星「近五十年来関於日治時期之歴史研究与人才培育(一九四五―二〇〇〇)―以歴史研究所為中心」(『台湾史研究』第八巻一期、二〇〇一年一〇月)。檜山幸夫「日本における台湾史研究の現状と課題」(台湾史研究部会編『台湾の近代と日本』中京大学社会科学研究所、二〇〇三年)。林玉茹・李毓中(森田明監訳)『台湾史研究入門』汲古書院、二〇〇四年。なお、中央研究院台湾史研究所が編纂する『台湾史研究文献類目』が、中文・日文・英文で刊行された台湾史関係文献・論文を一年ごとにまとめている。

(19) 疋田康行「なぜ植民地の経済史を探るのか―日本植民地経済史を中心に」(『経済セミナー』第六〇九号、二〇〇五年一〇月)二七頁。

(20) 中央研究院台湾史研究所の設立経緯については石田浩「台湾史研究所が正式に成立―中央研究院台湾史研究所の成立式典に参加して―」（『現代台湾研究』第二六号、二〇〇四年七月）。台湾史研究に関する国史館の活動については張炎憲「国史館と台湾史研究」（『日本台湾学会報』第八号、二〇〇六年五月）を参照されたい。

(21) 岡本真希子前掲稿「植民地期台湾に関する近年の研究動向」。

(22) 光田剛「回顧と展望 東アジア 中国 現代 七」（『史学雑誌』第一〇九巻五号、二〇〇〇年五月）二四二頁。

(23) ただし、川島真の見解によれば、台湾史を中国史に回収して議論する傾向は七〇年代以降の事象で、それ以前は「台湾を語らない」「台湾に触れない」というのが「進歩的」であったという（川島真前掲稿「戦後日本の台湾史研究」一八九頁）。

(24) 林淑美「回顧と展望 東アジア（中国―近代）台湾」（『史学雑誌』第一一一巻五号、二〇〇二年五月）二四六頁。

(25) 駒込武「回顧と展望 東アジア（中国―台湾）」（『史学雑誌』第一一二巻五号、二〇〇三年五月）二四五頁。

(26) 二〇〇〇年度以降の執筆担当者は以下の通り。近藤正己（〇〇年度）、林淑美（〇一年度）、駒込武（〇二年度）、洪郁如（〇三年度）、やまだあつし（〇四年度）、松金公正（〇五年度）、三澤真美恵（〇六年度）。

(27) 駒込武前掲稿「回顧と展望」二四五頁。

(28) とはいえ、当該期において台湾史研究に関わる史料の「発掘」や整理・公開への努力が放棄されていたわけではない。その一例として戴國煇編『台湾霧社蜂起事件』（社会思想社、一九八一年）の翻刻に代表される台湾近現代史研究会の活動をあげておく。

(29) 東アジア各地に「残存」する日本語史資料の取り扱いや問題点に関しては、川島真「台湾史をめぐる檔案史料論―檔案の『視線』―」（台湾史研究部会編前掲書『台湾の近代と日本』）、同「東アジアの日本語史資料調査をめぐる現状と課題」（『歴史評論』第六五三号、二〇〇四年九月）、同「東アジア近代史と歴史史料―五年に亘る歴史史料セッションの総括的検討」（『東アジア近代史』第八号、二〇〇五年三月）が示唆に富む。

(30) 『総督府文書』の構造やその詳細については、檜山幸夫編『台湾総督府文書の史料学的研究―日本近代公文書学研究序説―』（ゆまに書房、二〇〇三年）を参照されたい。なお、『総督府文書』を用いた日本における研究として、台湾史研究部会編前掲書『台湾の近代と日本』、台湾史研究部会編『日本統治下台湾の支配と展開』（中京大学社会科学研究所、二〇〇四年）、中京大学社会科学研究所台湾史料研究会編『日本領有初期の台湾』（中京大学社会科学研究所、二〇〇五年）などがある。

(31) 『台拓档案』については、河原林直人「台湾拓殖株式会社档案目録」（『現代台湾研究』第一七号、一九九九年三月）の紹介が詳細である。『台拓档案』を利用した近年の主な業績としては以下のものがある。何鳳嬌「戦後台湾拓殖株式会社社有地

的接收与処理」(『国史館学術集刊』第七期、二〇〇六年三月)。朱徳蘭『台湾総督府と慰安婦』(明石書店、二〇〇五年)。鍾淑敏「台湾拓殖株式会社在海南島事業之研究」(『台湾史研究』第一二巻一期、二〇〇五年六月)。湊照宏「日中戦争期における台湾拓殖会社の金融構造」(『日本台湾学会報』第七号、二〇〇五年五月)。同「太平洋戦争期における台湾拓殖会社の金融構造」(『日本植民地研究』第一八号、二〇〇六年六月)。谷ヶ城秀吉「戦時経済下における国策会社の企業行動―台湾拓殖の華南占領地経営を事例に―」(『東アジア近代史』第一〇号、二〇〇七年三月)。林玉茹「戦争、辺陲与殖民産業―戦時台湾拓殖株式会社在東台湾投資事業的佈局―」(『中央研究院近代史研究所集刊』第四三期、二〇〇四年三月)。

(32) 許雪姫等註解『灌園先生日記』一巻~一二巻、中央研究院台湾史研究所、二〇〇〇-二〇〇六年。

(33) 王暁波編『蔣渭水全集』上巻・下巻、海峡学術、二〇〇五年。

(34) 簡敬・洪金盛・韓嘉玲・蔣智揚訳、陳慈玉校注『簡吉獄中日記』中央研究院台湾史研究所、二〇〇五年。

(35) 許雪姫・洪秋芬・李毓嵐編纂・解読『水竹居主人日記』全一〇巻、中央研究院近代史研究所・台中県文化局、二〇〇四年。

(36) さしあたり野口真広「台湾人から見た台湾総督府―適応から改革へ向かう台湾人の政治運動について―」(*"Creation of new contemporary Asian studies working paper"* 39 January 2007)をあげておく。

(37) 王学新訳『埔里社退城日誌曁総督府公文類纂等相関史料彙編』国史館台湾文献館、二〇〇四年。

(38) 呉文星・廣瀬順皓・黄紹恒・鍾淑敏・邱純恵主編『台湾総督田健治郎日記』上巻・中巻、中央研究院台湾史研究所籌備処、二〇〇一年、二〇〇六年。

(39) 以下、川島真前掲稿「戦後日本の台湾史研究」。

(40) 戴國煇「補白」(『台湾近現代史研究』創刊号、一九七八年四月)一七四頁。

(41) 王育徳『台湾―苦悶するその歴史―』弘文堂、一九六四年。

(42) 黄昭堂『台湾民主国の研究』東京大学出版会、一九七〇年。なお、黄の別の成果として台湾総督府の五〇年におよぶ統治を総督・民政長官の個性や人事から叙述した『台湾総督府』(教育社、一九八一年)がある。

(43) 許世楷『日本統治下の台湾』東京大学出版会、一九七二年。

(44) 若林正丈『台湾抗日運動史研究』研文出版、一九八三年。

(45) 春山明哲「近代日本の植民地統治と原敬」(春山明哲・若林正丈編『日本植民地主義の政治的展開―その統治体制と台湾の民族運動一八九五~一九三四年―』アジア政経学会、一九八〇年)。

(46) 小林英夫「一九三〇年代後半期以降の台湾『工業化』政策について」(『土地制度史学』第六一号、一九七三年一〇月)。

(47) 波形昭一『日本植民地金融政策史の研究』早稲田大学出版

部、一九八五年。
(48) そのほか、国民経済計算のアプローチによる植民地研究の成果である溝口敏行『台湾・朝鮮の経済成長―物価統計を中心として―』(岩波書店、一九七五年)、溝口敏行・梅村又次編『旧日本植民地経済統計』(東洋経済新報社、一九八九年)が植民地史研究に有用な基礎データを提供した。なお、後者の改訂版である尾高煌之助・深尾京司・斎藤修監修『アジア長期経済統計 台湾』が東洋経済新報社から近々刊行される予定である(攝津斉彦「トンネルの出口に立って―アジア長期経済統計プロジェクト成果の出版―」『*Hi-Stat Newsletter*』No.5、二〇〇六年五月)。
(49) 前掲、注30。
(50) 岡本真希子「政党政治期における文官総督制―立憲政治と植民地統治の相克―」(『日本植民地研究』第一〇号、一九九八年七月)。同「一九三〇年代における台湾地方選挙制度問題」(『日本史研究』第四五二号、二〇〇〇年四月)ほか。
(51) 浅野豊美「日本帝国における台湾『本島人』と『清国人』の狭間―国籍選択権と台湾法制―」(『現代台湾研究』第一九号、二〇〇〇年三月)。同「日本帝国の統治原理『内地延長主義』と帝国法制の構造的展開」(『社会科学研究』第二二巻一号・二号、二〇〇一年三月)ほか。
(52) 劉夏如「植民地の法制化過程と台湾総督府評議会(一八九六～一九二一)―総督政治・法制官僚・地方名望家」(『東アジア近代史』第一号、一九九八年三月)。
(53) 西英昭「土地をめぐる『舊慣』と『臺灣私法』の関係について―『不動産権』部分のテキスト分析を手掛かりに―」一・二・三(『法学協会雑誌』第一二二巻七号・八号・九号、二〇〇五年七月、八月、九月)。
(54) 呉豪人「植民地の法学者たち―『近代』パライソの落とし子―」(酒井哲哉責任編集『岩波講座「帝国」日本の学知 第一巻「帝国」編成の系譜』岩波書店、二〇〇六年)ほか。
(55) 近藤正己『総力戦と台湾―日本植民地崩壊の研究―』刀水書房、一九九六年。
(56) 何義麟『二・二八事件―「台湾人」形成のエスノポリティクス』東京大学出版会、二〇〇三年。
(57) 加藤聖文「台湾引揚と戦後日本人の台湾観」(台湾史研究部会編前掲書『台湾の近代と日本』)。
(58) 楊子震「帝国解体の中の人的移動―戦後初期台湾における日本人の引揚及び留用を中心に―」(『東アジア地域研究』第一三号、二〇〇六年七月)。
(59) 堀内義隆「日本植民地期台湾の米穀産業と工業化―籾摺・精米業の発展を中心に―」(『社会経済史学』第六七巻一号、二〇〇一年五月)。同「植民地期台湾における中小零細工業の発展」(『調査と研究』第三〇号、二〇〇五年四月)ほか。
(60) 四方田雅史「模造パナマ帽をめぐる産地間競争―戦前期台湾・沖縄の産地形態の比較を通じて―」(『社会経済史学』第六

九巻二号、二〇〇三年七月)。
(61) 河原林直人『近代アジアと台湾—台湾茶業の歴史的展開—』世界思想社、二〇〇三年。
(62) 波形昭一編『民間総督三好徳三郎と辻利茶舗』日本図書センター、二〇〇二年。同「台北商工会議所の設立と展開過程」(柳沢遊・木村健二編『戦時下アジアの日本経済団体』日本経済評論社、二〇〇四年)ほか。
(63) 久保文克『植民地企業経営史論—「準国策会社」の実証的研究—』日本経済評論社、一九九七年。同「製糖会社の原料調達と台湾農民との関係—原料採取区域と米糖相剋をめぐって—」(『商学論纂』第四七巻三号、二〇〇六年三月)。同「甘蔗買収価格をめぐる製糖会社と台湾農民の関係—『中瀬文書』を手がかりに—」(『商学論纂』第四七巻五号・六号、二〇〇六年七月)ほか。
(64) 中島航一「台湾総督府の政策評価—米のサプライチェーンを中心に—」(『日本台湾学会報』第八号、二〇〇六年五月)。
(65) 谷ヶ城秀吉「一九〇〇年代における台湾烏龍茶貿易経路の転換—台湾総督府の茶業政策と洋行の活動を中心に—」(『日本植民地研究』第一六号、二〇〇四年六月。同「台湾・中国間貿易の変容と台湾総督府—一九一〇年代から第一次世界大戦期を中心に—」(『日本史研究』第五一三号、二〇〇五年五月) ほか。
(66) やまだあつし「台湾総督府民政部殖産局の技師について」(『名古屋市立大学人文社会学部研究紀要』第一二号、二〇〇二年三月)。同「植民地時期台湾の繊維産業政策—大正期の蚕業奨励を中心として—」(『名古屋市立大学人文社会学部研究紀要』第一五号、二〇〇三年一一月)。同「奨励政策と技術者—養蚕業奨励初期における台湾総督府の養蚕技術者採用を例として—」(『名古屋市立大学人文社会学部研究紀要』第一七号、二〇〇四年一一月)ほか。
(67) 北波道子『後発工業国の経済発展と電力事業—台湾電力の発展と工業化—』晃洋書房、二〇〇三年。
(68) 湊照宏「植民地期および戦後復興期台湾における化学肥料需給の構造と展開」(田島俊雄編『二〇世紀の中国化学工業—永利化学・天原電化とその時代』東京大学社会科学研究所、二〇〇五年)。同「戦時および戦後復興期台湾におけるソーダ産業」(『中国研究月報』第五九巻一二号、二〇〇五年一二月)。同「一九四〇年代台湾における電力需給構造の展開」(『中国研究月報』第六〇巻三号、二〇〇六年三月)ほか。
(69) そのほか注目すべき研究として、麻島昭一「台湾における主要信託会社の考察」(『専修経営学論集』第七〇巻、二〇〇〇年三月)、高淑媛「植民地期台湾における洋紙工業の成立—バガス製紙を中心として—」(『現代台湾研究』第一八号、一九九九年一二月)、黄紹恒「不平等条約下の台湾領有—樟脳をめぐる国際関係—」(『社会経済史学』第六七巻四号、二〇〇一年一一月)、柴田善雅「アジア太平洋戦争期台湾の対外為替決済」(『東洋研究』第一三四号、一九九九年一二月)、凃照彦「日本の台湾植民地経営と現在—経済学的視点から—」(『植民地文化研究』第一号、二〇〇二年六月)、横井香織「日本統治期の台湾における高等商業教育」(『現代台湾研究』第二三号、二〇〇二年七月)、林満紅『台湾海峡両岸経済交流史』(交流協会、一九九七年)をあげておく。

(70) 駒込武『植民地帝国日本の文化統合』岩波書店、一九九六年、三五七頁。

(71) 同前書、八頁。

(72) 陳培豊『「同化」の同床異夢—日本統治下台湾の国語教育史再考—』三元社、二〇〇一年、一三頁。

(73) 同前書、三〇四頁。

(74) 伊藤龍平「『台湾教科用書国民読本』の昔話資料—日本統治下台湾の国語教科書と昔話—」一・二(『昔話伝説研究』第二六号・二七号、二〇〇六年五月、二〇〇七年五月)。近藤純子「伊沢修二と『対訳法』—植民地期台湾における初期日本語教育の場合—」(『日本語教育』第九八号、一九九八年一〇月)。酒井恵美子「台湾総督府編纂国語読本の編纂方針—使用語彙の選択をめぐって—」(『社会科学研究』第二七巻二号、二〇〇七年三月)。多仁安代『大東亜共栄圏と日本語』勁草書房、二〇〇〇年。同『日本語教育と近代日本』岩田書院、二〇〇六年。陳虹彣「日本統治下台湾における国語講習所用国語教科書の研究—台湾教育会の『新国語教本』に着目して—」(『東北大学大学院教育学研究科研究年報』第五四巻二号、二〇〇六年六月)。都通憲三朗「植民地台湾の日本語教育と学校劇」(『現代台湾研究』第二五号、二〇〇三年一二月)。中田敏夫「台湾総督府編纂『台湾教科用書国民読本』の教材編成」(『教科書フォーラム』第二号、二〇〇四年四月)。藤森智子「皇民化期(一九三七〜四五)台湾民衆の国語常用運動—小琉球『国語講習所』『全村学校』経験者の聞き取り調査を中心に—」(『日本台湾学会報』第六号、二〇〇四年五月)。本多創史「境界線としての「国語」—ろう教育と植民地=台湾の教育—」(『一橋論叢』第一二七巻三号、二〇〇二年三月)。

(75) 大浜郁子「台湾統治初期における植民地教育政策の形成—伊沢修二の『公学』構想を中心として—」(『日本植民地研究』第一五号、二〇〇三年六月)。同「『書房義塾に関する規程』(府令)の制定過程—台湾公学校の設置との関連において—」(『異文化』第七号、二〇〇六年四月)。栗原純「植民地期台湾における初等教育政策」(『史論』第五一号、一九九八年三月)。呉文星「日本統治前期の台湾実業教育の建設と資源開発—政策面を中心として—」(『日本台湾学会報』第三号、二〇〇一年五月)。

(76) 磯田一雄「日本の植民地歴史教科書に関する一考察—『朝鮮』と台湾の『国史』(日本歴史)教科書を中心に」(『東アジア研究』第二九号、二〇〇〇年八月)。岡部芳広『植民地台湾における公学校唱歌教育』明石書店、二〇〇七年。白柳弘幸「公学校修身書における軍事教材」(『植民地教育史研究年報』第七号、二〇〇五年三月)。楊孟哲『日本統治時代の台湾美術教育』同時代社、二〇〇六年。劉麟玉『植民地下の台湾における学校唱歌教育の成立と展開』雄山閣、二〇〇五年。

(77) なお、台湾における教育史関係については呉文星「台湾における日本統治期の教育史に関する研究動向について―特に最近一〇年(一九九一―二〇〇〇)の成果を中心として―」(『植民地教育史研究年報』第四号、二〇〇二年一月)が詳しい。

(78) 以下、星名宏修「日本統治期台湾文学研究の現状―一九九〇年代をふりかえって」(『朱夏』第一七号、二〇〇二年九月)。

(79) 近年の成果としてさしあたり以下の文献をあげておく。垂水千恵『台湾の日本語文学』五柳書院、一九九五年。台湾文学論集刊行委員会編『台湾文学研究の現在』緑蔭書房、一九九九年。藤井省三『台湾文学この百年』東方書店、一九九八年。松永正義『台湾文学のおもしろさ』研文出版、二〇〇六年。游珮芸『植民地台湾の児童文化』明石書店、一九九九年。葉石濤(中島利郎・澤井律之訳)『台湾文学史』研文出版、二〇〇〇年。藤井省三・黄英哲・垂水千恵編『台湾の「大東亜戦争」―文学・メディア・文化―』東京大学出版会、二〇〇二年。なお、台湾文学の概説については山口守編『講座台湾文学』(国書刊行会、二〇〇三年)が簡便である。

(80) 河原功監修『決戦台湾小説集』ゆまに書房、二〇〇〇年。同監修『日本植民地文学精選集』台湾編全一四巻、ゆまに書房、二〇〇〇―二〇〇一年。中島利郎・河原功・下村作次郎監修『日本統治期台湾文学集成』全二五巻、緑蔭書房、二〇〇二―二〇〇七年。なお、加藤聖文・谷ヶ城秀吉編『台湾総督府臨時情報部「部報」』全一三巻(ゆまに書房、二〇〇五―二〇〇六年)にも戦時期在台文学者の作品が数多く掲載されている。

(81) 台湾人作家については、桂文子「日本植民地支配下における文学言説試論―金東仁『狂炎ソナタ』(朝鮮)と呂赫若『逃げ去る男』(台湾)の比較考察―」(『アジア社会文化研究』第二号、二〇〇一年三月)、呉叡人「もう一つの『閉塞時代』の精神史―龍瑛宗・台湾戦前小説にみられるコロニアルな主体の形成―」(『日本近代文学』第七五号、二〇〇六年一一月)、末岡麻衣子「周金波研究―アイデンティティ形成分析を通して―」(『日本台湾学会報』第六号、二〇〇四年五月)、垂水千恵『呂赫若研究―一九四三年までの分析を中心として―』(風間書房、二〇〇二年)、張文薫「立身出世を求める青年たち―『風俗小説』張文環新論―」(『日本台湾学会報』第四号、二〇〇二年七月)、唐瓊瑜「周金波―その人とその主な小説における知識人についての描写―」(『アジア文化研究』第七号、二〇〇〇年六月)、馮雅蓮「植民地期の台湾作家の戦後―呂赫若の場合」(『社会システム研究』第四号、二〇〇六年三月)などの批評がある。

一方、在台日本人作家の再評価については、中島利郎「日本統治期台湾文学研究―西川満論―」(『岐阜聖徳学園大学紀要外国語学部編』第四六号、二〇〇七年二月)、橋本恭子「島田謹二『華麗島文学志』におけるエグゾティスムの役割」(『日本台湾学会報』第八号、二〇〇六年五月)を参照されたい。

(82) とりわけ佐藤春夫の台湾を題材とした作品への批評がその中心である。磯村美保子「佐藤春夫の台湾体験と『女誡扇綺譚』―チャイニーズネスの境界と国家・女性―」(『金城学院大学論集人文科学編』第二巻一号、二〇〇五年九月)。同「佐藤春夫『魔鳥』と台湾原住民―再周辺化されるものたち―」(『金城学院大学論集人文科学編』第三巻一号、二〇〇六年九月)。河野龍也「佐藤春夫『女誡扇綺譚』論―或る〈下婢〉の死まで―」(『日本近代文学』第七五号、二〇〇六年一一月)。姚巧梅「佐藤春夫と台湾―『指紋』『都会の憂鬱』『女誡扇綺譚』を中心に―」(『解釈』第五一巻一号・二号、二〇〇五年二月)。同「佐藤春夫の台湾物『女誡扇綺譚』を読む―『私』と世外民を中心に―」(『日本台湾学会報』第三号、二〇〇一年五月)。藤井省三「植民地台湾へのまなざし―佐藤春夫『女誡扇綺譚』をめぐって」(『日本文学』第四二巻一号、一九九三年一月)など。

(83) 文化人類学からのアプローチを含む一九四五年から一九九六年の日本における原住民研究については、笠原政治編『日本の台湾原住民研究文献目録』(風響社、一九九七年)を参照されたい。

(84) 台湾原住民とは、先史時代から台湾に住むオーストロネシア語族の複数民族(タイヤル、サイシャット、ブヌン、ツォウ、ルカイ、パイワン、プユマ、アミ、ヤミ、サオ、クヴァラン、タロコ)の総称で、日本植民地期には「高砂族」、第二次世界大戦後の国民党政権期には「高山族」「山地同胞」と呼称された。

(85) 近年の成果として以下のものをあげておく。垂水千恵「台湾原住民文学における『霧社』の記憶をめぐって」(呉密察・黄英哲・垂水千恵編『記憶する台湾―帝国との相剋―』東京大学出版会、二〇〇五年)。鄧相揚『抗日霧社事件の歴史―日本人の大量殺害はなぜ、おこったか―』日本機関紙出版センター、二〇〇〇年。同『抗日霧社事件をめぐる人々―翻弄された台湾原住民の戦前・戦後―』日本機関紙出版センター、二〇〇一年。李文茹「ジェンダーから見た台湾「原住民」の記憶と表象―霧社事件を中心に―」(『社会文学』第二三号、二〇〇六年)。山路勝彦「高砂義勇隊と心のなかの日本」(『台湾原住民研究』第六号、二〇〇一年三月)。

(86) 小林岳二「台湾原住民の歴史学的研究について」(日本順益台湾原住民研究会編『台湾原住民研究への招待』風響社、一九九八年)、一九一～一九二頁。

(87) 松田吉郎『台湾原住民と日本語教育―日本統治時代台湾原住民教育史研究―』晃洋書房、二〇〇四年。

(88) 山路勝彦『台湾の植民地統治―〈無主の野蛮人〉という言説の展開―』日本図書センター、二〇〇四年。

(89) 北村嘉恵「蕃童教育所の教員が巡査であったこと―日本植民地下台湾の先住民教育の担い手に関する基礎的考察―」(『日本台湾学会報』第六号、二〇〇四年五月)。同「台湾植民地戦争下の先住民政策―撫墾署の設置と先住民の対応―」(『日本史研究』第四九四号、二〇〇三年一〇月）ほか。

(90) 中村勝『台湾高地先住民の歴史人類学―清朝・日帝初期統治政策の研究―』緑蔭書房、二〇〇三年。

(91) 松田京子『帝国の視線―博覧会と異文化表象―』吉川弘文館、二〇〇三年。

(92) 小林岳二「伊能嘉矩の台湾原住民族研究」（『学習院史学』第三七号、一九九九年三月）。

(93) 劉士永「一九三〇年代以前日治時期台湾医学的特質」（『台湾史研究』第四巻一号、一九九九年四月）。同「台湾における植民地医学の形成とその特質」（見市雅俊・斎藤修・脇村孝平・飯島渉編『疾病・開発・帝国医療―アジアにおける病気と医療の歴史学―』東京大学出版会、二〇〇一年）。同「『清潔』、『衛生』与『保健』―日治時期台湾社会公共衛生観念之転変」（『台湾史研究』第八巻一号、二〇〇一年一〇月）。同「医療、疾病与台湾社会的近代性格」（『歴史月刊』第二〇一号、二〇〇四年一〇月）。なお、見市雅俊ほか編所収の飯島渉・脇村孝平「近代アジアにおける帝国主義と医療・公衆衛生」、飯島渉「近代日本の熱帯医学と開拓医学」も台湾について言及する。

(94) 顧雅文「日治時期台湾瘧疾防遏政策―『対人法』？『対蚊法』？」（『台湾史研究』第一一巻第二期、二〇〇四年一二月）。同「植民地期台湾における開発とマラリアの流行―作られた『悪環境』―」（『社会経済史学』第七〇巻五号、二〇〇五年一月）。

(95) 鈴木哲造「台湾総督府の医療政策―台湾公医制度の形成過程とその植民地的性格―」（『東アジア近代史』第九号、二〇〇六年三月）。

(96) 台湾におけるジェンダー研究に関しては、末次玲子「台湾における女性史研究」（アジア女性史国際シンポジウム実行委員会編『アジア女性史』明石書店、一九九七年）および栗原純「近代台湾女性史の研究動向」（『歴史評論』第六二四号、二〇〇二年四月）を参照されたい。

(97) 廖秀真「日本植民統治下の台湾における公娼制度と娼妓に関する諸現象」（アジア女性史国際シンポジウム実行委員会編前掲書『アジア女性史』）。

(98) 游鑑明「日本統治期台湾の女性と職業―その変遷―」（『歴史評論』第六一二号、二〇〇一年四月）。

(99) 洪郁如『近代台湾女性史―日本の植民統治と「新女性」の誕生』勁草書房、二〇〇一年。

(100) 植野弘子「植民地台湾の日常生活における『日本』に関する試論―女性とその教育をめぐって―」（『人文学科論集』第四三号、二〇〇五年三月）。

(101) 大友昌子『帝国日本の植民地社会事業政策研究―台湾・朝鮮』ミネルヴァ書房、二〇〇七年ほか。

(102) 宮崎聖子「植民地期台湾における女性のエイジェンシーに関する一考察―台北州A街の処女会の事例」（『ジェンダー研究』第六号、二〇〇三年三月）。同「青年会から青年団への転換―台北州A街の場合（一九二六～一九三四年）」（『日本台湾学会報』

第五号、二〇〇三年五月）。同「植民地台湾における青年団の変容—一九三〇年代後半の諸制度との関連を中心に」（『日本台湾学会報』第八号、二〇〇六年五月）。同「日本植民地下の台湾における青年団の終焉—青年学校、勤行報国青年隊、青年特別錬成所との関連で（一九四一－四五年）」（『南島史学』第六八号、二〇〇六年一〇月）ほか。

(103) 蔡錦堂『日本帝国主義下台湾の宗教政策』同成社、一九九四年。

(104) 松金公正「曹洞宗布教師による台湾仏教調査と『台湾島布教規程』の制定—佐々木珍龍『従軍実歴夢遊談』を中心に」（『比較文化史研究』第二号、二〇〇〇年九月）。同「日本統治期における妙心寺派台湾布教の変遷—臨済護国禅寺建立の占める位置」（『宇都宮大学国際学部研究論集』第一二号、二〇〇一年一月）。同「日本植民地初期台湾における浄土宗布教方針の策定過程」上・下（『宇都宮大学国際学部研究論集』第一三号、第一四号、二〇〇二年三月、一〇月）。同「真宗大谷派による台湾布教の変遷—植民地統治開始直後から台北別院の成立までの時期を中心に」（『アジア・アフリカ言語文化研究』第七一号、二〇〇六年三月）ほか。

(105) 曽山毅『植民地台湾と近代ツーリズム』青弓社、二〇〇三年。

(106) 松金ゆうこ「植民地台湾における観光地形成の一要因—嘉義市振興策としての阿里山観光—」（『現代台湾研究』第二二号、二〇〇一年一〇月）。

(107) 青井哲人『植民地神社と帝国日本』吉川弘文館、二〇〇五年。同『彰化一九〇六年—市区改正が都市を動かす—』アセテート、二〇〇六年。

(108) 三澤真美恵『殖民地下的『銀幕』—台湾総督府電影政策之研究（一八九五－一九四二年）』前衛出版社、二〇〇二年。同「植民地期台湾の映画普及における『分節的経路』と『混成的土着化』」（『立命館言語文化研究』第一五巻三号、二〇〇四年二月）ほか。

(109) 李承機「植民地統治初期における台湾総督府メディア政策の確立—植民地政権と母国民間人の葛藤」（『日本台湾学会報』第四号、二〇〇二年七月）。同「植民地新聞としての《台湾日日新報》—『御用性』と『資本主義性』のはざま」（『植民地文化研究』第二号、二〇〇三年七月）。

(110) 本田親史「植民地期台湾におけるラジオ放送の導入」（『法政大学大学院紀要』第五四号、二〇〇五年三月）。

(111) そのほか、特筆すべき成果として以下のものがある。呂紹理『時間と規律—日本統治期台湾における近代的時間制度導入と生活リズムの変容—』交流協会、二〇〇六年。菅原慶乃「写真家鄧南光と一九三〇年代の東京—日本モダニズムを生きた台湾人写真家についての一考察—」（『現代台湾研究』第二七号、二〇〇五年三月）。林春吟「日本植民地期台湾における地形図に関する研究」（『現代台湾研究』第二八号、二〇〇五年七月）。

冨田哲「台湾総督府国勢調査による言語調査―近代的センサスとしての国勢調査の性格からみた内容とその変化―」（『社会言語学』第二号、二〇〇二年九月）。同「一九〇五年臨時台湾戸口調査が語る台湾社会―種族・言語・教育を中心に―」（『日本台湾学会報』第五号、二〇〇三年五月）。佐藤正広「台湾統治初期の地方行政―『臨時台湾戸口調査』はいかなる状況の下で実施されたか」（『経済志林』第七三巻四号、二〇〇六年三月）。

(112) 呉密察ほか編前掲書『記憶する台湾』。

(113) 五十嵐真子・三尾裕子編『戦後台湾における「日本」―植民地経験の連続・変貌・利用―』風響社、二〇〇六年。

(114) 呉密察ほか編前掲書『記憶する台湾』三四〇頁。

(115) 五十嵐真子ほか編前掲書『戦後台湾における「日本」』三頁。

(116) 戦後日本人の台湾観のブレは、台湾をかつての、そして現在のあるべき日本の姿に重ねて捉えた小林よしのり『台湾論』（小学館、二〇〇〇年）と、小林の問題提起を否定的に受け取りつつ、台湾そのものを多角的に捉えようとする東アジア文史哲ネットワーク編『〈小林よしのり『台湾論』〉を超えて―台湾への新しい視座―』（作品社、二〇〇一年）に対称的にあらわれている。

(117) 呉密察前掲稿「台湾史研究はいかにして成立するか?」、二一頁。

(118) 陳光興（坂元ひろ子訳）「帝国の眼差し―「準」帝国とネイションーステイトの文化的想像」（『思想』第八五九号、一九九六年一月）、一九九頁。

(119) 呉豪人「遅れてきたナショナル・アイデンティティ（一）―台湾法史に関する一つの覚書き―」（『法学論叢』第一四三巻四号、一九九八年七月）一〇一頁。

(120) 同前稿、一〇三頁。

(121) 駒込武・丸川哲史・森宣雄・宗田昌人・冨山一郎「台湾―世界資本主義と帝国の記憶」（『インパクション』第一二〇号、二〇〇〇年七月）二九頁。

(122) 同前稿、三一～三二頁。

(123) 三澤真美恵「モダニティと『被植民者の主体性』―台湾映画史研究からの対話」（呉密察ほか編前掲書『記憶する台湾』）、二三〇頁。

(124) 川島真「台湾への新鮮なアプローチ―台湾のコンテキストを大切に―」（『アジア遊学』第四八号、二〇〇三年二月）、三頁。

(125) 呉豪人前掲稿「遅れてきたナショナル・アイデンティティ（一）」九六～九七頁。

(126) 同前稿、九七頁。

(127) 檜山幸夫前掲稿「日本における台湾史研究の現状と課題」三六頁。

(128) 同前稿、五〇頁。

(129) 同前稿、五三頁。

(130)　川島真「日本台湾学会の設立」(『アジア経済』第三九巻一〇号、一九九八年一〇月)七七頁。
(131)　同共同研究は、近代日朝関係史を専門分野とする松田利彦を代表者として二五名の研究者で構成されている。この共同研究には、やまだあつしや河原林直人など、台湾をフィールドとする研究者も参加している。
(132)　駒込武「『帝国史』研究の射程」(『日本史研究』第四五二号、二〇〇〇年四月)二二四頁。
(133)　編集委員会(文責―籠谷直人)「特集にあたって」(『日本史研究』第四六二号、二〇〇一年二月)一頁。
(134)　駒込武前掲稿「『帝国史』研究の射程」二二五頁。
(135)　同前。
(136)　駒込武「『帝国のはざま』から考える」(『年報・日本現代史』第一〇号〈「帝国」と植民地〉現代史料出版、二〇〇五年五月)一～二頁。
(137)　同前稿、二頁。
(138)　木畑洋一「現代世界と帝国論」(『歴史学研究』第七七六号、二〇〇三年六月)。
(139)　平田雅博「二〇世紀と日本の植民地支配―イギリス帝国史との比較から―」(『歴史地理教育』第五五一号、一九九六年八月)。同「帝国史と国内史をつなぐ」(『歴史学研究』第七七六号、二〇〇三年六月)。
(140)　前川一郎「イギリス帝国史研究の挑戦―近代帝国とグローバル・ヒストリー―」(『西洋史学』第二二〇号、二〇〇五年三月)。
(141)　平田雅博前掲稿「帝国史と国内史をつなぐ」一八頁。
(142)　前川一郎前掲稿「イギリス帝国史研究の挑戦」五一頁。
(143)　木畑洋一前掲稿「現代世界と帝国論」八頁。前川一郎前掲稿「イギリス帝国史研究の挑戦」四五頁。そのほか、帝国史研究が孕む問題については、岡部牧夫「帝国論によせて」(前掲『年報・日本現代史』第一〇号)および本書第二章の戸邉秀明の指摘が示唆に富む。
(144)　詳しくは本書第二章・第三章および高岡裕之・三ツ井崇「問題提起―東アジア植民地の『近代』を問うことの意義―」(『歴史学研究』第八〇二号、二〇〇五年六月)、駒込武「台湾における『植民地的近代』を考える」(『アジア遊学』第四八号、二〇〇三年二月)を参照されたい。
(145)　夏鑄九「植民地近代性の構築―日本植民地時代の台湾建築・都市史を書き直す―」(『現代思想』第二九巻六号、二〇〇一年五月)。
(146)　三澤真美恵「日本植民地統治下の台湾人による非営利の映画上映活動」(『歴史学研究』第八〇二号、二〇〇五年六月)。
(147)　そのほかの特筆すべき成果として、浅野豊美・松田利彦編『植民地帝国日本の法的構造』(信山社出版、二〇〇四年)がある。
(148)　単著としては以下のものなどがあげられる。山本有造『日

本植民地経済史研究』名古屋大学出版会、一九九二年。平井廣一『日本植民地財政史研究』ミネルヴァ書房、一九九七年。高成鳳『植民地鉄道と民衆生活』法政大学出版会、一九九九年。

(149) 日本経済史の立場から石井寛治は、「植民地研究などが進展している割に、本国との関係史がないがしろにされてきた」(石井寛治「大石嘉一郎著『日本資本主義百年の歩み—安政の開国から戦後改革まで—』」『社会経済史学』第七二巻一号、二〇〇六年五月、九二頁)と指摘する。

(150) たとえば陳小沖『日本殖民統治台湾五十年史』社会科学文献出版社、二〇〇五年。

【付記】本稿脱稿後、いくつかの研究書が刊行された。本稿では紙幅の関係上、残念ながらこれらの研究を詳述できない。したがってさしあたり書名のみを掲げておく。岡本真希子『植民地官僚の政治史—朝鮮・台湾総督府と帝国日本—』三元社、二〇〇八年。北村嘉恵『日本植民地下の台湾先住民教育史』北海道大学出版会、二〇〇八年。胎中千鶴『葬儀の植民地社会史—帝国日本と台湾の〈近代〉』風響社、二〇〇八年。フェイ・阮・クリーマン(林ゆう子訳)『大日本帝国のクレオール—植民地期台湾の日本語文学』慶應義塾大学出版会、二〇〇七年。松浦正孝編『昭和・アジア主義の実像—帝国日本と台湾・「南洋」・「南支那」』ミネルヴァ書房、二〇〇七年。宮崎聖子『植民地期台湾における青年団と地域の変容』御茶の水書房、二〇〇八年。

第5章

樺　　太

竹野　学

はじめに

日本植民地研究の大先達である矢内原忠雄は、実地調査を伴いながら進めてきた自らの研究生活を振り返って、次のように述べている。「樺太は小さいから、勉強はしてきたけれども、本にはならなかった」[①]。同様に「本にはならなかった」植民地である朝鮮について矢内原は、二本の論文を発表している。だが、樺太は論文の対象にすらならなかったのである。その矢内原と同学年で東京帝国大学に学び、その後在野の植民地研究者として活躍する細川嘉六も、「本書はその体系上当然樺太及び南洋領についての記述を包含すべきであるが、しかし遺憾ながらこれを欠いている。……この両地域は軍略的価値から観れば価値大なるも、その他の諸点から観ればこの一篇を欠くも、植民史の植民史たることを妨ぐるほどのものではなかろう」[②]と、包括的な日本植民地史研究から、やはり同じように樺太を除外していた。戦前日本を代表する植民地研究者にとって、樺太は研究の対象から外れた植民地であったのである[③]。

戦後の日本植民地研究は、戦前の研究を継承しつつ「収奪」の面に重点を置く帝国主義史的視点と、「近代化」の点に注目する開発論的視点とが「並存・混在して」展開し、一九八〇年代後半からは方法論やテーマ、対象地域の各面で多様化が進む[④]。だが、樺太はこの研究動向とは無縁で、九〇年代初頭の時点でも「〝植民地研究〟は活発であるとはいえない」という状況であった[⑤]。こうした樺太研究の停滞が、日本植民地研究における二つの方法論的立場の併存に由来することについて、筆者は別の機会に整理した[⑥]。要約すれば、「居住植民地と投資植民地の中間形態」を特徴とする日本の植民地支配のなかで、樺太は居住（＝移住）植民地の性格を強く有した植民地であったために、帝国主義史的視点からも、かつての投資植民地の戦後の経済発展を背景とした開発論的視点からも漏れ落ちたのである。そのため植民地樺太研究は、戦前の研究状況が戦後にも継承され、その結果として満足な研究史さえも有してこなかった[⑦]。分析視角でも格段の深化をとげ、活発な議論が行われている他の植民地研究とは事情が大きく異なるのである。

本章はこのような樺太研究の事情を考慮して、全国的に所蔵が確認される研究文献の範囲で、戦前から現在にいたる植民地樺太研究の動向を網羅的に確認することを目的と

植民地樺太史略年表

年　月	事　柄
1905年 7月	第十三師団が樺太上陸（8日）、島内のロシア軍降伏（31日）
8月	全島に軍政布告（1日）、民政署設置（23日）
9月	ポーツマス講和協約締結
1907年 4月	樺太庁官制公布
1908年 4月	樺太島境界画定書調印
1914年 12月	三井合名大泊紙料工場（最初のパルプ工場）操業開始
1920年 3月	尼港事件発生
7月	北樺太保障占領開始
1925年 5月	北樺太撤兵、北樺太石油利権獲得
1933年 8月	樺太拓殖調査委員会
1942年 11月	樺太庁の内務省移管
1943年 4月	樺太の内地編入
1944年 3月	北樺太利権の返還
1945年 8月	日ソ戦争
1949年 6月	サハリンからの引揚終了

出所）社団法人全国樺太連盟編『樺太年表』1995年、をもとに筆者作成。

する。そのためにまず、戦後に抱かれてきた樺太史の「通説」イメージ形成の背景を探る。ついで、一九九〇年代を境に、樺太史研究に大きな変化がみられることを指摘し、新しい研究動向の特徴を確認する。そして最後に、現在の研究に残される問題点や課題を指摘することで、今後の研究を展望したい。なお本章でいう植民地樺太とは、日本統治期（一九〇五－四五年）を指すが、民間人の引揚が一応終了する四九年までを含むことにする。

第一節　一九九〇年代までの樺太史研究

一　戦後における樺太史「通説」の形成

一九九〇年代初頭に刊行された『岩波講座　近代日本と植民地』は、戦後の日本植民地研究の一画期をなすものであった。ただ樺太については独立論文が用意されず、また研究史整理の稿でも、羅列的な文献紹介にとどまった[8]。しかし、筆者はこの時点における樺太研究史は、次のように整理できたのではないかと考える。

冒頭で述べた研究上の空白は、帝国主義論をベースとした批判的植民地研究においてのものであった。しかし官学アカデミズムとしての植民地研究をみた場合には、様相が異なってくる。日本における植民学研究の源流であり、官学アカデミズムの一翼として、日本の各植民地の政策に深く関与した北海道帝国大学（以下、北大と略記）の植民学は、樺太を中心的な研究対象の一つとしていた。[9] 北大植民学において樺太研究を担当した高岡熊雄、高倉新一郎の著作は、樺太農業拓殖論の代表的文献である。[10] 彼らが描いた停滞的な樺太農業像は、その後も大きな影響力を有した。また樺太庁が編纂した『樺太庁施政三十年史』は、多岐にわたる分野についての沿革を網羅的に概観していた。[11] そのためこの二系列の文献は、樺太史研究において長らく基本文献としての位置を占め続けた。また、戦後の一九七〇年代には、北海道庁の協力などにより『施政三十年史』の改訂版や、その後の時期を対象とした文献などが刊行された。[12] さらに樺太引揚者による多数の手記が、ソ連の参戦とその統治下での体験を戦前日本の統治下との対比で語ることで、それらの文献を補強した。このほか、日本統治下で産業の中心を占めたパルプ・製紙業については、日本産業史の一環として比較的厚い研究蓄積がなされてきた。[13] こうして、パルプ・製紙業の興隆と農業の停滞、そして敗戦時の状況という断片的な諸研究が、有機的に結合することなく短絡されて、日本統治下の樺太についての「通説」イメージが形成されたのである。そこでは、ソ連統治下での体験に力点が置かれるほど、反比例的に日本統治下の樺太が「平和」で一枚岩的な姿としてイメージされ、その実像を問う姿勢すら薄れがちとなったのである。

二　「通説」批判

このような「通説」に対し、一九六〇年代後半から奥山亮や堅田精司が、北海道地方史研究の立場からの異論を提出する。[14] 彼らは、島内各産業の生産額の推移や樺太内国貿易の変遷の検討によりながら、批判的文脈から日本の樺太統治を分析し、経済構造の段階区分論を提示した。なかには傾聴すべき論点も含まれてはいたが、実証的根拠の不足や概念の曖昧さなどの問題を多く残しており、続く研究を惹起する力は弱かった。これとは別に、八〇年代後半には、先述の開発論的視点の一環からも樺太史への言及がみられた。[15] しかしこれは方法論的な新しさにもかかわらず、それまでの植民学的研究と地方史研究の折衷的見解にとどまった印象を受ける。つまり、樺太史研究における戦前の北大植民学の影響力の強さは、これらの諸研究の登場によっても弱まることはなかったのである。

三　経済史以外の分野と樺太関係資料目録の整備

このように、樺太史研究を主導したのは経済史的研究が中心であったが、他分野でも後の研究を豊富化していく成果が出現していた。まず文学では、個人的体験や広範な資料収集に基づいた荒澤勝太郎の業績が重要である[16]。これは狭義の文学史にとどまらず、行政出版物やそこから看取される文化行政などをも包括する、樺太文化史の通史として大きな意味をもつ成果であった。また遠藤興一は、主に樺太庁の刊行物に依拠して、一九一〇－三〇年代の樺太庁の社会事業政策を広範囲に概観した[17]。

樺太の少数民族に関する文献も、この時期に起こされた訴訟と密接に関連して出版が相次いだ。朝鮮人に関する諸業績としては、戦後のサハリン残留朝鮮人の問題に当事者としても関わる大沼保昭の文献があげられる[18]。またこの問題の前史として、朝鮮人強制連行や戦時下の朝鮮人虐殺問題についても発表が相次いだ[19]。同様に、戦中戦後の少数民族政策の問題をめぐり訴訟が起こされたウイルタについても出版がなされた[20]。このほか、アイヌ史資料公刊の一環として、戦前の樺太アイヌ関係文献や史料が復刻されたが[21]、これらを利用した樺太アイヌ研究は低調であった。

この時期には、樺太関係資料目録の整備が進められたことも重要である[22]。多数の樺太関係資料を所蔵する北海道で、こうした目録がまとめられたことは、その後の樺太研究の発展を促す契機の一つとなっていたと評価することができるだろう。

以上が『岩波講座　近代日本と植民地』刊行時点における植民地樺太史の研究状況であった。

第二節　一九九〇年代以降の樺太史研究の動向

一　樺太史研究の変化

植民地研究全般における多様化は、一九九〇年代から樺太史研究にも大きな変化をもたらすことになった。さらに、ソ連崩壊によりサハリンとの交流が再開されるという国際的な要因や、九五年に沖縄の基地問題と北海道大学での人骨発見問題とが契機となり「植民地主義が『日本』の南と北とで、あらためて問い直され」[23]る、という国内の要因も強く影響した。この時生じた研究上の変化は、①植民地問の「比較」のなかでの樺太分析、②植民地政策の内部矛盾への注目、そして③研究対象の多様化とまとめられよう。

二　経済史研究での進展

まず既存研究分野でそうした変化が顕著にみられた。統治法制および通貨・関税の経済制度を軸に日本植民地帝国「総体」の全体的構造と特質をあきらかにし、各植民地のもつ構造と特質を「比較史的」に検討したのは山本有造である[24]。山本によれば樺太は、日本への近接性が最も強くかつ日本人移住者の多数性のために、統治法制的・経済制度においても「内地化」が早期から進行した。そのため樺太は「日本植民地帝国の円環構造」において、植民地中最も日本本国に近い性格を有したとされる。山本の議論は、その後浅野豊美によって補強され、法的権利での帝国内比較から樺太は「植民地」とはいえないとする議論に発展された[25]。山本と共通する問題意識は、日本植民地財政の全体像を描き出すことを目的として、各植民地財政の「構造的特質」と官業の実態とを分析した平井廣一にもみられる[26]。平井によれば、設置当初から樺太庁は「財政独立」を目指し、一九一〇年代初頭に官業森林事業として実現する。だが過伐や盗伐の横行から、三〇年代前半に林政改革の必要に迫られるものの、それが不首尾に終わり、戦時下に従来以上の過伐が進行する結果となった。樺太庁財政に占める森林払下げ収入の一貫した重要性が指摘されたこの研究で、植民地史と林業・パルプ業史とが密接に結合されることとなった。

樺太経済の主柱であった林業・パルプ業研究も進展した[27]。とくに経営史的分析の立場から、近代日本のパルプ・製紙業におけるカルテル研究として結実させた四宮俊之の研究は、この分野における到達点である[28]。しかし企業間関係に中心的論点があるため、事業地の樺太に対する関心は後景に退いている印象を受ける。また萩野敏雄は、後述する北樺太保障占領下で行われた資源調査を紹介し、研究対象の拡大の可能性を提示した[29]。歴史地理学の立場から樺太史研究を精力的に行う三木理史は、パルプ・製紙業と石炭業について、日本帝国内での地理的条件と樺太島内の交通運輸に焦点をあてて分析している。[30] 前者のパルプ・製紙業についての研究では、樺太産業化の起点に存在した輸送の問題が低輸送費ですむパルプ製造を選択させたことと、動力源の石炭供給能力が斯業を財閥資本に依存させる結果になったことが指摘された。そしてこの財閥資本の意向が、一九一〇－二〇年代の島内交通の整備に優先されるところに、樺太の植民地性が見出されている。後者の石炭業についての研究では、三〇年代に樺太が帝国経済圏の石炭供給基地として期待されることで、統治制度などの面で内地化が進む反面、社会経済面での外地化が進行するとされた。しかし、島内の交通社会資本整備の欠落や労働力の不足から採炭の島外移出が不能となり、四〇年代には樺太経済が縮小再生産に陥る経緯が詳述された。なお、石炭業を停滞させた一因でもある労働者不足については、四四年に実施された炭鉱労働者の樺太から内地への配置転換に関する矢野牧夫の研究が発表された。[31]

多様化した植民地研究では、移住者の植民地での生活への着目を一つの柱とする移民史も隆盛した。従来樺太研究の進展を妨げてきた、移住植民地的性格自体の内実を問う研究潮流が生じたのである。樺太においては、農業者が職業別人口で首位を占め続ける大きな存在であった。このため、まず農業移民史についての研究が着手された。三木理史は、樺太への農業移民をライフヒストリー追跡的分析や、農業移民の誘致方法の検討を通じて、一九二〇年代までの樺太と北海道とが強い地域的一体性を有していたことを指摘した。[32] また竹野学は、第二節で言及した植民学的研究と地方史研究の双方に欠けている、樺太庁の農業政策と樺太農家の対応とを関連させて農業移民を考察した。[33] それらでは米食の実現を目標とする移民の生活の論理と、移民定着のためにそれを抑制しようとする樺太庁の志向とが相克しながら、商業的農業が展開することが指摘された。以上の研究は、北海道・満州への農業移民との比較や日本帝国内全域に拡大した製糖業との比較を含んでおり、植民地間の比較のなかで樺太を分析する視角がここでもみられる。

このように、近年の樺太経済史研究は、「日本植民地帝国」を構成する各植民地の性格の違いを認識し、個々の植民地を説明する論理と、それらを「帝国」として統一的に把握する志向とを包含した視角をもとに進められている。また実証的にも、史料の発掘を行いつつ、樺太庁の政策志向と現実の経済過程との矛盾を抉り出すことを通じて、従来の研究を大きく乗り越えつつある。その結果、これまで日本の植民地研究で等閑視されてきた樺太が、移住植民地としての性格を色濃くもつがゆえに、「日本植民地帝国」を構成する一部分として無視しえない存在であることが認識されつつある。

三　民族問題

人口（一九四五年初で総人口約四〇万人）の九五％前後を日本人が占めたことが、樺太の植民地研究を妨げてきた要因の一つであったことは再三述べてきた通りである。九〇年代以前では、樺太の北方少数民族については戦前の高倉新一郎の研究が代表的であった。[34] ただ、同書での樺太アイヌへの言及は樺太千島交換条約（一八七五年）までの時期に限定されていた。戦後の樺太アイヌ史研究会による研究は、同条約締結後北海道に移住した樺太アイヌについて補足する業績であったが、[35] 樺太庁設置後の少数民族の問題については未解明な状態が続いていた。しかし、九〇年代以降にはこの分野の研究も進展する。まず、一九三三年に実施された樺太アイヌへの選択的国籍付与がもつ意味を、日本の同化政策全般に関連づけて言及した高木博志の研究が発表された。[36] またアイヌ史研究などの蓄積をふまえて、北方先住民族が日本やロシア（ソ連）の民族政策にいかに組み込まれ、なおかつ自己のアイデンティティをいかに保持していくのかを問うたテッサ・モーリス＝鈴木（スズキ）の研究は、国民国家形成の議論に北方少数民族問題を組み込む理論的な枠組みを提示した。[37] ただ、樺太アイヌについてはその生活世界の諸相についての研究が着手されたばかりである。[38] したがって、スズキ理論の本格的な検討は、今後の課題となるだろう。

その他の先住民族については、ウイルタについての田中了の続編のほか、タチヤーナ・ローンによる成果が発表されている。[39] また、戦前の樺太先住民族のなかで「トナカイ王」として特異な個性を放っていたヤクート人・ヴィノクーロフについて、ロシアで刊行された評伝が翻訳された。[40] 同書は、日露戦争後も日本領樺太に居住した「残留ロシア人」の足跡を追ったセルゲイ・P・フェドルチュークの研究と並び、[41] 日ロ（ソ）によるサハリン島の分割統治の下で翻弄された諸民族を描き出した労作である。

樺太の民族構成で、日本人につぐ地位を占めた朝鮮人についても研究が進展した。アナトーリー・T・クージンの一書は、樺太を含むロシア領への朝鮮人移住をとりあげたものである。[42]このテーマについて三木理史は、戦前に樺太庁警察部がまとめた内部資料を活用して、シベリア出兵を契機に一九二〇年代の沿海州・南北樺太に形成された「北方地域の連続性」を基盤とした、朝鮮人の樺太移住の実態を解明した。[43]この研究は、これまで強制連行に関心が偏りがちであった樺太の朝鮮人研究に、一石を投じるものとして高く評価できる。これと関連して、二〇年代から大規模にはじまる樺太への朝鮮人流入という事態が、樺太で中国人労働者受入の問題を惹起したことを指摘したのは阿部康久である。[44]この時期に樺太で進んだ中国人労働者の受入の背景には、急増する朝鮮人人口を抑制しようとする樺太庁の意図が存在したとの指摘は、これまでほとんど見過ごされていた事実である。前述の三木論文と併読することで、二〇年代の北方地域が経験した人口移動のダイナミズムを立体的に把握することが可能になったといえよう。後述するユジノサハリンスクに現存する樺太庁文書のうち、樺太の朝鮮人に関する警察関係文書が復刻されたことで、今後この分野のさらなる深化が期待できるだろう。[45]このほか戦時下についても、朝鮮人の戦時動員や虐殺に関して解明が進みつつある。[46]

このように植民地樺太を逆の意味で特徴づけていた民族問題は、いまや正面からとりあげられるテーマに転じ、多面的なアプローチによって各民族の実相が徐々に解明されつつある。

四　対象領域の拡大

一九九〇年代以降は、従来未着手であった領域への拡大もみられた。まず都市史・建築史の分野である。三木理史は植民地都市史研究の動向をふまえながら、樺太の中心地・豊原の都市形成を札幌など北海道の諸都市との連関でとらえている。[47]このテーマについては、井澗裕がロシア領時代からの考察をふまえて補強している。[48]この井澗の議論は、樺太の首都・豊原を日本の他の植民地都市と直接比較する、テッサ・モーリス＝スズキの議論に対する留保ともなっている。[49]また、植民地間での比較考察を重視する三木、スズキの両者に対し、井澗はサハリン島の「通時的」分析の必要性を説いている点でも注目されよう。また、建築史では、井澗を中心とした北大工学部建築史研究室によって、建築物、建築技師、請負業者など広範にわたる研究が精力的に進められている[50]。このほか、社会基盤整備の検討も開始されている[51]。

樺太での教育については全般的な研究動向と同様に、戦前戦後に刊行された文献が長らく通説的な位置を占め続けていた[52]。これらの先行研究が立脚するのは、樺太の教育を「北海道の延長」「内地化」ととらえる視角であった。それに対し池田裕子の一連の教育史研究は、むしろ植民地樺太のもつ独自性を重視して、「社会的条件の異なる植民地における教育政策の一類型」を提示することを狙いとしている。日本人移住者を樺太に定着させることを目的としながら、その根幹となる教育制度整備の負担を住民に求めることが、樺太庁の教育政策を弥縫策に終わらせるとの指摘は、他の植民地での教育政策を相対化する議論にもつながるだろう[53]。

文学史でも、樺太に関する文学を網羅的に扱う研究が相次いで発表される一方で[54]、寒川光太郎や譲原昌子といった樺太の代表的作家についての個別作家論も出されはじめた[55]。さらに、北原白秋の紀行文などを素材として文化史研究の立場から樺太を扱った坪井秀人の研究も出された[56]。今後こうした研究は、植民地文学文献の復刻などにより一層深められていくものと思われる[57]。また植民地図書館の全体的な研究が進み、樺太庁図書館についても言及がなされた[58]。しかし、概要の説明などにとどまり、蔵書の比較分析などは未着手である。樺太庁図書館の目録は国内に三種類の目録が現存しており[59]、これらの利用で何らかの新知見がもたらされる可能性があろう。

特筆すべきは、従来ほとんど成果がみられなかった政治史でも研究の進展がみられたことである。楠精一郎は植民地の比較的視点から樺太の参政権問題をとりあげ、内地人が圧倒的だった樺太で何度も持ち上がった参政権付与の問題が、台湾や朝鮮など他の植民地統治との兼ね合いから見送り続けられたことを指摘した[60]。一方、この同じ問題について塩出浩之は、樺太島内の諸勢力の分析を通じて、樺太内部で樺太庁の姿勢をめぐる対立とリンクした、「植民地」統治継続派と本国編入派との対立こそが、結果的に樺太への参政権付与が先送りにされる要因であったと、楠とは正反対の指摘をしている[61]。塩出もまた近代日本の在外日本人の参政権問題を地域比較的に研究するなかで樺太をとりあげており、政治史的研究においても、比較分析が有効であることを示していよう。

しかし、対象領域の拡大を手放しで喜んではいられない事情もある。堅実な史料発掘と説得的な議論を兼ね備えた樺太研究が出されている一方で、戦前の刊行物をそのまま引き写しただけの樺太「研究」も散見されるためである。そもそも植民地研究史上での樺太の位置づけや、樺太をいかなる植民地として扱うのかという問題意識を共有できていないまま、樺太「研究」が着手されているところに、その根本的な問題があると考えられる。

五　資料基盤の充実

一九九〇年代以降は、樺太関係資料の紹介も急速に進んだ。これには国内の各大学で進んだ植民地資料整理の果たした役割が大きかった。樺太の場合はそれに加えて、サハリン州国立文書館所蔵の樺太庁文書についてあきらかになったことも大きな意味をもった。同文書については、まず初期にサハリン側と交流をもった北海道開拓記念館や北海道立文書館が所蔵資料を紹介した[62]。ついで全国樺太連盟や井澗裕がそれらの目録を作成した[63]。その後も、サハリンの他機関が所蔵する資料についての紹介が続けられている[64]。これらも、いずれ目録作成の必要が出てこよう。

国内では、小樽商科大学で新たに植民地関係資料目録が整理され、その中には最近発見された樺太関係資料も多数含まれている[65]。また樺太との地理的近接性から深い関係を有した稚内でも、稚内市立図書館所蔵の樺太関係資料目録が作成されている[66]。さらに、樺太での金融をほぼ一手に握っていた北海道拓殖銀行の資料にも、拓銀の樺太支店の関係資料や、樺太の諸銀行吸収合併に伴う資料などが含まれている。同資料については、所蔵先の北海道開拓記念館が編纂した目録が公刊されている[67]。

樺太で刊行された新聞・雑誌目次の作成も進みつつある。樺太の場合、同地で発行された刊行物が少ない事情もあり、研究に際しては新聞・雑誌に依拠することが多い。そのため、国内各地に散在する樺太関係逐次刊行物の目的記事を速やかに検索できるツールの作成は、研究の進展を図る上で重要である。現時点では、先住民族と朝鮮人に関する文献、新聞・雑誌記事と、豊原商工会議所の逐次刊行物について、それぞれ目録が作成されている[68]。

地方史研究でも、西村いわおや杉村孝雄の労作が出された[69]。前者は、樺太の市町村データや樺太の生活に密着した諸資料を記載した資料集として便利である。また後者は

『樺太日日新聞』掲載記事から、当時の埋もれたエピソードを拾い上げて紹介している。

このように一九九〇年代以前より格段に資料基盤の整備が進んだことも、樺太研究の深化を支えた重要な要因としてあげられよう。

第三節　海外研究者による樺太史研究

一　通史的研究

これまでたびたび言及したように、海外の研究者による樺太研究が出現してきたことも、一九九〇年代以降の特徴である。それ以前は、ハワイ大学のジョン・J・ステファンの著書が、外国人研究者の手になる樺太研究の代表的な業績であった[70]。同書は日本領樺太にも言及した、先史時代から戦後にいたるサハリン通史であり、その後も類書がなかった。九〇年代に入って、アメリカにおける日本植民地研究者を代表するマーク・ピーティーが、日本の植民地全体を対象とした通史を書き下ろしている[71]。同書では、植民地の相互比較から樺太にも数多くの言及がなされている。しかしステファンはともかく、ピーティーの一書も、参照している日本側の研究は九〇年代以前のものであり、現在の研究水準からすると修正が必要な記述も散見される。

二　サハリンにおける研究の進展

アメリカ人による樺太研究が僅かながらも発表されていたのに対して、サハリン現地での日本領樺太研究は、イデオロギー的な問題や資料利用の問題から大きく立ち遅れていた。この状況が変わったのはペレストロイカ以後であり、イデオロギー的制約からの解放や、利用可能な資料の範囲の拡大とによって、サハリンにおける日本領樺太研究の進展がもたらされることになった[72]。その代表がサハリンの歴史・考古学・民族学などを専門に扱う『郷土誌ビュレティン』（*Краеведческий бюллетень*）の創刊（一九九〇年）である。以来、二〇〇五年までサハリンで年四回発行された同誌の内容は、北大スラブ研究センター関係者が整理した同誌の総目次で確認できる[73]。マリア・セヴェラの一文は、同誌に分割掲載された南サハリン民政局長官・クリューコフの回想録の日本語抄訳である[74]。同誌には、こうした史料以外に、日本統治下の樺太を扱う研究論文も掲載されており、今後の樺太史研究においては、大いに参照を要する雑誌となるだろう。

歴史研究における諸々の制約からの解放は、サハリン現地での歴史教科書にも反映されることとなった。サハリン州で使用されている歴史教科書が翻訳され、ステファン以来のサハリン通史として迎えられている。(75) ただし日本領樺太については、やはり日本側の古い研究文献に依拠している限界が存在する。また、これとは別に、教科書編纂を主導したM・S・ヴィソーコフのサハリンの通史的研究も、現在順次翻訳が進められている。(76)

国立サハリン州公文書館の研究活動も見逃すことができない。同館発行の紀要『歴史講座』第一号には、一九－二〇世紀前半におけるサハリン島の少数民族に関する資料と論文五本が、また、「一九四五－四七年の南サハリンと千島列島」との副題がある第二号には、同館が所蔵する四五－四七年の南サハリン民政局史料が転載され、同時期のサハリンに関わった人物の回想録のほか、研究論文が一三本掲載されている。(77) 邦訳されたラリーサ・ドラグノーヴァの研究は、サハリンでの抑留日本人について初めて公文書を用いて分析した、同誌掲載論文である。(78)

こうした日ロ双方での樺太研究の進展をふまえて、ユジノサハリンスク（二〇〇五年一一月）と札幌（〇六年二月）で、日本国内の研究者とサハリン国立大学歴史学部・サハリン州公文書館の研究者が集い、「日本とロシアの研究者の目から見るサハリン・樺太の歴史」と題するシンポジウムが二回開催された。このシンポジウムでの報告内容は多岐にわたっており、樺太史研究の対象領域の拡大を顕著に示すものとなっている。現時点では第一回目のシンポジウムについての報告集が作成されている。(79)

第四節　今後の課題

以上が、二〇〇八年時点での植民地樺太研究の現状である。一九九〇年代を境に、国内外で樺太史研究の論点や対象分野が飛躍的に拡大したことがあらためて確認できるだろう。従来抱かれていた植民地樺太についての単純なイメージに基づく「通説」は、研究の活発化によりいまや破棄されたといってよい。移住日本人社会内部に存在した重層性や、等閑視されてきた民族問題のクローズアップなどにより、樺太は複雑な性格を有する植民地として再認識されつつある。今後もこの方向で研究が進められていくと思われるが、その際には以下の五点について留意することが必要であると考える。

一　比較分析の有効性

第一に、他の植民地との比較分析についてである。一九九〇年代以降顕著になる比較的視点からの研究は、樺太の特徴を浮き彫りにしつつ、日本帝国内での各植民地との関係性を問うものであった。その結果、樺太史の先行研究を乗り越えるにとどまらず、総体としての「日本植民地帝国」の姿を明確にする有効な手段の一つにもなっているとは、前述した通りである。樺太史研究には、本格的検討がはじまったばかりの分野も多く存在する。それらの分野でもこの視点に立つことで、新たな論点を日本植民地研究全体に提示する可能性は高いだろう。ところで、その比較の視点もさらに以下の二傾向に分類できると考える。一方は、テッサ・モーリス＝スズキの少数民族に着目して樺太を、他の投資植民地と同じ土俵へと引きあげるアプローチであり、他方は、三木理史の移住植民地としての日本帝国内での差異に注目した分析手法に代表される[80]。

スズキの議論は、これまでの研究史上で等閑視されてきた北方少数民族に焦点をあて、彼らへの民族政策が日本の他の植民地とも共通する面を強調している。いいかえれば、樺太を投資植民地として同定していく視点である。スズキの議論は植民地樺太論の代表的業績とされ、文化史的研究では理論的枠組をその議論に依拠する研究も多い。だが、この議論に依拠した場合には、樺太の移住植民地的性格が後景に退いていく必然性を有している。そのため、樺太の移住植民地的性格を中心的論点とする論文「植民地思想と移民」が、それを補完する役割を果たすはずであった。しかし、都市論的に樺太を朝鮮・台湾と同視する同論文の議論に対して批判があることは先述した通りである。ここに筆者は、移民史の立場からも異論を提示したい。スズキは「樺太の植民都市豊原」の眺望から「帝国の面を横切っていった相互関係や運動を追跡する」という文化史的手法で、「多様性」「移動性」なる樺太移住者の特徴を検出する。しかしそれは、樺太庁や帝国議会などの政策中枢から樺太の言論界に至るまで広く共有されていた同時代認識である。スズキの議論は当事者ではなく、「観察者」の言説分析からその存在を再確認したにすぎない。一九九〇年代以後の樺太史研究では、スズキの語でいう「多様性」「流動性」の背景にある移住者の「利害」とそれに対する樺太庁の政策、そしてこの両者の対立という点が分析の焦点となっている。そもそもスズキの論考は移住者自体の分析が弱く、彼らが有する「利害」自体がいかなるものだったのかが判然としない。そのため、総人口の九五％を日本人が占める移住植民地樺太において、なぜ移住者の「多様性」「流動性」が問題となるのか、そしてそれがいかなる政策を要請することになるのかという、移住植民的性格の議論が未消化のままに終わっている印象を受ける。スズキが注目する「島民性」の勃興も、移住植民地的性格を検討する文脈において理解されるべき事象であると考える。

一方、三木理史の描き出した樺太像は、『国境の植民地・樺太』に集約されている。同書のもつ意義は前掲書評に記したが、紙幅の関係もあり論じきれなかった点を補足したい。方法論的にみるならば同書は、投資植民地に対極する移住植民地として分析を試みる著者の意図に反して、むしろ移住植民地樺太が包含する投資植民地的側面を鮮明にするものではなかっただろうか。原材料を日本本国に供給する資源植民地として樺太を開発していくパルプ資本や石炭業資本は、まさに投資植民地における資本家的移住に匹敵する。またその下に「外地間の植民地民族の移住」で来島した朝鮮人が低賃金労働者として吸収されるという構図は、人口希薄な樺太に移住をもって形成された投資植民地の姿であろう。そして、その投資効率を阻害する要因として、帝国内での地理的条件や島内外の交通基盤整備の脆弱性のような問題点が存在したことを明示したことこそ、三木の研究の最大の貢献であったといえるのではないだろうか。ただ樺太では、資本と農業移住者の関係が移住植民地の内実を崩しかねない要因として問題視されていたことは、同書の書評で指摘しておいた[81]。これは植民地樺太で、投資植民地的性格と移住植民地的性格との相克が発生して大きな問題となっていたことを端的に示すものといえよう。したがって、この両者の関係性の分析こそが、今後の植民地樺太研究で求められてくるのではないだろうか。

さて、このようにみてくると比較分析的な研究により研究が活性化し、樺太の投資植民地的側面が強調される一方で、移住植民地的性格の議論がむしろ弱まっている印象さえ受ける。移住植民地的性格の最大要素である日本人移住者自体の分析が不足していることに、その理由は求められそうである。もっとも、樺太の厳しい自然環境や地理的遠隔感に農業移民が低調であった原因を求める環境決定論的説明も存在する[82]。しかし、これも移住者の行動や発言を検証した上での議論ではない。濃淡の差はあるものの、他のいずれの植民地も有している移住植民地的性格を共通土台とした比較分析が取り組まれるべきではないだろうか。すなわち、各植民地における移住日本人の経済活動、生活、文化などとの比較が、樺太の移住植民地的性格を的確に抉り出す方法ではないかと筆者は考える。

またこれに関連して、隣接する「内国植民地」北海道との関係性を問い直す必要もあるものと思われる。戦前には両地域は「北海道樺太」と一括りにされることも多かった。しかしそれは、樺太における北海道の延長の側面と、北海道との差異や対立の側面の双方を視野に入れた考察から、その再検討が図られるべきであろう。移住、統治、生活、引揚など様々な面での関係が想像されるが、いずれも北海道史研究との交流により、新局面が開かれていくだろう[83]。

二 「南」樺太の再発見

第二には、「南」樺太の再発見があげられる。これはロシア側研究者との交流を通じることで、明確になってきた点である。ロシア側研究者は、ソ連領北樺太との比較検討という観点から日本領南樺太をとりあげている。ロシア側研究者は開発論的な関心が強いことと、またサハリン島地域史としての全体的な把握を目指しているためでもある。こうした研究姿勢は、日本人が樺太と呼称している地域が正確には「南」樺太であることを、戦後の研究者はおろか、当時の日本人もあまり意識してこなかったことを示唆している。サハリン島地域史において日本が果たしてきた役割を問うには、この「南」ということを再認識しつつ、研究を進めていく必要があるだろう。井澗が主張する「通時的」分析の必要性とは、この問題意識と合致するものであろう。そして、さらにこの立場を比較史的視点と整合的に両立させることが、次の課題である。つまり、他の植民地研究では植民地史的アプローチと地域史的アプローチの兼ね合いが問題となると思われるが、樺太の場合はむしろその双方が咬合することで、より豊かな樺太像が描き出せるということである。この点を明確に認識するためには、次の論点である日ロの「共生」とも関わる北樺太保障占領のもつ意味を再考する必要があると考える。

三　日本人とロシア人の「共生」

第三は、日本人とロシア人の「共生」の問題である。樺太では、一九〇五年の日露戦争、二〇‐二五年のシベリア出兵に伴う北樺太保障占領、四五年の日ソ戦争と、四〇年間にほぼ二〇年の周期で三回発生した戦乱により、樺太全島が南北に分断され、一方が他方に併呑されるオセロゲームの様相を呈した。そしてこの三回とも日ロ（ソ）双方が軍政を敷き、互いに支配しあった歴史を有する。その下で生起した日本人とロシア人の「共生」状況の解明が待たれよう。

一九〇五年については公式戦史が隠微し、大江志乃夫によって初めてその事実が紹介された樺太戦での捕虜虐殺に関して、原暉之がロシア側戦史やロシア人捕虜の証言を用いてこれを裏付けた[84]。〇五年八月下旬に樺太民政署が設立されるまでの初期軍政の状況については、板橋政樹がやはり日ロ双方の史料を用いて、日本統治初期段階でのロシア人追放の実態を克明に論じた[85]。

一九二〇‐二五年の北樺太保障占領については、公式戦史のなかで言及があるものの、その内容は軍政の実情をあきらかにするものとはいいがたい[86]。しかし疋田康行が指摘するように、シベリア出兵時の占領地やその後に獲得する北樺太利権も植民地史研究の対象である[87]。従来北樺太の問題は、政治外交史研究や軍事史研究の分野のテーマとして扱われてきた[88]。だが、一九九〇年代からやはり変化が生じ、当該利権を担当した企業の経営史分析が進展した。寺島敏治の一連の研究は、北樺太の炭鉱会社・油田会社の経営分析から会社に雇用された労働者の問題などまでの広範囲を対象とするものである[89]。このうち北樺太石油株式会社については、その後も研究の発表が続き、村上隆の集大成的研究に結実する[90]。ロシア・日本の一次史料を駆使して北樺太石油利権の外交史・経営史的分析の水準を飛躍的に高めた同書は、このテーマについての必読文献であることは間違いない。

そもそも近代日本の対外膨張の上でも北樺太の意味は大きい。第一次世界大戦での対独参戦による山東半島・南洋群島占領と、それに続くシベリア出兵の最終舞台となる北樺太の三地域は、いずれも大正期の日本が武力で拡大した勢力圏である。この三地域では、ほぼ同時期に日本による軍政が敷かれ、日本人が多数移住し、いずれも日本領土に組み込む外交努力がなされた。しかし、その帰結は三者三様であった。南洋群島は国際連盟の委任統治領として、実質的な日本の植民地となったのに対し、山東半島は中国へ還付された後も日本人居留民が経済活動を継続した。同様に保障占領下の北樺太でも日本人が多数移住し、異民族統治も行われた。[91]だが日ソ交渉締結で保障占領が解除され、民間人もほぼ全員「引揚」を余儀なくされる。石油・石炭利権を除き、北樺太は日本の勢力圏から離脱する結果となった。上記二地域の軍政研究が進展している現在、北樺太軍政の分析を加えることは、樺太史研究のみならず、近代日本の対外膨張史研究に対しても新たな論点を提示するものとなろう。

一九四五年のソ連参戦については、戦史叢書が長らく基本文献であったが、中山隆志はロシア側文献をも用いることで日ソ戦の分析をさらに深め、樺太を含む北方での日本軍の頑強な抗戦が、ソ連による北海道占領作戦を最終的に断念させる経緯を示した。[92]外交交渉の過程に重点を置く日ソ戦研究よりも、[93]樺太での戦闘の意義を高く評価している点が注目される。樺太を含む北方地域での終戦の実像については、白木沢旭児によって研究が着手された。[94]樺太も含めた日本軍捕虜の抑留については、ヴィクトル・カルポフの研究が最新の成果としてあげられる。[95]

敗戦時点で約三〇万人の日本人がいた樺太は、引揚が終了する四九年までソ連軍政下に置かれた。このソ連軍政については、ロシア側の研究が先行している。従来日本側では引揚については、『樺太終戦史』をはじめ、日本側が把握しえた情報に基づいた議論が行われてきた。また前述のように、引揚者による多数の回想録などがそれを補強してきた。しかしこの期間の日本人の状況については、南サハリン民政局史料が基本史料である。[96]同史料の利用により、従来の議論を再検討できるのみならず、これまで四五年までに限定されてきた植民地樺太在住日本人の活動についても、対象時期を引揚終了まで延長することが可能となる。これを実現するためには、同史料を積極的に利用して研究を進めているロシア人研究者との交流が不可欠である。ただしロシア側研究者は日本語を解せず、日本側では樺太研究者はロシア語に不自由であるというように、双方に「語学の壁」が存在している。また、ロシア側の研究については翻訳が進む一方で、日本側の研究は必ずしもロシア側には伝わっていないのが実情である。ロシア側の研究を吸収する一方で、日本側の研究成果をサハリン側に伝える努力が、今後必要となるだろう。

四　未解明の課題

第四は、未解明のまま残されている課題についてである。大きな問題としては、労働関係があげられる。とくに領有初期の樺太経済を支えた漁業と、その後の樺太経済の中心となる林業への労働力供給がどのように行われていたのかは、ほとんど研究がほとんどなされていない。聞き書きの成果で、それらを断片的にうかがい知ることはできるが、全貌に迫るものとはいいがたい[97]。移住植民地としての性格を構成する最大の要素である移住人口について、基本的な分析が欠落している点は、早急に解消されなくてはならないだろう。このうち漁業については、最近研究が着手されはじめており、残されている資料も比較的豊富であることを考えると、今後研究が大きく進展することが期待できるだろう[98]。

また一九四〇年代の樺太は、官庁刊行物はおろか新聞雑誌までも極端に減少し、基本的な統計数値さえ入手が困難である。これは一九四三年の「内地編入」が、むしろ樺太の情報的孤立をもたらした結果でもある。四〇年代の樺太社会をあきらかにすることは、戦時下の植民地を検討する上でも急務の課題である。

五　資料に関する問題

第五として最後に指摘したいのは、資料の問題である。先述したように、現在では一九九〇年代以前とは比較にならないほど、樺太関係資料の所在があきらかになっている。現時点で『樺太関係資料総目録』が唯一の総合目録であるが、しかしこれは約四〇年も前に刊行されたものであり、カバーする資料自体が少ない。また記載されている資料でも、時間経過により所蔵先の変更があったものも多数存在する。国内外の樺太関係資料の整理の状況をふまえた新たな目録が作成されるべき時期にきているのではないだろうか。樺太関係資料目録の作成に際しては、①刊行物がほぼ皆無となり基本統計すら極端に不足する一九四〇年以後の基本統計を整備すること、②ソ連軍の調査資料の利用、③樺太と関係の深かった国内地域（小樽や稚内など）での資料発掘の努力も必要となるだろう[99]。

おわりに

本章は、これまで植民地樺太を経済という限られた側面からみてきた筆者の、乏しい勉強の一端を示したものである。そのため、各分野の研究で提出された論点を十分に紹介しきれていない欠点もあろうし、また見落としてしまった研究も多く存在するかもしれない。ただ、樺太史研究がこれまで満足な研究史さえ有してこなかったことを考えると、本章は、各分野にわたる樺太史研究を一覧可能にした程度の貢献はなしえたのではないかと思われる。今後のサハリン・樺太史研究の進展により、研究史が新たに書き換えられ、本章が「お役御免」となる日が一日も早く到来することを願いたい。

付記

蘭信三編著『日本帝国をめぐる人口移動の国際社会学』（不二出版、二〇〇八年六月刊）には、三木理史「明治末期岩手県からの樺太出稼」、田村将人「樺太アイヌの『引揚げ』」、竹野学「戦前期樺太における商工業者の実像」の樺太に関係する三本の論文が収録されている。併せて参照されたい。

注

（1）矢内原忠雄『私の歩んできた道』（『矢内原忠雄全集』第二六巻所収、岩波書店、一九六五年）三七頁。

（2）細川嘉六『植民史』（『細川嘉六著作集』第二巻、理論社、一九七二年）三頁。両者の関係については戴國煇「細川嘉六と矢内原忠雄」（『日本人とアジア』新人物往来社、一九七三年）参照。なお『植民史』には、その真の執筆者は細川ではないとする説がある。それに関しては、本書第一章の注（2）を参照。

（3）矢内原は一九二八年夏に樺太を訪れ、「人口問題」「植民政策上より見たる台湾と樺太」と題する二回の講演を行っている。樺太夏季大学の一環として行われた前者の講演内容は、矢内原がこの時期に参加していた人口論論争に関する一般的な議論に止まるものであった（『樺太教育』第四巻第三・四号、第四巻第五号、一九二八年一二月、一九二九年一月）。なお「人口問題」掲載の『樺太教育』については、池田裕子氏（稚内北星学園大学）にご教示いただいた。一方、樺太を直接主題にとりあげた後者の講演内容は不明である。しかも開催の報告記事を載せた『樺太日日新聞』（二八年八月一九日付）では、講演者名を誤記している始末である。後者の報告内容が判明すれば、矢内原の樺太認識の一端があきらかになると思われるが、残念ながら現在まで未発見である。琉球大学附属図書館所蔵の矢内原忠雄文庫には、四〇年代に矢内原が作成した「樺太統計ノート」が収められている。『樺太庁統計書』掲載数値の整理にとどまるものの、矢内原の樺太への関心が那辺にあったのかを知ることのできる貴重な資料である。同文庫は矢内原忠雄文庫植民地関係資料データベース（http://manwe.lib.u-ryukyu.ac.jp/yanaihara/）で閲覧が可能。

（4）金子文夫編「戦後日本植民地研究史」（大江志乃夫ほか編『岩波講座　近代日本と植民地　第四巻（統合と支配の論理）』岩波書店、一九九三年）。柳沢遊・岡部牧夫「解説・帝国主義と植民地」（柳沢遊・岡部牧夫編『展望日本歴史　二〇（帝国主義と植民地）』東京堂出版、二〇〇一年）。

（5）金子文夫編同前稿「戦後日本植民地研究史」三一五頁。①外地色が希薄、②大部分の住民が内地人で先住民族が極少数、③内地編入の実施が理由とされている。

（6）竹野学「日本統治下南樺太経済史研究における近年の動向」（二一世紀ＣＯＥプログラム「スラブ・ユーラシア学の構築」研究報告集No.11『日本とロシアの研究者の目から見るサハリン・樺太の歴史（Ⅰ）』二〇〇六年一月（以下『サハリン・樺太』と略。同書は　http://src-h.slav.hokudai.ac.jp/coe21/publish/no11/contents.htmlで閲覧可能）。

（7）板橋政樹「サハリン・樺太史研究について—領土問題を中心に—」（竹田正直編『サハリン州の総合研究—サハリン州における社会・経済構造の変化にかんする総合研究』第一集、一九九九年）は、本章が対象とする時期以前についての領土問題を中心とした研究を概観した研究史整理として有益である。

（8）金子文夫編前掲稿「戦後日本植民地研究史」。

（9）北大植民学に関する最新の成果は以下の通り。井上勝生「札幌農学校と植民学の誕生—佐藤昌介を中心に—」（酒井哲哉責任編集『岩波講座　「帝国」日本の学知　第一巻（「帝国」編成の系譜）』岩波書店、二〇〇六年）。竹野学「植民地開拓と『北海道の経験』—『学派』としての北大植民学」（北大百二十五年史編集室編『北大百二十五年史』論文編、二〇〇三年）。

（10）高岡熊雄『樺太農業植民論』西ヶ原刊行会、一九三五年。高倉新一郎『北海道拓殖史』柏葉書院、一九四七年（北海道大学図書刊行会、一九七九年復刻。のちに『高倉新一郎著作集』第三巻、北海道出版企画センター、一九九六年収録）。

（11）樺太庁編『樺太庁施政三十年史』一九三六年（原書房、一九七九年復刻）。

（12）樺太終戦史刊行会編『樺太終戦史』一九七三年。全国樺太連盟編『樺太沿革・行政史』一九七八年。金子俊男『樺太一九四五年夏—樺太終戦記録』講談社、一九七二年。

（13）萩野敏雄『北洋材経済史論』林野共済会、一九五七年。成田潔英『王子製紙社史』一九五六－五九年。樺太林業史編纂会

編『樺太林業史』農林出版、一九六〇年。鈴木尚夫編『現代日本産業発達史一二　紙・パルプ』交詢社出版局、一九六七年。日本経営史研究所編『製紙業の一〇〇年―紙の文化と産業』一九七三年。星野定司「樺太におけるパルプ産業」一・二（『水処理技術』第二九巻第三号、第四号、一九八八年三月、四月）。

(14)　奥山亮『随筆　ああ樺太』（北海道地方史研究臨時増刊一二号）一九六六年。堅田精司『旧樺太内国貿易史―北海道内国貿易史の研究三』（北海道地方史研究臨時増刊一七号）一九七一年。

(15)　長谷川伸三「南樺太の経済」（溝口敏行・梅村又次編『旧日本植民地経済統計』東洋経済新報社、一九八八年）。

(16)　荒澤勝太郎『樺太文学史』全四巻、艸人舎、一九八六－八七年。樺太で刊行された新聞雑誌に関しては次のものを参照。功刀真一『北海道・樺太の新聞雑誌―その歩みと言論人』北海道新聞社、一九八五年。

(17)　遠藤興一「植民地支配期の樺太社会事業」上・下（『明治学院論叢　社会学・社会福祉学研究』第八七号、第八八号、一九九一年一〇月、一九九二年二月。

(18)　大沼保昭『サハリン棄民―戦後責任の点景』中公新書、一九九二年。

(19)　朝鮮人強制連行真相調査団編『朝鮮人強制連行強制労働の記録―北海道・千島・樺太篇』現代史出版会、一九七四年。長沢秀「戦時下南樺太の被強制連行朝鮮人炭礦夫について」（『在日朝鮮人史研究』第一六号、一九八六年一〇月。のち朴慶植・山田昭次監修　梁泰昊編『朝鮮人強制連行論文集成』明石書店、一九九六年に収録）。林えいだい『証言・樺太(サハリン)朝鮮人虐殺事件』風媒社、一九九一年。

(20)　田中了、D・ゲンダーヌ『ゲンダーヌ―ある北方少数民族のドラマ』現代史出版会、一九七八年。

(21)　河野本道編『アイヌ史資料』第六巻（全六冊）、北海道出版企画センター、一九八〇年。

(22)　北海道総務部行政資料室編『樺太関係文献総目録』一九七〇年。小樽商科大学経済研究所資料部編『樺太・千島関係資料目録』一九八六年。

(23)　本橋哲也・成田龍一「ポストコロニアル―『帝国』の遺産相続人として」（ロバート・J・C・ヤング（本橋哲也・成田龍一訳）『ポストコロニアリズム』岩波書店、二〇〇五年）二一九頁。一九九五年に北大古河講堂で発見された、樺太で「採集」された人骨については以下を参照。北海道大学文学部古河講堂「旧標本庫」人骨問題調査委員会編『古河講堂「旧標本庫」人骨問題報告書』一・二、一九九七年、二〇〇四年（以下『人骨問題』と略）。

(24)　山本有造『日本植民地経済史研究』名古屋大学出版会、一九九二年。

(25)　浅野豊美「植民地での条約改正と日本帝国の法的完成」（浅野豊美・松田利彦編『植民地帝国日本の法的構造』信山社、二〇〇四年）。

(26) 平井廣一『日本植民地財政史研究』ミネルヴァ書房、一九九七年。同「日中・太平洋戦争期における樺太行財政の展開」（『（京都大学）人文学報』第七九号、一九九七年三月）。

(27) 大嶋顯幸「我が国紙・パルプ産業の樺太への展開―新植民地への素材産業進出の顚末」（一）～（一三）（『（立正大学）経済学季報』第四七巻第二号～第五三巻第三・四号、一九九八年二月－二〇〇四年三月）。王子製紙株式会社『王子製紙社史』全三巻、二〇〇一年。

(28) 四宮俊之『近代日本製紙業における競争と協調―王子製紙、富士製紙、樺太工業の成長とカルテル活動の変遷』日本経済評論社、一九九七年。

(29) 萩野敏雄『日露国際林業関係史―戦前期の実証』日本林業調査会、二〇〇一年。

(30) 三木理史『国境の植民地・樺太』塙書房、二〇〇六年。初出は、同「樺太の産業化と不凍港選定―一九一〇年代の本斗港の選定をめぐって」（『日本植民地研究』第一三号、二〇〇一年六月）、同「一九二〇年代の樺太における石炭業」（『アジア経済』第四六巻第五号、二〇〇五年五月））。本章で言及する三木の研究論文はそのすべてが改稿されて、三木同前書に収録されている。ただし同書は一般読者を対象としたため、論文で提示された史料や図表、あるいは論点などで割愛された部分が少なくない。そのため本章では初出論文も併記する。同書については竹野学「書評　三木理史『国境の植民地・樺太』」（『日本植民地研究』第一九号、二〇〇七年六月）を参照。また樺太庁鉄道については、高成鳳『植民地の鉄道』（日本経済評論社、二〇〇六年）が一章を割いている。

(31) 矢野牧夫『昭和十九年夏、樺太の炭鉱閉山―国家機密―全炭鉱夫を至急「内地」へ送れ』（私家版、二〇〇六年）を参照。

(32) 三木理史前掲書『国境の植民地・樺太』。初出は、同「農業移民に見る樺太と北海道―外地の実質性と形式性をめぐって」（『歴史地理学』第四五巻第一号、二〇〇三年一月）。

(33) 竹野学「植民地樺太農業の実体―一九二八～四〇年の集団移民期を中心に」（『社会経済史学』第六六巻第六号、二〇〇一年一月）。同「戦時期樺太における製糖業の展開―近代日本製糖業における『地域的発展』と農業移民の関連について」（『歴史と経済』第一八九号、二〇〇五年一〇月）。なお同『樺太農業と植民学―近年の研究動向から』（『札幌大学経済学部附属地域経済研究所 Booklet』No.4、二〇〇五年）は、筆者が樺太を素材として試みる、近代日本における植民の理論と実際に関する再検討の中間報告書であるが、講演記録であり史料などが割愛されているため学術的には価値が劣る。

(34) 高倉新一郎『アイヌ政策史』日本評論社、一九四二年（新版、三一書房、一九七二年）。

(35) 樺太アイヌ史研究会編『対雁の碑―樺太アイヌ強制移住の歴史』北海道出版企画センター、一九九二年。

(36) 高木博志「アイヌ民族への同化政策の成立」（歴史学研究会編『国民国家を問う』青木書店、一九九四年）。

(37) テッサ・モーリス＝鈴木『辺境から眺める―アイヌが経験する近代』みすず書房、二〇〇〇年。なお、文献ごとに著者名表記が「鈴木」「スズキ」と異なるが、本章本文では、次から後者に統一する。

(38) 田村将人「樺太庁による樺太アイヌの集住化」（『千葉大学ユーラシア言語文化論集』第五号、二〇〇二年三月）。同「二〇世紀前半のある樺太アイヌ村落の歴史的な位置づけ」（『北海道開拓記念館研究紀要』第三四号、二〇〇六年三月）。同「白浜における集住政策の意図と樺太アイヌの反応」（同前、第三五号、二〇〇七年三月）。同「温存された首長の役割―樺太庁が任命した樺太アイヌの『土人部落総代』について」（『北海道・東北史研究』第四号、二〇〇七年一二月）。

(39) 田中了『サハリン北緯五〇度線―続ゲンダーヌ』草の根出版会、一九九三年。同編『戦争と北方民族―あるウィルタの生涯』草の根出版会、一九九四年。タチヤーナ・ローン（永山ゆかり、木村美希共訳）『サハリンのウイルタ―一八―二〇世紀半ばの伝統的経済と物質文化に関する歴史・民族学的研究』北海道大学大学院文学研究科、二〇〇五年。中生勝美「サハリン先住民の民族誌再検討―オタスの杜の戦前・戦後」（『北海道立北方民族博物館研究紀要』第一一号、二〇〇二年三月）は樺太の少数民族の再考を企図しているが、その内容にはウィルタ協会から抗議が出されている。

(40) N・ヴィシネフスキー（小山内道子訳）『トナカイ王―北方先住民のサハリン史』成文社、二〇〇六年。

(41) セルゲイ・P・フェドルチューク（板橋政樹訳）『樺太に生きたロシア人―故郷と国家のはざまで』ナウカ、二〇〇四年。日露戦後のロシア人に関する調査書は、秋本義親（福富節男校注）『樺太残留露国人調査書―日露戦争直後の人びと』（二〇〇四年、私家版）で刊行されている。

(42) アナトーリー・T・クージン（岡奈津子・田中水絵訳）『沿海州・サハリン　近い昔の話―翻弄された朝鮮人の歴史』凱風社、一九九八年。

(43) 三木理史前掲書『国境の植民地・樺太』。初出は同「戦間期樺太における朝鮮人社会の形成―『在日』朝鮮人史研究の空間性をめぐって」（『社会経済史学』第六八巻第五号、二〇〇三年一月）。三木が用いた史料は、樺太庁警察部『樺太在留朝鮮人一班』（函館市立図書館所蔵。朴慶植編『日本植民地下の在日朝鮮人の状況』第二巻、アジア問題研究所、一九九〇年所収）。同史料の解題は、桑原真人「樺太庁警察部『樺太在留朝鮮人一班』（一九二七）」正・続（『在日朝鮮人史研究』第八号、第一四号、一九八一年六月、一九八四年一一月）。

(44) 阿部康久「一九二〇年代の樺太地域開発における中国人労働者雇用政策」（『人文地理』第五三巻第二号、二〇〇一年四月）。

(45) 長澤秀編『戦前朝鮮人関係警察資料集―樺太庁警察部文書』

全四巻、緑蔭書房、二〇〇六年。

(46) 北原道子「樺太における朝鮮人動員」(『在日朝鮮人史研究』第二八号、一九九八年一二月。同「『朝鮮人第五方面軍留名簿』にみる樺太・千島・北海道部隊の朝鮮半島出身軍人」(同前、第三六号、二〇〇六年一〇月)。崔吉城「樺太における日本人の朝鮮人虐殺」(『比較法史研究』第一三号、二〇〇五年三月)。同『樺太朝鮮人の悲劇―サハリン朝鮮人の現在』第一書房、二〇〇七年。

(47) 三木理史前掲書『国境の植民地・樺太』。初出は、同「移住型植民地樺太と豊原の市街地形成」(『人文地理』第五一巻第三号、一九九九年六月)。

(48) 井澗裕「ウラジミロフカから豊原へ―ユジノ・サハリンスク(旧豊原)における初期市街地の形成とその性格」(北海道大学スラブ研究センター『二一世紀COEプログラム「スラブ・ユーラシア学の構築」研究報告書シリーズ　ロシアの中のアジア/アジアの中のロシア(Ⅱ)』二〇〇四年一一月)。このほか大泊については、同「クシュンコタン・大泊・コルサコフ―宗谷海峡を見つめる街」(『社会文学』第一七号、二〇〇二年八月)がある。

(49) テッサ・モーリス=スズキ(小林英里訳)「植民地思想と移民―豊原の眺望から」(小森陽一ほか編『岩波講座　近代日本の文化史　第六巻(拡大するモダニティ)』岩波書店、二〇〇二年)。また、三木理史前掲書『国境の植民地・樺太』でもこのスズキ説に対する批判がなされている。

(50) その中心的存在である井澗の業績は、主に日本建築学会の研究報告集や講演梗概集に発表され、それらをもとに『日本期南サハリンにおける建設活動に関する研究』(平成十一年度北海道大学博士論文、二〇〇〇年)がまとめられている。井澗裕『サハリンの中の〈日本〉―都市と建築』(ユーラシアブックレットNo.108、東洋書店、二〇〇七年)に井澗の議論が要約されている

(51) 今尚之・進藤義郎・原口征人「日本統治期南樺太(サハリン)における社会基盤整備に関する基礎研究」、宗広一徳「サハリン地域における歴史的交通施設に関する研究」(ともに『土木史研究　講演集』第二五号、二〇〇五年六月)。

(52) 高田銀次郎『樺太教育発達史』樺太教育会、一九三六年(青史社、一九八二年復刻)。北海道立教育研究所編『北海道教育史　地方編(二)』一九五七年。

(53) 池田裕子「日本統治下樺太における小学校の設置―領有から一九一〇年代前半期まで」(『教育学の研究と実践』第二号、二〇〇三年二月)。同「一九一〇年代の樺太における中等教育政策―樺太庁中学校と附設小学校教員講習所を中心に」(同前、第三号、二〇〇四年一一月)。同「一九二〇年代の樺太における初等教育制度の『改革』」(『日本の教育史学』第四七号、二〇〇四年一〇月)。同「樺太庁の教員養成策―一九三九年の樺太庁師範学校創設に至るまで」(『稚内北星学園大学紀要』第七

号、二〇〇七年三月)。

(54) 木原直彦『樺太(サハリン)文学の旅』上・下、共同文化社、一九九四年。川村湊『南洋・樺太の日本文学』筑摩書房、一九九四年。

(55) 神谷忠孝「寒川光太郎と樺太」(『植民地文化研究』第二号、二〇〇三年七月)。格清久美子「譲原昌子『朔北の闘い』考―樺太の現実と生い立ちの『記録』」(神谷忠孝・木村一信編『〈外地〉日本語文学論』世界思想社、二〇〇七年)。

(56) 坪井秀人「表象としての植民地」(小森陽一ほか編『岩波講座　近代日本の文化史　第五巻(編成されるナショナリズム)』岩波書店、二〇〇二年)。同「棄却されしものたち―日露戦争の経験と樺太」(小森陽一・成田龍一編著『日露戦争スタディーズ』紀伊國屋書店、二〇〇四年)。

(57) 川村湊監修『日本植民地文学精選集　樺太篇』全四巻、ゆまに書房、二〇〇一年。

(58) 加藤一夫・河田いこひ・東条文規『日本の植民地図書館―アジアにおける日本近代図書館史』(社会評論社、二〇〇五年)は日本帝国に設立された植民地図書館を扱うが、樺太については元樺太庁図書館司書・塩野正三が発表した諸論考に依拠するのみで、新知見はみられない。塩野正三「樺太における公共図書館発達史序説」その一・その二(『札幌大学女子短期大学部紀要』第一号、第六号、一九八三年二月、一九八五年九月)。同「樺太庁図書館の創設およびその変遷について」(同前、第五号、一九八五年二月)。

(59) 樺太庁図書館編『樺太庁図書館図書目録』一九三八年。樺太庁図書館編『樺太関係郷土資料目録』一九四一年。樺太庁図書館編『樺太関係郷土資料目録追加』一九四三年。

(60) 楠精一郎「樺太参政権問題」(手塚豊編『近代日本史の新研究』Ⅷ、北樹出版、一九九〇年)。

(61) 塩出浩之「戦前期樺太における日本人の政治的アイデンティティについて―参政権獲得運動と本国編入問題」(前掲『サハリン・樺太』)。

(62) 小田島和平・矢野牧夫「サハリン国立文書館における日本文献所蔵調査」(北海道開拓記念館『北の歴史・文化交流研究事業中間報告』第二号、一九九二年三月)。佐藤京子「サハリン州の文書館」(『北海道立文書館研究紀要』第八号、一九九三年三月)。竹内桂「国立サハリン州文書館所蔵樺太庁豊原警察署文書に関する若干の考察」(『国文学研究資料館紀要アーカイブズ研究篇』第二号、二〇〇六年三月)。

(63) 社団法人全国樺太連盟『サハリン州公文書館所蔵日本関係文書件名目録』一九九八年三月。井澗裕「サハリン州公文書館の日本語文書」(『アジア経済』第四四巻第七号、二〇〇三年七月)。井澗が整理した目録は http://homepage2.nifty.com/itayan2/archivej.htm でも「サハリン州公文書館日本語文献資料目録」として公開されている。

(64) タチアナ・ニコラエワ・プルッサコーワ「サハリン州近代

史資料センターの紹介」（『北海道立文書館研究紀要』第一九号、二〇〇四年三月）。国文学研究資料館文献資料部「サハリン州郷土博物館所蔵日本語文献目録」（『国文学研究資料館文献資料部調査研究報告』第二三号、二〇〇二年一一月）。

(65) 小樽商科大学百年史編纂室編『小樽商科大学所蔵旧植民地関係図書資料目録(仮)』二〇〇五年。

(66) 稚内市立図書館編『稚内市立図書館　樺太資料所蔵目録』第二号、二〇〇五年一一月。

(67) 北海道開拓記念館編『北海道拓殖銀行資料目録』一（北海道開拓記念館一括資料目録第三四集）、二〇〇〇年。

(68) 吉田千萬編『樺太（サハリン）・千島の先住民族文献—単行本・小冊子・雑誌文献資料　明治元（一八六八）～昭和二〇（一九四五）年』サッポロ堂書店、一九九七年。『「樺太日日新聞」掲載のサハリン先住民族に関する記事データベース』（前掲『人骨問題』二）。青柳文吉編『サハリン北方先住民族文献集—文芸作品篇　一九〇五－四五』北海道大学大学院文学研究科、二〇〇五年。田口正夫編『「北海タイムス」掲載のサハリン及び北海道先住民族に関する記事データベース—一九二六・一二・二五－一九三五・一二・三一』北海道大学大学院文学研究科、二〇〇六年。田村将人「『サガレン新聞』（一九二一－一九二四年）掲載アイヌ関係記事—目録と紹介」（『北海道開拓記念館調査報告』第四六号、二〇〇七年三月）。山田伸一編「『樺太日日新聞』掲載在サハリン朝鮮民族関係記事—目録と紹介」（『在サハリン朝鮮民族の異文化接触と文化変容に関する基礎的研究』（平成一六～平成一八年度科学研究費補助金（基盤研究（B））研究成果報告書』二〇〇七年）。竹野学「〈資料紹介〉豊原商工会議所逐次刊行物総目次—樺太商工業者の活動解明の手がかりとして」（『（北海道大学）経済学研究』第五五巻第一号、二〇〇五年六月）。

(69) 西村いわお『南樺太—概要・地名解・史実』高速出版、一九九四年。杉村孝雄『樺太・遠景と近景—歴史のはざまと暮らしの素顔』サッポロ堂書店、一九九五年。杉村孝雄『樺太・暮らしの断層—遠景と近景　第二集』サッポロ堂書店、二〇〇〇年。

(70) ジョン・J・ステファン（安川一夫訳）『サハリン—日・中・ソ抗争の歴史』原書房、一九七三年。

(71) マーク・ピーティー（浅野豊美訳）『二〇世紀の日本　四　植民地—帝国五〇年の興亡』読売新聞社、一九九六年。

(72) リシツィナ・E・H「ロシアの研究者の業績にみる樺太研究について」（前掲『サハリン・樺太』）。

(73) 原暉之・天野尚樹「サハリン地域研究雑誌総目次（一九九〇－二〇〇三）」（『ロシアの中のアジア／アジアの中のロシア」研究会通信』No.8、二〇〇四年一二月）は二〇〇三年分までの露文目次を、兎内勇津流「サハリン郷土誌ビュレティン総目次」（一）（二）（四）（『北海道・東北史研究』創刊号、第二号、第四号、二〇〇四年一二月、二〇〇五年一二月、二〇〇七年一二月）は二〇〇五年の終刊までの和文目次を収録。

（74）マリア・セヴェラ「日本がソ連になった時―樺太からサハリンへの移行　一九四五―一九四八」（『歴史学研究』第六七六号、一九九五年一〇月）。

（75）M・S・ヴィソーコフほか（板橋政樹訳）『サハリンの歴史―サハリンとクリル諸島の先史から現代まで』北海道撮影社、二〇〇〇年。これに関連して、同「要約サハリンとクリルの歴史」、板橋政樹「サハリンとクリルの近現代史理解に加えられた新たな視点」（ともに竹田正直編『サハリン州の総合研究』第二集、二〇〇〇年）がある。

（76）日本領への言及は、M・S・ヴィソーコフ（松井憲明訳）「翻訳サハリンと千島列島―編年史、一九〇六―一〇年」（『釧路公立大学地域研究』第一二号、二〇〇三年一二月）、同「翻訳サハリンと千島列島―編年史、一九四五―四九年」（『釧路公立大学）人文・自然科学研究』第一三号、二〇〇一年三月）同「翻訳サハリンと千島列島―編年史、一九二一―二五年」（『釧路公立大学地域研究』第一六号、二〇〇七年一二月）など。

（77）Государственный архив Сахалинской области, *Исторические чтения: труды Государственного архива Сахалинской области.* No.1-2（Южно-Сахалинск, 1994）.

（78）ラリーサ・ドラグノーヴァ（松井憲明訳）「サハリン・オハ捕虜収容所」（『歴史評論』第六三七号、二〇〇三年五月）。

（79）前掲『サハリン・樺太』。

（80）テッサ・モーリス＝鈴木前掲書『辺境から眺める』。同前掲稿「植民地思想と移民」。三木理史前掲書『国境の植民地・樺太』。

（81）竹野学前掲「書評」五九頁。

（82）マーク・ピーティー前掲書『二〇世紀の日本　四』二五〇、二六〇～二六一頁。

（83）一九四九年時点で、樺太からの引揚者約四〇万人の五九％が北海道に定住しており、それは同時期に北海道が受け入れていた全引揚者約三七万人のうち六四％に相当していた（樺太終戦史刊行会前掲書、五九六～五九七頁より筆者算出）。近年ようやく研究が着手されはじめた引揚研究の上で、樺太引揚者と北海道との関係は大きな意味を有するものであることが容易に想像されるだろう。

（84）参謀本部編纂『明治三十七八年日露戦史　第一〇巻』、東京偕行社、一九一〇年。伊藤貞助『樺太戦史』樺太戦史編纂会、一九二五年。大江志乃夫『兵士たちの日露戦争―五〇〇通の軍事郵便から』朝日選書、一九八八年。原暉之「俘虜は博愛の心を以て之を取扱ふべし―樺太の戦場から一〇〇年前の戦争を考える」（松山大学編『マツヤマの記憶―日露戦争一〇〇年とロシア兵捕虜』成文社、二〇〇四年）。吹浦忠正『捕虜たちの日露戦争』日本放送出版協会、二〇〇五年。

（85）板橋政樹「一九〇五年夏、サハリン戦と住民―その一　最

初期の軍政機構と住民の処遇方針」（『北海道・東北史研究』第三号、二〇〇六年一二月）。

(86)　参謀本部編『秘　大正七年乃至十一年西伯利出兵史』新時代社、一九七二年復刻。参謀本部編『大正十二年乃至十四年薩哈嗹州駐兵史』一九二五年（防衛省防衛研究所図書館所蔵）。

(87)　疋田康行「なぜ植民地の経済史を探るのか―日本植民地経済史を中心に」（『経済セミナー』第六〇九号、二〇〇五年一〇月）。

(88)　吉村道男「日本軍の北樺太占領と日ソ国交回復問題―石油利権をめぐる諸問題」（『政治経済史学』第一三二号、一九七七年五月）。小林幸男「対外政策と世論―『尼港事件』と北樺太占領政策」（同『日ソ政治外交史―ロシア革命と治安維持法』有斐閣、一九八五年）。同「シベリア干渉の終焉と日ソ修交への道―北京会議における北樺太撤兵問題」正・続（『京都学園法学』第四二号、第四三号、二〇〇三年一二月、二〇〇四年三月）。細谷千博「北サハリンの石油資源をめぐる日・米・英の経済紛争」（細谷千博編『太平洋・アジア圏の国際経済紛争史―一九二二―一九四五』東京大学出版会、一九八三年）。原暉之「ポーツマス条約から日ソ基本条約へ―北サハリンをめぐって」（原暉之・外川継男編『講座　スラブの世界』第八巻、弘文堂、一九九五年）。

(89)　寺島敏治「戦間期、北樺太の鉱業と資本―北樺太鉱業と北樺太石油をめぐって」（北海道教育大学史学会『史流』第三四号、一九九四年六月）。同「北樺太西海岸、土威炭鉱成立をめぐって―西海岸の経済性と炭鉱労働力の質を中心に」（同前、第三六号、一九九六年六月）。同「戦間期、北樺太の炭鉱、油田と国内関係」（地方史研究協議会編『地方史の新視座』雄山閣、一九九四年）。同「北樺太石油（株）の現場視察者と生活について」（『金属鉱山研究』第七一号、一九九五年七月）。同「『サガレン日記』に見るオハ鉱場―新入社員・岡栄の目を通して」（一）（二）（『金属鉱山研究』第七三号、第七四号、一九九六年六月、一九九七年四月）。

(90)　阿部聖「北樺太石油株式会社の設立とその活動について―戦前期の海外石油資源開発に関する一考察」上・下（『常葉学園浜松大学経営情報学部）経営情報学部論集』第七巻第一号、第八巻第一号、一九九四年一〇月、一九九五年六月）。野田富男「燃料国策と石油資源開発―北樺太石油株式会社と帝国石油株式会社」（『（九州大学）経済学研究』第七〇巻第三・四号、二〇〇四年一月）。村上隆『北樺太石油コンセッション一九二五―一九四四』北海道大学出版会、二〇〇四年。

(91)　一九二五年時点で総人口一万三二一五人中、日本人移住者は一八一五人、残りは五五一五人のロシア人を筆頭とする他民族であった（薩哈嗹軍政部『大正十三年度　北樺太経済統計』一二頁）。

(92)　防衛庁防衛研修所戦史室『戦史叢書　四四　北東方面陸軍作戦〈一〉―千島・樺太・北海道の防衛』朝雲新聞社、一九七一年。中山隆志『一九四五年夏　最後の日ソ戦』中公文庫、二〇〇一年。

(93)　和田春樹「日ソ戦争」（原暉之・外川継男前掲書『講座スラブの世界』第八巻）。米ソ間の交渉過程で樺太などの取扱についても、梶浦篤「北方領土と琉球――第二次世界大戦における米国の戦略」（Ⅰ）〜（Ⅲ）（『政治経済史学』第四一三〜四一五号、二〇〇一年一―三月）。同「終戦直後における『吾等の決定する諸小島』と琉球・千島・樺太」（Ⅰ）〜（Ⅲ）（同前、第四五一〜四五三号、二〇〇四年三―五月）。

(94)　白木沢旭児「『八・一五』でも終わらなかった北海道の戦争」（佐藤卓己・孫安石編『東アジアの終戦記念日―敗北と勝利のあいだ』ちくま新書、二〇〇七年）。

(95)　ヴィクトル・カルポフ（長勢了治訳）『スターリンの捕虜たち―シベリア抑留　ソ連機密資料が語る全容』北海道新聞社、二〇〇一年。

(96)　矢野牧夫・小田島和平「終戦直後の『樺太』における日本人社会の動向調査資料について」（北海道開拓記念館『北海道開拓記念館研究紀要』第二三号、一九九五年三月）。矢野牧夫・小田島和平・西村巌「『樺太』のソ連邦領土編入に関する資料」（同前、第二四号、一九九六年三月）。ソ連統治下で行われた集落名の改称に関しては、松井憲明「戦後サハリンにおける集落の改称について」（『旭川大学紀要』第三九号、一九九四年一二月）。

(97)　野添憲治・田村憲一編『樺太の出稼ぎ』林業編、漁業編、あきた文庫五、九、秋田書房、一九七七、一九七八年。筆宝康之『日本建設労働論―歴史・現実と外国人労働者』（御茶の水書房、一九九二年）は樺太土木業に理論的アプローチから言及している。

(98)　デヴィット・L・ハウエル（河西英通・河西富美子訳）『ニシンの近代史―北海道漁業と日本資本主義』岩田書店、二〇〇七年。高橋周「二〇世紀初頭における在来魚肥の改良の試み―樺太庁水産試験場と師定商店による魚粉製造」（『経営史学』第四一巻第二号、二〇〇六年九月）。小岩信竹・工藤貴史「第二次世界大戦以前の樺太におけるニシン漁業と資源問題」（『北日本漁業』第三五号、二〇〇七年三月）。ところで領有直後の一九〇六年に、当時法制局参事官であった柳田國男が樺太を訪れている。文学史的研究では、この時の日記である『樺太紀行』（『柳田國男全集』第三三巻、筑摩書房、二〇〇五年）が頻繁に引用される。しかし柳田が帰京直後に著した「樺太の漁業」「樺太雑談」（同前、第二三巻、二〇〇六年）という小論は、これまで全集未収録だったこともあり、知名度は低いようである。このうち前者で柳田は、新植民地樺太の中心産業である水産業が抱える問題として、漁業権の高さと乱獲傾向とを指摘する。柳田によれば、漁業者間に連合・共同がないことが根本原因であった。その解決のために柳田は農漁兼業的植民を説き、同時に漁業組合設立の必要性を主張している。その後樺太の中心産業が林業に転換したため、柳田構想の意義は薄れていくが、初期樺太移住者の中心を担った漁業者の活動をみる上で必読の文献であろう。

(99)　二〇〇七年に筆者は、国内に所蔵が確認されていない『樺太年鑑　昭和一八年版』(樺太敷香時報社、一九四三年)を国内で偶然に発見・入手し、それ以前からの逐次刊行物が、一九四〇年代にも継続発行されていた一端を確認することができた。国内での精力的な資料収集が引き続き必要であると考える所以である。

第6章

南洋群島

千住　一

はじめに

一　本章の目的

本章の目的は、一九一四年一〇月からアジア太平洋戦争期にかけて日本の統治下にあった南洋群島を対象とし、その研究の動向および研究の環境、研究の方向性についてまとめることにある[1]。それと同時に、本章では、日本植民地研究史上における南洋群島研究の位置づけを確認することにより、「日本植民地研究」というより広汎な枠組みに対する課題の提示を試みる。

近代日本が獲得した他の植民地あるいは占領地と比較して、南洋群島研究の蓄積が圧倒的に少ないことはよく知られている[2]。また、近年においていくらか変化の兆しを見せつつあるものの、これまでに発行された日本植民地や大日本帝国などをキーワードとする研究書あるいは論文集のなかから、南洋群島と関連した記述や論考を見つけ出すことは、基本的に難しい。

一九九〇年代初頭から今日に至るまで、南洋群島研究の重要な位置を占め続ける今泉裕美子は、九三年にこうした南洋群島研究をめぐる状況についてまとめ、「南洋群島を対象とする戦後の植民地研究は、植民政策関連で精力的に行われた戦前期に比べ、僅少であった」としながらも、「しかし近年、アジア・太平洋地域への関心の増大、植民地研究の進展に伴い、統治政策を中心とした研究がようやく緒につきはじめた」、と書いている[3]。

続いて、今泉は、この動向整理のなかでいくつかの既存研究に触れながら、今後の南洋群島研究に求められる方向性として、以下の三点を提示した[4]。

（一）統治政策の実証分析と多角的な視点からの再評価、例えば、旧慣保護として踏襲したスペイン、ドイツ時代の政策との関連

（二）各時期の外政、内政および日本の他の植民地政策（特に「南進」政策との関係で台湾）との有機的連関

（三）被統治者、特に現地住民や日本人移住者と統治の相関関係

本章は、この一〇年以上前に執筆された南洋群島研究に関する動向分析の後を受け、南洋群島研究の現状把握およびこれから取り組まれるべき課題について、まとめようとするものである。[5]

二　南洋群島統治の概要

論を進めるにあたり、約三〇年間にわたる日本の南洋群島統治ならびに日本による統治終了後に南洋群島が辿った道程の概要について、整理しておこう。日本は、一九一四年八月二三日にドイツへ宣戦布告を行って第一次世界大戦に参戦し、一〇月一四日までに、海軍南遣枝隊がドイツ領であったミクロネシア一帯を赤道付近まで占領する。そして、当該地域を南洋群島とし、一二月に南遣枝隊を母体とする臨時南洋群島防備隊をトラックに設置して、統治を開始した。[6]また、南洋群島は、一五年四月までに、サイパン、ヤルート、ポナペ、トラック、ヤップ、パラオの六民政区に分割される。[7]

しかし、大戦終結後に開催されたパリ講和会議において、状況は一変する。つまり、一九一九年四月二八日に国際連盟規約第二二条が成立したことにより、南洋群島は国際連盟の管理するC式委任統治地域となり、続く五月七日には、その統治受任国を日本とすることが決定したのである。特に、国際連盟規約第二二条および二〇年一二月一七日に制定されたC式委任統治条項により、南洋群島の統治受任国たる日本には、施政報告書を毎年作成して国際連盟に提出することや、「地域ノ住民ノ物質的及精神的幸福並社会的進歩ヲ極力増進」することのほか、南洋群島における軍事活動の禁止などが義務づけられた。

こうした事情から、日本政府は一九二一年六月一〇日に、南洋群島からの防備隊撤退と二二年度の南洋庁新設を閣議決定し、その結果、二二年三月三一日付けで防備隊が廃止され、翌四月一日付けで、南洋庁が南洋群島の委任統治機関として新たにパラオに設置される。[8]これにより、南洋庁による南洋群島委任統治体制が開始されたわけであるが、三三年三月二七日に日本が国際連盟からの脱退を宣言すると、日本は、それ以降も従来どおり南洋群島を統治し続けるという立場を表明しながら、国際連盟規約およびC式委任統治条項において定められた統治規約から、徐々に逸脱していく。

そして、周知のとおり南洋群島は、一九四一年一二月八日に勃発したアジア太平洋戦争において、戦略的拠点のひとつとして日本の絶対国防圏の一翼を担うに至ったが、南洋群島をめぐる攻防は、アメリカ軍の勝利に終わる。以降、南洋群島はアメリカ軍統治下に置かれ続け、四七年七月一八日には、アメリカ合衆国を施政権者とする信託統治体制が開始された。

その後の経緯を確認すると、一九七六年四月一日付けで、サイパンを中心とする北マリアナ諸島が信託統治領政府から分離したほか、マーシャル諸島共和国憲法が七九年五月一日に、トラック、コスラエ、ポナペ、ヤップ各州からなるミクロネシア連邦憲法が七九年五月一〇日に[9]、パラオ共和国憲法が八一年一月一日にそれぞれ施行される。次いで、北マリアナ諸島が八六年一一月三日付けでアメリカの自治領（Commonwealth）となり、また、マーシャル諸島共和国が八六年一〇月二一日に、ミクロネシア連邦共和国が八六年一一月三日に、パラオ共和国が九四年一〇月一日に、それぞれアメリカとのあいだで自由連合協定（Compact of Free Association）を発効させたことにより、約三〇年間にわたって日本が南洋群島として統治していた地域はすべて、国際連合が管理する信託統治からの独立を達成することとなる。

以下、本章の構成と概要を示す。まず「第一節」では、これまでに蓄積されてきた南洋群島研究に関する動向整理を、時系列および考察対象の観点から行う。次いで「第二節」では、日本による南洋群島統治に関わる文字史料の概説を行いつつ、南洋群島と深い関わりのある沖縄の状況について触れる。そして「第三節」では、今後の南洋群島研究における課題や方向性についてまとめ、さらに「おわりに」において、南洋群島研究を経由することによる日本植民地研究の発展可能性について指摘する。

第一節　研究の動向

一　一九八〇年代までの動向

まず、南洋群島研究の時系列的な動向整理からはじめると、戦後日本における南洋群島研究の萌芽は、一九六〇年代後半から七〇年代初頭にかけて看取され、そこでは、パリ講和会議周辺における南洋群島を取り巻く国際環境や、委任統治期の一時期に南洋群島に居住した作家中島敦に関する基礎的知見が準備された[10]。

続く一九八〇年代には、我部政明や安倍惇、神山晃令、福田須美子といった論者たちが、占領開始から軍政期終了に至るまでの南洋群島統治の全体像、軍政期および委任統治期を通じた南洋群島における日系企業による活動の概要、三三年の国際連盟脱退宣言以降の南洋群島をめぐる国際的地位、委任統治期における南洋群島住民に対する日本語教育についての成果を、それぞれ積み重ねていく[11]。

また、一九八八年には、日本による南洋群島統治を通史的に描き出した唯一の成果であると言ってよい、Mark Peattie による著作が刊行され、そのなかで Peattie は、占領以前の日本と南洋群島の関わり、防備隊および南洋庁による住民統治政策、内地資本による経済開発および移民、日本統治下における南洋群島社会のありようといった視点から、日本統治の全体像を明らかにしようとした[12]。

二　一九九〇年代の動向

そして、一九九〇年代に南洋群島研究は飛躍する。その潮流の中心にいたのが今泉裕美子であることに疑いはなく、今泉による成果は、軍政期における統治体制の再検討、軍政期から委任統治期への移行過程とその背景にあった政治的動向、委任統治期における日本語教育を含む住民統治政策の素描、製糖業を中心に事業を展開した南洋興発株式会社が委任統治期に果たした役割、産業の進展に伴って活発化した沖縄からの労働移民に関する基礎的知見など、広範囲にわたった[13]。

それと同時に例えば、第一次大戦時の海軍南遣枝隊による南洋群島占領に至るまでの過程を平間洋一や稲田真乗が、一九三三年の日本による国際連盟脱退宣言以降の南洋群島統治をめぐる日本国内および国際社会の動向を等松春夫が、南洋群島住民に対する日本語教育の実態および現存する日本語教育経験者の日本語運用能力を福田、宮脇弘幸、由井紀久子が、中島敦や民族誌家土方久功による南洋群島を舞台とした執筆活動を橋本正志や遠藤央が、といった具合に、一九九〇年代までに考察の下地が準備されていた諸課題に関しても、着実な進展が認められた[14]。

一方、日本国内からの移民によって南洋群島へ持ち込まれた日本語歌謡、委任統治期に推進された自然科学を中心とする学術活動、日本人社会の成熟に伴って南洋群島に建立された神社、南洋興発ではなく南洋庁が主導した南洋群島への移民、鰹節製造をめぐる内地と在南洋群島業者間の相克など、それまでの南洋群島研究が取り上げてこなかった新たな研究主題が、一九九〇年代半ば以降から、山口修、坂野徹、佐藤弘毅、高村聰史らの手によって遡上に載せられることとなる[15]。

三　二〇〇〇年代の動向

二〇〇〇年代に入ってからも、今泉は、委任統治政策や南洋興発の活動、沖縄からの移民といった従来からの課題に引き続き取り組む[16]。同様に例えば、沖縄からの労働移民という課題に対しては石川朋子や亀田篤が、南洋群島委任統治制度をめぐる諸問題は分析視角を多様化させながら高原秀介や酒井一臣が、南洋群島各地に建設された神社に関しては曽根地之がそれぞれ新たな知見を追加し、また、橋本は、中島敦の南洋群島住民児童用日本語教科書の編修者としての側面に着目しはじめる[17]。

こうした従来からの考察対象が一層の深化を見せる一方で、南洋群島研究は、二〇〇〇年代においていくつかの未発掘領域への着手を試みる。具体的には、例えば、今泉が朝鮮から南洋群島への移民や、アジア太平洋戦争後における主に沖縄への民間人引き揚げといった事象に言及しているほか[18]、須藤健一や坂野が委任統治期を中心に活動した日本人人類学者たちによる研究成果に関する考察を行い、辻原万規彦、荒井利子、飯髙伸五がそれぞれ、今日のミクロネシア各地に残存する建築物、「親日感情」、日本語民謡についての調査を進め、對馬秀子が八丈島からの移民の存在を指摘している[19]。さらには、軍政期における宗教政策や内地観光団、委任統治期における住民村吏制度といった、日本統治下南洋群島で実施された個別の住民統治政策が、岡学、千住一、飯髙によってそれぞれ取り上げられており[20]、特に内地観光団および住民村吏制度に関しては、一部の南洋群島住民有力者を使役することによる、一般住民への間接的な統治体制確立についての議論が行われている。

そして、二〇〇七年二月には、南洋群島研究に関するはじめての論文集、『南洋群島と帝国・国際秩序』が刊行される[21]。この論文集には、「日本とその周辺国家としてのアメリカ・オーストラリア・イギリスの国家戦略を反映した国際的枠組み」、「沖縄・台湾・朝鮮などの帝国内部地域との関係や接触によって規定される社会経済的重層性」、「南方諸地域から戦後日本に行われた引揚とそれが引き起こした戦後沖縄における独立論の台頭」という視点から、「南洋群島に対する近代日本の関与」を読み解いた計九編の論文が収録されており[22]、現時点における南洋群島研究の一到達点を示すものとなっている。

ところで、本章の冒頭で、既存の研究書あるいは論文集のなかの南洋群島の位置づけについて、「近年においていくらか変化の兆しを見せつつある」、と書いた。この点に関して指摘しておくと、まず、一九九二年から刊行が始まった一連の『岩波講座 近代日本と植民地』に、南洋群島を主題とする二本の論考が収録された[23]。また、一九九六年に発行されたピーティーによる日本植民地に関する概説書には、朝鮮や台湾などといった地域と並行して、南洋群島についての記述が多く含まれ[24]、それ以降に刊行された日本植民地をひろく扱ったいくつかの論文集にも、今泉とピーティによる南洋群島をめぐる論考が、それぞれ所収されている[25]。

四　考察対象別の動向

以上、網羅的な把握ではないが、南洋群島研究の時系列的な動向について整理した。続いて、これら一連の研究動向を考察対象別にまとめなおすと、まず、軍政期に関しては、防備隊による統治政策全般あるいは南洋群島住民に対する個別政策、日系企業の動向をめぐる研究などが、一定の成果蓄積を見せている。また、第一次大戦における占領過程を取り上げた軍事史的アプローチや、南洋群島の委任統治地域化が決定したパリ講和会議周辺を扱った政治史・外交史的アプローチによる知見が継続的に示されてはいるものの、軍政期に関する研究の蓄積は、統治期間の長短にも左右されようが、委任統治期よりも手薄であると言わざるを得ない。

委任統治期については、南洋庁による住民統治政策の特徴把握や、国際連盟脱退宣言以降に表出した、南洋群島委任統治主権の所在に関する整理が重点的に行われているほか、南洋興発という企業の存在に注目が集まっており、その概要および南洋群島に日本人社会が形成されていく過程で南洋興発が果たした役割などが、明らかにされている。そして、南洋群島における産業の進展は、特に沖縄からの労働移民を大量に発生させることとなり、その実態究明も近年に至るまで、着々と進められている[26]。

南洋群島の若年層住民に対する日本語教育政策もまた、

委任統治期のあり方を特徴づける一要素であって、その考察範囲は、概要把握や使用教科書の詳細、現存する日本語教育経験者への聞き取りなどと幅広い。これら委任統治期における産業、移民、教育などを扱った研究は、一九八八年にPeattieが記した著作からの影響を少なからず受けているると言え、その活動は一九九〇年代に入ってから活発化し、二〇〇〇年代に入ってもなお、新たな成果を生み出し続けている。

また、委任統治期南洋群島では、中島敦や土方久功による一連の著述活動のみならず、自然科学者および人類学者を中心とした学術活動も散見され、こうした事象に対する、作家論あるいは科学史といった立場からのアプローチが試みられている。そして、一九九〇年代半ば以降は、神社を含む建築物や日本語歌謡、民謡といった日本統治の帯びていた社会・文化的な側面が、現代における残存状況を含めて、検討課題として取り上げられる機会が増加している。

このように、南洋群島研究は、一九八〇年代までに蓄積された基礎的知見を土台として、他の日本植民地とは比較にならないまでも、徐々に研究の担い手を増やしながら、依拠する史料や視点を多様化させながら、新たな領域に進出しながら、考察の対象を細分化させながら、今泉を中心として、九〇年代から近年に至るまでその活動を活発化させてきている。また、研究課題への接近方法については、軍事史、政治史、外交史、政策史などといった従来の視点に加え、近年において、社会史あるいは文化史的アプローチが積極的に試みられているものの、他の日本植民地研究とは対照的に、経済史的研究による成果が僅少である。いずれにせよ、こうした南洋群島研究の進展が、日本植民地全般を取り上げた研究書における南洋群島の位置づけを九〇年代以降に変化させ、さらには、二〇〇七年に「南洋群島」という名称を冠した論文集を登場させたと言える。

第二節　研究の環境

一　機関ごとの所蔵状況

今日において利用可能な、日本による南洋群島統治に関わる文字史料の概説を試みるならば[27]、まず、防衛省防衛研究所（東京都目黒区）の存在を指摘することができよう。防衛隊が海軍省の管轄下にあったことから、防衛研究所には、軍政期における南洋群島統治に関する文書がある程度まとまって保管されており、その内訳は、「表6－1」および「表6－2」にあるように、『大正戦役戦時書類』第一六巻から第五四巻の計三九冊ならびに『自大正三年至大正九年戦時書類附属』の計一九冊となっている[28]。

また、既述のとおり、南洋群島はパリ講和会議においてその処遇が協議された結果、国際連盟の管理する委任統治地域となった。そのため、外務省外交史料館（東京都港区）には、パリ講和会議周辺や委任統治制度、南洋庁による施政に関する多数の文書が、『外務省記録』として収蔵されている。しかしながら、文書検索の一手段である所蔵史料目録の索引に、「南洋群島」として独立した項目はなく、「委任統治」や「国際連盟」、「南洋庁」などといった近接項目から、南洋群島統治に関連する文書を探し出す必要がある[29]。

そして、国立国会図書館（東京都千代田区）の憲政資料室には、『南洋庁関係文書（*Nan'yocho Documents*）』として、マイクロフィルム化されたアメリカ議会図書館所蔵の史料が収蔵されており、南洋庁が作成した公文書を中心とする計六二一本のマイクロフィルムの詳細は、憲政資料室備え付けの目録から辿ることが可能になっている。そのほか、ハワイ大学ハミルトン図書館には、南洋庁が作成した「南洋庁公報」の一部が所蔵されている。このように、日本による南洋群島統治と関係した文字史料は、日本国外にも存在しており、例えば、今泉がアメリカ議会図書館所蔵の史料に依拠しながら、朝鮮から南洋群島への移民の概要を整理するなど[30]、在外の新史料発掘およびそれに依拠した研究の進展が、近年においていくつか認められる。

その他、琉球大学附属図書館（沖縄県中頭郡）を、国内の有力な南洋群島関連史料所蔵機関として挙げることができよう。同図書館は、一九三三年と三四年に南洋群島を訪れ、三五年に『南洋群島の研究』[31]を記した、矢内原忠雄の蔵書や自筆原稿、ノート類から構成される「矢内原忠雄文庫」を保有しており、そのなかでも特に、南洋群島に関係した史料が「矢内原忠雄文庫植民地関係資料画像データベース」として電子データ化され、インターネット上で閲覧することが可能になっている[32]。また、アジア会館内に設置されているアジア太平洋資料室（東京都港区）には、日本統治下南洋群島で生まれ育った山口洋兒氏が個人的に収集した、書籍を中心とする多数の南洋群島関連史料が収めら

35	南洋群島関係20	アンガウル燐鉱関係一		日独戦書T 3 -35-492
36	南洋群島関係21	アンガウル燐鉱関係二止		日独戦書T 3 -36-493
37	南洋群島関係22	南洋渡航関係一	便乗者モ含ム	日独戦書T 3 -37-494
38	南洋群島関係23	南洋渡航関係二	便乗者モ含ム	日独戦書T 3 -38-495
39	南洋群島関係24	南洋渡航関係三	便乗者モ含ム	日独戦書T 3 -39-496
40	南洋群島関係25	南洋渡航関係四	便乗者モ含ム	日独戦書T 3 -40-497
41	南洋群島関係26	南洋渡航関係五止 アンガウル島占領陸戦隊詳報 南洋軍事占領地ノ軍政ニ関スル件 ヤツプ島ニ関スル顛末 日英協同作戦ニ関スル商議 独領南洋諸島ニ於ケル無線電信所ニ関スル記録 南洋燐鉱株式会社ニ関スル記録 北太平洋マリアナ群島事業価値ノ件 雑	渡航者一件	日独戦書T 3 -41-498
42	南洋群島関係27	内外人渡航関係		日独戦書T 3 -42-499
43	南洋群島関係28	外事関係一		日独戦書T 3 -43-500
44	南洋群島関係29	外事関係二		日独戦書T 3 -44-501
45	南洋群島関係30	外事関係三止 南洋観光団関係		日独戦書T 3 -45-502
46	南洋群島関係31	遭難救難関係 運輸交通		日独戦書T 3 -46-503
47	南洋群島関係32	敵国政府及敵人等特殊財産管理関係一		日独戦書T 3 -47-504
48	南洋群島関係33	敵国政府及敵人等特殊財産管理関係二		日独戦書T 3 -48-505
49	南洋群島関係34	敵国政府及敵人等特殊財産管理関係三止		日独戦書T 3 -49-506
50	南洋群島関係35	教育関係 燐鉱関係 諸証明書関係		日独戦書T 3 -50-507
51	南洋群島関係36	臨時南洋群島防備隊撤退関係一		日独戦書T 3 -51-508
52	南洋群島関係37	臨時南洋群島防備隊撤退関係二	南洋庁へ引渡物件目録	日独戦書T 3 -52-509
53	南洋群島関係38	臨時南洋群島防備隊撤退関係三止	南洋庁へ引渡物件目録	日独戦書T 3 -53-510
54	南洋群島関係39	パラオ島ニ於ケル鉱物ノ件 雑件		日独戦書T 3 -54-511

出典）筆者作成（2008年４月）。

注）空欄は、当該箇所に題目が存在しないことを意味する。
第41巻の「南洋群島関係26」、「南洋渡航関係五止」、「渡航者一件」にのみ、「大正七、八、九年」という第四題目が記載されている。

表6－1 防衛省防衛研究所所蔵『大正戦役戦時書類』題目一覧

巻	題目1	題目2	題目3	請求番号
16	南洋群島関係1	施設経営一		日独戦書T3-16-473
17	南洋群島関係2	施設経営二止	南洋占領諸島ニ関する覚書	日独戦書T3-17-474
18	南洋群島関係3	行政関係一		日独戦書T3-18-475
19	南洋群島関係4	行政関係二止		日独戦書T3-19-476
		居留民保護		
		救助救恤品	ロタ島土人救助及東ガム島	
			米国赤十字社ヨリ救恤品	
		運輸通信	附需品ニ関スル件	
20	南洋群島関係5	密猟		日独戦書T3-20-477
		外国人動静		
		艦船	行動其他出入	
21	南洋群島関係6	南洋群島守備隊関係		日独戦書T3-21-478
22	南洋群島関係7	企業関係一		日独戦書T3-22-479
23	南洋群島関係8	企業関係二止		日独戦書T3-23-480
24	南洋群島関係9	営業関係		日独戦書T3-24-481
25	南洋群島関係10	諸情報		日独戦書T3-25-482
26	南洋群島関係11	諸報告一		日独戦書T3-26-483
27	南洋群島関係12	諸報告二		日独戦書T3-27-484
		防備隊現況概要報告		
28	南洋群島関係13	諸報告三		日独戦書T3-28-485
		巡航視察航海報告		
29	南洋群島関係14	諸報告四(南洋群島調査報告)		日独戦書T3-29-486
	南洋群島調査報告	土屋海軍中将一行		
30	南洋群島関係15	雑件		日独戦書T3-30-487
		別冊	大正五年南洋防備隊公報一	
			大正六年　〃　一	
			大正七年　〃　一	
			大正八年　〃　一	
			大正九年　〃　一	
			大正十年　〃　一	
			大正八、九、十、十一年民政部公報一	
31	南洋群島関係16	敵国人退島関係一		日独戦書T3-31-488
32	南洋群島関係17	敵国人退島関係二止		日独戦書T3-32-489
33	南洋群島関係18	布教関係一		日独戦書T3-33-490
34	南洋群島関係19	布教関係二止		日独戦書T3-34-491

表6－2　防衛省防衛研究所所蔵『自大正三年至大正九年戦時書類附属』題目一覧

巻	題目1	題目2	題目3	請求番号
1	日独戦役講和	準備委員会会議録		日独戦書T 3 -241-698
2	南洋群島関係 1	臨時南洋群島防備隊現況概要		日独戦書T 3 -242-699
3	南洋群島関係 2	南洋庁設置ニ関スル諸法令		日独戦書T 3 -243-700
4	南洋群島関係 3	南洋群島民政費所属工作物目録 南洋群島ニ関スル参考書類		日独戦書T 3 -244-701
5	南洋群島関係 4	南洋防備隊	南洋諸島ニ関スル調査報告	日独戦書T 3 -245-702
6	南洋群島関係 5	臨時南洋群島防備隊公報	大正三年一二月以降 大正四年六月迄	日独戦書T 3 -246-703
7	南洋群島関係 6	臨時南洋群島防備隊公報	大正四年七月以降	日独戦書T 3 -247-704
8	南洋群島関係 7	臨時南洋群島防備隊公報	大正五年	日独戦書T 3 -248-705
9	南洋群島関係 8	臨時南洋群島防備隊公報	大正六年	日独戦書T 3 -249-706
10	南洋群島関係 9	臨時南洋群島防備隊公報	大正七年	日独戦書T 3 -250-707
11	南洋群島関係10	臨時南洋群島防備隊公報	大正八年	日独戦書T 3 -251-708
12	南洋群島関係11	臨時南洋群島防備隊公報	大正九年	日独戦書T 3 -252-709
13	南洋群島関係12	臨時南洋群島防備隊公報	大正十年	日独戦書T 3 -253-710
14	南洋群島関係13	臨時南洋群島防備隊民政部公報	大正九年	日独戦書T 3 -254-711
15	南洋群島関係14	臨時南洋群島防備隊民政部公報	大正八年	日独戦書T 3 -255-712
16	南洋群島関係15	臨時南洋群島防備隊民政部公報	大正十年	日独戦書T 3 -256-713
17	南洋群島関係16	臨時南洋群島防備隊民政部公報	大正一一年	日独戦書T 3 -257-714
18				日独戦書T 3 -258-715
29	臨時南洋群島防備隊民政 例規			日独戦書T 3 -259-716

出典）筆者作成（2008年4月）。
注）空欄は、当該箇所に題目が存在しないことを意味する。
　第18巻には、主に南洋群島の様子を撮影した写真が所収されている。
　第19巻から第28巻に関しては、現時点で存在を確認することができていない。

れている[33]。

二　文字史料の復刻状況

さてここで、委任統治期に作成された南洋群島関連刊行物の復刻状況についても触れておきたい。その先鞭を付けたのは、一九八二年に復刻された三八年発行の『南洋群島教育史』であると言え、それからしばらく時間をおいてから、一九三三年から四一年にかけて作成された『南洋庁統計年鑑』や、二二年から三八年にかけて作成された『日本帝国委任統治地域行政年報』、三二年に作成された『南洋庁施政十年史』と、南洋庁による委任統治行政に関する刊行物の復刻が相次いだ[34]。

そして、これまでにたびたび触れてきた中島敦や土方久功による作品集が公刊される一方で[35]、近年においては、南洋興発関連の刊行物や[36]、南洋群島住民児童に対する日本語教育の際に使用された教科書『国語読本』のほか[37]、南洋群島で主に農業調査を行った上原轍三郎による著作、一九三〇年以降に南洋群島と深く関わった大宜味朝徳によるいくつかの著作が復刻されるなど[38]、委任統治期南洋群島の状況を把握する上で有益な史料の復刻が、多面的に展開されている。

また、南洋群島において統治行政に関わったり、一般市民として南洋群島生活を送った人々による手記や回顧録、南洋群島で終戦を迎え、収容所を経て日本国内へ引き揚げた人物に関するルポルタージュなどがいくつかまとめられている点も、あわせて指摘しておきたい[39]。しかしながら、公文書、私文書、書籍、復刻史料といった日本による南洋群島統治に関わる文字史料の絶対量は、他の日本植民地と比較して、圧倒的に少ないと言わざるを得ない状況にある。

三　沖縄における取り組み

ところで、前節で整理したように、委任統治期を中心に沖縄から南洋群島へ渡った多数の労働移民とその周辺に言及した研究成果の蓄積が、今日における南洋群島研究のひとつの特徴となっている。そして、今日の沖縄では、そうした南洋群島とのあいだの歴史的な関わりについての史料収集および整理公表が積極的に推し進められており、南洋群島研究の環境という観点からは、看過できない状況が形成されている。

その端的な例が、沖縄県教育委員会が一九九五年から刊行を開始した、『沖縄県史』における取り組みであろう。一連の『沖縄県史』のなかで、南洋群島と直接関係した巻はいくつかあり、例えばそこには、テニアンにおける移民の生活振りや収容所での様子を撮影した写真、南洋庁および南洋興発関係者の名簿や学校関係の書類、戦時下のパラオにおける現地応召者名簿、サイパンおよびテニアンの収容所関連史料、戦後沖縄への引き揚げ者名簿、テニアン収容所の捕虜名簿、サイパンに建設された民間人収容所を取り上げた写真集の翻訳などが収録されており、日本統治期のみならず、アメリカ軍統治下の南洋群島において沖縄からの移民を取り巻いていた状況についても、窺い知ることができる(40)。

そのほかにも、具志川市教育委員会が発行した『具志川市史』に代表されるように、市レベルでの南洋群島への移民の実態把握に関する調査も進められており(41)、近年の沖縄では、南洋群島との歴史的関わりへの注目がより高まっていると言えよう。

そして、先に指摘したとおり、琉球大学附属図書館が矢内原忠雄文庫を整備し、また、近年においてその著作が復刻されている大宜味朝徳は、一九三九年にパラオに移住し、戦後は沖縄で親米的な政治活動を行った、沖縄生まれの人物である(42)。このように、今日、南洋群島研究に取り組む上で、あるいは、南洋群島研究を取り巻く環境を整理する上で、「沖縄」という存在を避けて通ることは難しい。

四　研究動向との関わり

最後に、前節で整理した南洋群島研究に関する動向と、本節で整理した南洋群島研究を取り巻く環境についてまとめておくと、まず、他の日本植民地と比較し、南洋群島研究の進度が圧倒的に立ち後れている原因のひとつとして、依拠可能な文字史料の少なさを指摘することができる。同様に、他の日本植民地では中心的な研究課題と言ってよい、経済史的アプローチが南洋群島研究においてほとんど見られないことの背景にも、こうした文字史料の貧弱さという環境が介在していると考えられる。

また、軍政期よりも委任統治期を扱った研究活動のほうが活発であると書いたが、そのひとつの背景として、外務省外交史料館のみならず日本国外にも点在する関連史料や、近年において積極的に進められている刊行物の復刻作業などといった、参照可能な文字史料の存在を指摘することができよう[43]。さらに、日本統治下南洋群島における教育に関連する事象を網羅的に整理した、『南洋群島教育史』が比較的早い時期に復刻されたことは、委任統治期を中心とした南洋群島住民児童に対する教育政策をめぐる研究成果の進展に、少なからず寄与したと言える。他方、軍政期に関する研究も、微少ながら継続的に一定の成果を提示し続けており、その一因を、防衛省防衛研究所における関連史料の所蔵状況に求めることができる。

そして、すでに指摘したとおり、日本語教育を受けた住民への聞き取り調査が一定の成果を挙げているように、あるいは、日本統治下で成立し定着していった建築物や日本語歌謡といった事象およびそれらの残存状況に目が向けられているように、特に、一九九〇年代半ば以降の南洋群島研究において、非文字史料への着目や、それまで一般的ではなかった研究対象への接近が看取されるようになった。このような動向の背景には、オーラルヒストリーの台頭や社会・文化的現象への着目といった、学問世界一般における潮流の影響が確かに指摘できようが、南洋群島研究に関しては、関連する文字史料の僅少さという環境もまた、同時に作用したと考えられる。

加えて、南洋群島研究は、これまでに沖縄を媒介とする多数の研究成果を蓄積し、同様に沖縄は、特に近年において、自らと南洋群島とのあいだの歴史的な関係を自覚的に取り上げるようになってきた。これまで何度も触れているように、労働移民という現象を軸に深く関わった沖縄と南洋群島の関係性を踏まえれば、沖縄と関連した研究の蓄積と沖縄における歴史の「自覚」という、南洋群島研究史上における局面に必然性を見出すことは容易く、さらに言うならば、これらふたつの出来事のあいだには、相互補完的な関係を指摘することができる。しかしながら、このことは、現在の日本国内において、沖縄とそれ以外の地域とでは、南洋群島という存在に対する圧倒的な関心の差が生じていることをも、同時に意味しているのである。

第三節　研究の方向性

一　史料への着目

ここまで整理してきた、南洋群島研究をめぐる動向および環境に関する知見を踏まえつつ、南洋群島研究の今後の課題や方向性を示すならば、まず、関連する文字史料のさらなる発掘が挙げられる。既述のとおり、現時点における日本による南洋群島統治に関する文字史料の絶対量は、他の日本植民地と比較してごく僅かでしかないが、文字史料発掘に際して求められるのは、例えば、加藤聖文が指摘するような、「敗戦＝公文書の大規模かつ徹底的な廃棄」といった図式を自明視することなく、現存する公文書の成立過程および公文書が含まれた私文書の残存可能性を追求していくという姿勢であろう[44]。

また、すでに指摘したとおり、南洋群島統治に関する文字史料の所在は、日本国内にとどまらない。先に在米史料について簡単に言及したが、近年では、これまであまり積極的に進められてこなかった、ミクロネシア各地に現存する史料の発掘も、いくらかの進展を見せている。より具体的には、飯島が今日のパラオに残存する南洋庁作成の公文書および土地台帳の発掘に成功しており[45]、こうした試みは今後も継続して行われる必要があるが、飯島も主張するように、日本統治時代に作成された公文書の発掘のみならず、それらの公文書が、現在のミクロネシア社会においていかなる役割を果たしているのかについても、注意を払っていかねばならない[46]。

同時に、非文字史料の存在や、日本による統治が南洋群島にもたらした社会・文化的影響にも引き続き着目していくべきである。すでに指摘したように、近年、オーラルヒストリーや社会史または文化史的アプローチによる南洋群島研究が一定の成果を挙げつつあるが、今後、日本による南洋群島統治という事実が、オーラルヒストリーの担い手たちにとっていかなる「意味」を持っているのか、あるいは、かつての南洋群島に今日もなお残存する日本統治時代の「痕跡」を通じて、単なるそれらの連続性のみならず、現在のミクロネシア社会において日本統治という「経験」がどのように位置づけられているのか、といった事柄がより一層明確にされる必要がある。

こうした観点から具体的に指摘し得るのは、例えば、アジア太平洋戦争での体験を、かつての南洋群島住民が今日においてどのように語っているのか、ないしは、今日のミクロネシア各地で使用されている歴史教科書のなかで、日本による統治時代がどのようなかたちで取り上げられているのか、などといった視点から、現代ミクロネシアにおける日本統治時代の「位置」についての分析を試みるような態度であろう[47]。

二　未着手領域への着目

また、南洋群島への移民を扱った既往研究の動向を整理するなかで、今泉は、一九三〇年代後半以降の分析や、南洋興発および製糖業以外の要因への着目が手薄であると指摘した上で、これらの事象が、南洋群島統治政策の推移のなかにどのように位置づけられるかをも、明らかにしなければならないとする[48]。さらに、今泉は続けて、南洋群島への移民がいかなる国際的条件の下で遂行されたのか、南洋群島における「日本人」としての「意識」がいかに形成され変遷したのか、移民を送り出した地域の性質はいかに南洋群島社会に影響を与えたのか、南洋群島への移民が獲得した技術や人間関係が戦後においていかなる役割を果たし得たのか、などといった、これから取り組まれるべき課題を列挙している[49]。

無論、このように未だ明らかにされていない領域への着手も、今後の南洋群島研究における大きな課題である。ここでひとつの事例を挙げるならば、アメリカ軍による南洋群島占領後に、南洋群島各地に設置された収容所の存在を指摘することができよう。すでに見たように、『沖縄県史』で収容所についてはたびたび触れられているが、今泉が『沖縄県史』に寄せた「解題」のなかで、収容所に関する「事実認定やその評価は、今後の研究によって修正が加えられるべきことをあえて強調しておきたい」と書いているように[50]、アメリカ軍によって設置された収容所をめぐる諸相については、現時点で未解明の部分が少なくない。

確かに、南洋群島各地に収容所が設置されたのはアメリカ軍占領下のことであって日本統治時代ではない、と言うことはできる。しかしながら、各収容所には、主に委任統治期に南洋群島へ移住した、日本人や沖縄出身者、朝鮮人などの民間人が多く抑留されており、こうした民間人のほとんどが、後に、それぞれの出身地域へと引き揚げていった。先に指摘したとおり、南洋群島居住者の引き揚げについては今泉がすでに論じているが、その前段階としてあった収容所での生活や、そこで成立した社会関係などの詳細が究明されれば、南洋群島からの引き揚げおよびその後の状況を、より明確に位置づけることが可能になろう。

三　視点の多様化への着手

そして、南洋群島と他の日本植民地とのあいだに見受けられる関係性も、今後さらなる検討が必要な領域であると言える。すでに、今泉が朝鮮から南洋群島への移民について指摘し、二〇〇七年刊行の『南洋群島と帝国・国際秩序』のなかで、台湾および朝鮮と南洋群島の関係が遡上に載せられているように[51]、近年において、南洋群島と他の日本植民地との関わりに着目したいくつかの研究成果が散見されるものの、そこで十分な議論がし尽くされているとは言い難い。

このような、南洋群島と他の日本植民地とのあいだの連続性や相互性、同時代性といった視点を今後より明確にしていくことにより、これまでの南洋群島研究において主流であった、沖縄を含めた「内地」との関係のみから、日本統治下南洋群島の位置づけを論じようとする試みは、その視座の再考を余儀なくされることとなろう。こうした観点に依拠するならば、南洋群島のみならず、他の日本植民地とも関係した矢内原忠雄や上原轍三郎、高岡熊雄といった植民学者を媒介として、南洋群島とその他の日本植民地を関連づけて横断的に論じることもまた、可能であろうし[52]、これまでは、一九三六年八月の「国策の基準」および「帝国外交方針」によって承認された「南進政策」という側面のみから指摘されてきた、日本の国策上における南洋群島の位置づけに対し、新たな一知見を追加することができるかも知れない[53]。いずれにせよ、日本統治下南洋群島はその単体だけで成立し得たのではなく、他の日本植民地との相互作用のなかで規定される局面があったことを、看過してはならない。

また、今日の日本における南洋群島という存在の位置づけについても、今後はより自覚的になる必要があろう。他の日本植民地と比較して、南洋群島研究の成果が圧倒的に少ないことはこれまでに何度も指摘したが、こうした状況の背景には、依拠可能な文字史料の貧弱さのみならず、沖縄を除く現代日本における南洋群島への関心の低さや、それに伴う研究従事者の僅少さも、ある程度は介在していると考えられる。特に、南洋群島研究への従事者について言うならば、その増加は単に、関連する研究成果が増大していくことだけではなく、これまで今泉ひとりに集中しがちであって、結果的に一定の偏りを見せるに至っている、日本統治下南洋群島を取り上げる際の課題設定や問題意識といった研究上の視座を、さらに多様で広範囲なものへと拡大していくことをも、同時に意味しよう。

四　南洋群島研究の新たな課題

最後に、本章の冒頭で引用した、一九九三年に今泉によって示された南洋群島研究の課題へ立ち戻り、執筆から一〇年以上が経過した現在において、一連の南洋群島研究はいかなる点で議論を深めることができたのか、そして、そこで示された知見はどのような問題意識を新たに形成していっているのか、といった点についてまとめておきたい。

第一の点、すなわち統治政策の実証分析と多角的な視点からの再評価という点に関しては、第一節で整理したように、今泉自身による研究成果も含め、特に、委任統治期における日本語教育を中心とした住民統治政策や、南洋興発の動向を主軸とした経済政策に関する知見が多く蓄積された。また、軍政期を取り上げた研究のいくつかは、日本に先立つ南洋群島統治者であるドイツ時代における統治政策と、防備隊による住民政策の連続性に注意しながら、議論を進めている。しかしながら、警察、衛生、通信などのように、既存の研究が着手していない南洋群島統治に関わる政策も未だ存在しており、今後、既存史料の再解釈や新史料の発掘などによる、さらなる知見の更新が期待される。

第二の点、すなわち各時期の外政、内政および日本の他の植民地政策との有機的連関についてであるが、前者の外政および内政に関しては、パリ講和会議における南洋群島の委任統治地域化および一九三三年の日本による国際連盟からの脱退宣言周辺といった、国際連盟との関わりを軸とする議論が、重点的に行われてきたと言える。一方で、後者の他の日本植民地に対する政策との関係については、上で指摘したように、近年においてようやく緒に就き始めたばかりと言わざるを得ないが、もはや、南進政策や台湾との関わりのみにこだわる必要がないことは、明らかである。また、日本の内政と南洋群島統治の関係性について述べるならば、今後の研究は、内政のあり方がいかに南洋群島統治のあり方に影響を与えたのか、という点のみならず、南洋群島という存在がいかなるかたちで日本の国内情勢に影響をおよぼしたのか、といった点に関しても、より意識的になるべきであろう。

第三の点、すなわち現地住民や日本人移住者と統治の相関関係という課題に関しては、これまでに何度も指摘したように、委任統治期を中心に、南洋群島住民に対する教育政策や、南洋興発を媒介とした沖縄からの労働移民に関する研究が、著しい進展を見せるに至っている。その他、このところの傾向としては、防備隊あるいは南洋庁が採用した、一部の南洋群島住民有力者を為政者側に組み込むことによって一般住民に対する間接的な統治を行う、といった仕組みについての究明が徐々に進められているものの、未だ明らかにされていない部分は少なくない。

そして、近年においては、オーラルヒストリーや社会史・文化史的アプローチが積極的に試みられることにより、日本統治時代と現代とのあいだの連続性をめぐる関心が高まってきている。しかし、先に述べたように、そこで留意すべきは、日本による統治という経験が今日のミクロネシア社会においていかなる意味を持っているのか、さらには、北マリアナ諸島、マーシャル諸島共和国、ミクロネシア連邦共和国、パラオ共和国と分割して独立したかつての南洋群島において、日本統治という出来事がそれぞれ均質的に受け入れられているのか否か、あるいは、かつての南洋群島がこのようにそれぞれ独立を果たした背景に、日本統治の経験や事実はいかなるかたちで関わっていたのか、などといった視点を意識して確立することであろう。

また、こうした観点に立つならば、逆に、現代日本における南洋群島の位置づけに注意することも必要となる。例えば、近年においても定期的にミクロネシア各地を訪れている、アジア太平洋戦争戦死者慰霊団などといった現象は、南洋群島という存在やそこでの経験が、現代の日本においていかなる意味を有しているのかを理解するための、ひとつの糸口となり得よう。この点に付け加えると、先に、沖縄を除く現代日本における南洋群島に対する関心の低さについて指摘したが、そもそも、今日の日本において看取される南洋群島への「無関心さ」という状況自体こそが、現代日本における南洋群島の位置を把握する上で、考察されるべき局面であるとも言える。

確かに、今泉が研究動向を執筆した一九九三年と比較すると、南洋群島研究の成果は大幅に飛躍し、二〇〇七年には、南洋群島を主題とする論文集が刊行されるに至った。しかしながら、例えば、ここのところ立て続けに刊行された『岩波講座 「帝国」日本の学知』および『岩波講座 アジア・太平洋戦争』のなかには、南洋群島と直接関係した論考がひとつとして含まれていない。今後の南洋群島研究の方向性を論じていく上では、こうした現実もまた、直視されなければならない。

おわりに

一　南洋群島研究に対する評価

日本植民史研究は、その分析対象を日本帝国主義の支配した全植民地としなければならない。最近の日本植民史研究は台湾、朝鮮、満州の三植民地に、その検討対象を限定し、中国本部と南方諸地域を除外している。これでは、日本帝国主義の植民地支配の全体像を総体として把握することはできない[54]。

日本植民地研究史上におけるメルクマールのひとつとして、たびたび取り上げられる一九七五年の論考、「日本植民史研究の現状と問題点」のなかで浅田喬二は、日本による台湾、朝鮮、満州支配に関する既存研究の動向を、土地支配、金融・財政支配、鉄道支配という観点から整理した上で、このように述べる。先にまとめたとおり、この論考が上梓された七五年の時点では、南洋群島研究がほとんど蓄積されておらず、結果的に、浅田の考察対象には南洋群島研究が含まれていない。上記の指摘は、こうした状況に鑑みたものであって、浅田は続いて、「南洋諸島《ママ》」を含めた「日本帝国主義の全植民地」を「日本植民史研究の分析対象としなければならない」、と繰り返す[55]。

この浅田による指摘の二〇数年後、すなわち、南洋群島研究が一定の進展を見せた二〇〇一年には、柳沢遊と岡部牧夫が、一九六〇年代後半から九〇年代にかけての日本植民地研究に関する動向を、時系列的に整理している。しかしながら、そこでは、浅田による指摘以降、ある程度の知見を蓄積してきた南洋群島研究に対して、具体的な言及がなされなかった[56]。つまり、柳沢と岡部は、動向整理に先立って、日本植民地研究の対象地は南洋群島を包含する広範囲におよぶと指摘しつつも[57]、八〇年代から九〇年代にかけていくつかの知見を提示してきた南洋群島研究が、日本植民地研究全体の動向に対して果たしたであろう寄与について、明確な評価を下すに至らなかったのである。

二　南洋群島経由の日本植民地研究へ

浅田による問題提起を受けつつも、そして、近年において南洋群島研究が一定の進展を見せつつも、日本植民地研究史上における南洋群島研究の位置づけが明確化されないことの要因については、今泉による指摘が示唆に富む。つまり、今泉によると、南洋群島住民本位の委任統治制度およびそれにもとづく統治実績に対する肯定的評価が相俟って強調されることにより、日本による南洋群島統治から、軍政期および国際連盟脱退宣言以後の期間が看過され、また、「南洋群島統治は日本の他の植民地経営とは異なるものと位置づけられてきた[58]」。

しかし、今後の日本植民地研究は、委任統治制度にもとづく統治期間を多く含み、軍政期、委任統治期、国際連盟脱退宣言以降と、それぞれ統治のあり方を推移させていったという、日本による南洋群島支配の「異質性」や「特殊性」を前提とした上で、近代日本における帝国主義ないしは植民地支配の全体像に関わる議論を、南洋群島を含めたかたちで進めていくべきであろう。周辺地域へ徐々に進出していった近代日本の版図には、間違いなく、南洋群島という場所が含まれていたのであって、換言するならば、総体としての大日本帝国は、台湾、朝鮮、満州、樺太、東南アジアなどといった日本植民地およびそこでの支配・占領体制のみならず、南洋群島とそれに対する統治体制という局面をも、確かにその成立要件のひとつとしていたはずである。

一方で、これまでの整理からも明らかなとおり、先に示した浅田の論考に代表されるような、土地支配や金融・財政支配、鉄道支配などといった、従来の日本植民地研究が大きく依拠してきた枠組みだけでは、日本統治下南洋群島を十分に検討することはできない。同様に、他の日本植民地を対象とする研究によって導出された分析概念を、無批判的に南洋群島へ当てはめて考察を行うことには、一定の留意を要しよう[59]。つまり、日本植民地研究による考察の範疇に、南洋群島が含まれることを改めて認識すべきであるという本章の主張は、これまでの日本植民地研究において流通してきた理論的視座をさらに更新し、洗練させるための機会提示にも繋がり得る。

すなわち、これまで研究成果の蓄積が立ち後れてきた、南洋群島の存在を経由することにより、日本植民地研究という知的活動は、新たな段階へと歩を進めることが可能になるのだ。逆に言うならば、南洋群島の存在が欠落し続ける限り、「日本植民地研究」という名の下で行われる営みは十分なものにはなり得ないのであって、また、日本植民地研究という領域における南洋群島の「不在」は、結局、「日本植民地研究」とは何か、あるいは「日本植民地研究」は何を明らかにし得るのか、といった問いを顕在化させるのみである。以上のような、「日本植民地研究」そのものを捉え直すという文脈において、日本統治下南洋群島およびそれをめぐる研究成果が果たし得る役割は、決して小さいものではない。

謝辞

本章で言及した、国立国会図書館所蔵史料および矢内原忠雄文庫植民地関係資料画像データベースの存在、ハワイ大学ハミルトン図書館所蔵史料の存在、防衛省防衛研究所所蔵史料の成り立ちについてはそれぞれ、竹野学氏、熊本県立大学の辻原万規彦先生、防衛省防衛研究所史料閲覧室より、ご教示を賜った。この場を借りて、厚く御礼申し上げたい。

注

（1）以下、日本統治下南洋群島について取り上げた研究を「南洋群島研究」と表記する。

（2）以下、近代日本が獲得した植民地あるいは占領地を「日本植民地」と表記する。

（3）今泉裕美子「南洋群島」（大江志乃夫ほか編『岩波講座近代日本と植民地　第四巻（統合と支配の論理）』岩波書店、一九九三年に所収の金子文夫編「戦後日本植民地研究史」の一項目）三一二頁。

（4）同前稿、三一四頁。

（5）本章の記述は、筆者がかつて執筆した南洋群島研究に関する動向整理と、それを敷衍して行った口頭報告の内容に大きく依拠している。千住一「日本による南洋群島統治に関する研究動向」（『日本植民地研究』第一八号、二〇〇六年）。千住一「日本植民地研究の現状と課題―南洋群島」（日本植民地研究会第一四回全国研究大会、二〇〇六年六月二五日）。

（6）以下、臨時南洋群島防備隊を「防備隊」と略記する。

（7）この行政区画は、一九一九年三月の一部修正を経て、一九二二年四月から開始された南洋庁による統治期へと引き継がれることとなるが、民政区という名称は「支庁」に変更された。

（8）以下、一九二二年三月までの防備隊による統治期間を「軍政期」、一九二二年四月以降の南洋庁による統治期間を「委任統治期」

と、それぞれ表記する。

（9）現在では、ポナペは「ポンペイ」に、トラックは「チューク」に、それぞれ改称されている。

（10）義井博「第一次世界大戦中の山東および南洋諸島にかんする日本の秘密協定についての一考察」（『軍事史学』第六号、一九六六年）。中村美子「ヤップ論争―一九二〇年代日米関係の一例として」（『アメリカ研究』第四号、一九七〇年）。濱川勝彦「中島敦の南洋行」（『国語国文』第四一巻一二号、一九七二年）。

（11）我部政明「日本のミクロネシア占領と『南進』（一）―軍政期（一九一四年から一九二二年）を中心として」（『法学研究』第五五巻七号、一九八二年）。同「日本のミクロネシア占領と『南進』（二・完）―軍政期（一九一四年から一九二二年）を中心として」（『法学研究』第五五巻八号、一九八二年）。安倍惇「日本の南進と軍政下の植民政策―南洋群島の領有と植民政策（一）」（『愛媛経済論集』第五巻一号、一九八五年）。同「南洋庁の設置と国策会社東洋拓殖の南進―南洋群島の領有と植民政策（二）」（『愛媛経済論集』第五巻二号、一九八五年）。神山晃令「日本の国際連盟脱退と南洋群島委任統治」（近代外交史研究会編『変動期の日本外交と軍事』原書房、一九八七年）。同「日本の国際連盟協力終止と南洋群島委任統治」（『外交資料館報』第二号、一九八九年）。福田須美子「芦田恵之助の南洋群島国語読本」（『成城文藝』第一二六号、一九八九年）。

（12）Peattie, Mark R. *Nan'yō: The Rise and Fall of the Japanese in Micronesia, 1885-1945*, University of Hawaii Press, 1988. なお、以下は、同書の内容を要約したものである。マーク・R・ピーティ（我部政明訳）「日本植民地支配下のミクロネシア」（大江志乃夫ほか編『岩波講座 近代日本と植民地 第一巻（植民地帝国日本）』岩波書店、一九九二年）。

（13）今泉裕美子「日本の軍政期南洋群島統治（一九一四―二二）」（『国際関係学研究』第一七号別冊、一九九一年）。同「南洋興発（株）の沖縄県人政策に関する覚書―導入初期の方針を中心として」（『沖縄文化研究』第一九号、一九九二年）。同「南洋群島委任統治政策の形成」（前掲『岩波講座 近代日本と植民地』第四巻）。同「国際連盟での審査にみる南洋群島現地住民政策―一九三〇年代初頭までを中心に」（『歴史学研究』第六六五号、一九九四年）。同「南洋庁の公学校教育方針と教育の実態―一九三〇年代を中心に」（『沖縄文化研究』第二二号、一九九六年）。同「サイパン島における南洋興発株式会社と社会団体」（波形昭一編『近代アジアの日本人経済団体』同文舘出版、一九九七年）。

（14）平間洋一『第一次世界大戦と日本海軍―外交と軍事との連接』慶應義塾大学出版会、一九九八年、五七～七〇頁。稲田真乗「日本海軍とミクロネシアのドイツ領諸島―第一次世界大戦への参戦と対米戦略を巡って」（多賀秀敏編『国際社会の変容と行為体―普及版』成文堂、一九九九年）。等松春夫「日本の国際連盟脱退と南洋群島委任統治問題をめぐる論争　一九三二―三三」（『法研論集』第六六号、一九九三年）。同「南洋群島委任統治継続をめぐる国際環境一九三一―三五―戦間期植民地支配体制の一断面」（『国際政治』一二二号（両大戦間期の国際政治）一九九九年）。福田須美子「旧南洋群島における皇民化教育の実態調査（一）―サイパン・パラオにおける聞き取り調査」（『成城学園教育研究所研究年報』第一七号、一九九四年）。宮脇弘幸「旧南洋群島における皇民化教育の実態調査（二）―マジュロ・ポナペ・トラックにおける聞き取り調査」（『成城学園教育研究所研究年報』第一七号、一九九四年）。同「旧南洋群島における日本化教育の構造と実態及び残存形態」（『人文社会科学論叢』第四号、一九九五年）。由井紀久子「旧南洋群島公学校における日本語教育の諸問題」（『無差』第五号、一九九八年）。橋本正志「中島敦『マリアン』論―〈南洋島民〉の虚像と実像」（『論究日本文学』第六七号、一九九七年）。遠藤央「表象のたたかい―ミクロネシア、パラオをめぐるオリエンタリズム」（春日直樹編『オセアニア・オリエンタリズム』世界思想社、一九九九年）。

(15) 山口修「歌のなかの植民地」（大江志乃夫ほか編『岩波講座近代日本と植民地　第七巻（文化のなかの植民地）』岩波書店、一九九三年）。坂野徹「パラオ熱帯生物研究所―その誕生から終焉まで」（『化学史研究』第二二巻三号、一九九五年）。佐藤弘毅「戦前の海外神社一覧I―樺太・千島・台湾・南洋」（『神社本庁教学研究所紀要』第二号、一九九七年）。高村聰史「南洋群島における鳳梨産業の展開と『南洋庁移民』―パラオ・ガルミスカン植民地（朝日村）の事例を中心として」（『史学研究集録』第二三号、一九九八年）。同「南洋群島における鰹節製造業」（『日本歴史』第六一八号、一九九九年）。

(16) 今泉裕美子「南洋群島委任統治における『島民ノ福祉』」（『日本植民地研究』第一三号、二〇〇一年）。同「南洋へ渡る移民たち」（大門正克、安田常雄、天野正子編『近現代日本社会の歴史―近代社会を生きる』吉川弘文館、二〇〇三年）。同「南洋群島経済の戦時化と南洋興発株式会社」（柳沢遊、木村健二編『戦時下アジアの日本経済団体』日本経済評論社、二〇〇四年）。

(17) 石川朋子「沖縄南洋移民に関する一考察」（『地域文化論叢』第三号、二〇〇〇年）。亀田篤「南洋群島における沖縄県出身者の移動傾向―市町村史・字誌掲載の移民・出稼ぎ体験記録を用いて」（『地域文化論叢』第五号、二〇〇三年）。高原秀介「ウィルソン政権と旧ドイツ領南洋諸島委任統治問題―米・英・日・英自治領の認識と政策的対応をめぐって」（『アメリカ史研究』第二七号、二〇〇四年）。酒井一臣「南洋群島委任統治制度の形成―日豪関係の視点から」（『二十世紀研究』第七号、二〇〇六年）。曽根地之「南洋群島における神社の実態とその展開」（『戦争と平和'03』第一二号、二〇〇三年）。橋本正志「中島敦の教科書編修―旧南洋群島における『公学校国語読本』の第五次編纂について」(『日本語教育』第一二三号、二〇〇四年)。同「旧南洋群島における国語読本第五次編纂の諸問題―その未完の実務的要因を中心に」(『立命館文学』第五九四号、二〇〇六年)。

(18) 今泉裕美子「朝鮮半島からの『南洋移民』―米国議会図書館所蔵南洋群島関連史料を中心に」(『アリラン通信』第三二号、二〇〇四年)。同「南洋群島引き揚げ者の団体形成とその活動―日本の敗戦直後を中心として」(『史料編集室紀要』第三〇号、二〇〇五年)。

(19) 須藤健一「コロニアリズムと文化人類学―文化人類学の思想」(江淵公一・小野澤正喜・山下晋司編『文化人類学研究―環太平洋地域文化のダイナミズム』放送大学教育振興会、二〇〇二年)。坂野徹『帝国日本と人類学者―一八八四―一九五二年』勁草書房、二〇〇五年、三五五~四〇二頁。辻原万規彦「パラオに残る日本委任統治時代の建物」(須藤健一監修・倉田洋二・稲本博編『パラオ共和国―過去と現在そして二一世紀へ』おりじん書房、二〇〇三年)。荒井利子「日本統治時代からパラオ諸島に残る親日感情をめぐって―沖縄県移民の果たした役割」(『移民研究年報』第一一号、二〇〇五年)。飯髙伸五「ガラトゥムトゥンの踊る安里屋ユンター―パラオ共和国ガラスマオ州における「アルミノシゴト」の記憶」(『民俗文化研究』第七号、二〇〇六年)。對馬秀子「八丈島から旧南洋群島・ミクロネシア・北マリアナ諸島への『農業移民』―動態的民族誌として」(『白山社会学研究』第一三号、二〇〇五年)。

(20) 出岡学「南洋群島統治と宗教―一九一四~二二年の海軍統治期を中心にして」(『史学雑誌』第一一二編四号、二〇〇三年)。千住一「日本統治下南洋群島における内地観光団の成立」(『歴史評論』第六六一号、二〇〇五年)。飯髙伸五「日本統治下南洋群島における『島民』村吏と巡警―パラオ支庁マルキョク村の事例分析を通じて」(『日本植民地研究』第一八号、二〇〇六年)。

(21) 浅野豊美編『南洋群島と帝国・国際秩序』慈学出版、二〇〇七年。

(22) 浅野豊美「はしがき」(同前書)三頁。

(23) マーク・R・ピーティ前掲稿「日本植民地支配下のミクロネシア」。今泉裕美子前掲稿「南洋群島委任統治政策の形成」。

(24) マーク・ピーティー(浅野豊美訳)『二〇世紀の日本　四(植民地―帝国五〇年の興亡)』読売新聞社、一九九六年。

(25) 今泉裕美子前掲稿「サイパン島における南洋興発株式会社と社会団体」。マーク・R・ピーティ(大塚健洋訳)「ミクロネシアにおける日本の同化政策」(ピーター・ドウス、小林英夫編『帝国という幻想―「大東亜共栄圏」の思想と現実』青木書店、一九九八年)。今泉裕美子前掲稿「南洋群島経済の戦時化と南洋興発株式会社」。

(26) 南洋群島への移民を扱った既存研究については、今泉が動向整理と課題提示を行っている。今泉裕美子「日本統治下ミクロネシアへの移民研究―近年の研究動向から」（『史料編集室紀要』第二七号、二〇〇二年）。

(27) 本節では取り上げることができないものの、一定の南洋群島関連史料を所蔵する機関として、例えば、国立公文書館（東京都千代田区）やアメリカ国立公文書館が挙げられる。詳しくは、以下を参照のこと。屋比久守・福薗宣子「旧南洋群島関係資料所在について」（『史料編集室紀要』第二八号、二〇〇三年）。

(28)『大正戦役戦時書類』については、*Microfilm Reproductions of Selected Archives of the Japanese Army, Navy, and Other Government Agencies, 1868-1945* として、マイクロフィルム化されている。マイクロフィルムの目録としては、以下がある。『旧陸海軍関係文書目録』軍事史研究会、発行年不明。

(29) 外務省外交史料館編『外交史料館所蔵外務省記録総目録　戦前期』別巻（索引・参考資料編）原書房、一九九三年。

(30) 今泉裕美子前掲稿「朝鮮半島からの『南洋移民』」。

(31) 矢内原忠雄『南洋群島の研究』岩波書店、一九三五年。

(32) 矢内原忠雄文庫植民地関係資料画像データベースについては、以下を参照のこと（二〇〇八年四月現在）。http://manwe.lib.u-ryukyu.ac.jp/yanaihara/

(33) アジア太平洋資料室の所蔵史料のうち、アジア太平洋戦争以前に発行、作成されたものの詳細については、以下を参照のこと。山口洋兒『日本統治下ミクロネシア文献目録』風響社、二〇〇〇年。

(34) 南洋群島教育会『南洋群島教育史』一九三八年（復刻は、青史社より一九八二年）。南洋庁編『南洋庁統計年鑑』一九三三―一九四一年（復刻は、青史社より一九九三年）。ただし、一九三三年発行のもののみ、題目が『南洋庁統計年報』。外務省編『日本帝国委任統治地域行政年報』一九二二―一九三八年（復刻は、クレス出版より一九九九年）。南洋庁長官々房編『南洋庁施政十年史』一九三二年（復刻は、龍溪書舎より一九九九年）。

(35) 最新の『中島敦全集』は、筑摩書房より二〇〇一年から〇二年にかけて計四巻セットとして公刊されている。『土方久功著作集』は、三一書房より一九九〇年から九三年にかけて計八巻セットとして公刊された。

(36) 南洋興発株式会社編『裏南洋開拓ト南洋興発株式会社』一九二五年。松江春次『南洋開拓拾年誌』一九三二年。南洋興発株式会社編『南洋開拓と南洋興発株式会社の現況』一九三五年。同『南洋興発株式会社二十週年』一九四一年。復刻はすべて、ゆまに書房より二〇〇二年。

(37)『国語読本』は、一九一七年から三七年にかけて作成された計二六冊が、『南洋群島国語読本』として大空社より二〇〇六年に計八巻セットとして復刻された。

(38) 上原轍三郎『植民地として観たる南洋群島の研究』南洋文化協会、一九四〇年（復刻は、大空社より二〇〇四年）。大宜味朝徳『我が統治南洋群島案内』南島社、一九三〇年。同『南洋群島人事録』海外研究所、一九四〇年。復刻はともに、龍溪書舎より二〇〇五年。

(39) 南洋群島協会編『思い出の南洋群島』南洋群島協会、一九六五年。同『椰子の木は枯れず—南洋群島の現実と思い出』草土文化、一九六六年。野村進『日本領サイパン島の一万日』岩波書店、二〇〇五年。

(40) 財団法人沖縄県文化振興会公文書管理部史料編集室編『沖縄県史　資料編一五近代四（旧南洋群島関係写真資料（上））』沖縄県教育委員会、二〇〇二年。同『沖縄県史　資料編一七近代五（旧南洋群島関係資料）』沖縄県教育委員会、二〇〇三年。同『沖縄県史　資料編一七別冊（サイパン・テニアン収容所捕虜名簿）』沖縄県教育委員会、二〇〇三年。同『沖縄県史　資料編一八現代三（キャンプスッペ（和訳編））』沖縄県教育委員会、二〇〇四年。

(41) 具志川市史編さん委員会編『具志川市史　第四巻（移民・出稼ぎ）』具志川市教育委員会、二〇〇二年。『具志川市史』第四巻は、論考編、資料編、証言編の三巻構成となっている。なお、具志川市は市町合併に伴い、二〇〇五年四月一日付けで「うるま市」となった。

(42) 大宜味については、以下を参照のこと。池田慎太郎「ある南洋開拓者にみる戦前と戦後—パラオ開拓から『琉球独立』へ」（浅野豊美編前掲書『南洋群島と帝国・国際秩序』）。

(43) こうした、委任統治期を取り上げた研究の進展と、関連する文字史料の発掘および復刻状況の関係は、一方通行的なものではなく、相互作用的な関係にあると言える。

(44) 加藤聖文「敗戦と公文書廃棄—植民地・占領地における実態」(『史料館研究紀要』第三三号、二〇〇二年)。防衛省防衛研究所に所蔵されている軍政期関連史料の成り立ちについて付記しておくならば、海軍省は明治以来、年度ごとに永久保存する公文書を『公文備考』として整理し、各戦役時においては別途、関連文書を『戦時書類』として保存した。これらの文書は、第二次大戦の終結によってアメリカ軍に接収されたものの、一九六〇年頃に日本へ返還されることとなる。以下は、『戦時書類』などの表紙見返し部分に添付された「昭和三三年四月米政府返還旧日本軍記録文書等史料経歴票」記載の「史料の入手経路」である。「本史料は大東亜戦争中米軍が直接戦場で鹵獲し、又は内地進駐後、陸海軍諸機関から押収した記録文書の一つであつて、長くワシントン郊外フランコニヤ等の記録保管所に保管されていたが、米国務省に対する日本政府の返還要求に応じ、昭和三三年三月日本側に引渡され、同年四月横浜着、同月一〇日指定保管責任庁たる防衛研究所戦史室の手に帰したものである」。なお、外務省外交史料館所蔵の『外務省記録』の概要については、以下を参照のこと。「『外務省記録』について—本目録利用の参考として」（外務省外交史料館編『外交史料館所蔵外務省記録総目録　戦前期』第一巻（明治・大正期）原書房、一九九三年）。

(45) 飯髙仲五前掲稿「日本統治下南洋群島における『島民』村吏と巡警」。同「パラオ共和国の土地台帳―残された植民地資料の現地社会への影響に関する試論」(『日本植民地研究』第一九号、二〇〇七年)。

(46) 飯髙仲五前掲稿「パラオ共和国の土地台帳」三九頁。

(47) ミクロネシア住民による戦争体験および北マリアナ諸島で使用されている歴史教科書については、以下を参照のこと。Poyer, L., S. Falgout and L. M. Carucci *The Typhoon of War: Micronesian Experiences of the Pacific War*, University of Hawaii Press, 2001. Farrell, Don A. *History of the Northern Mariana Islands*, Public School System Commonwealth of the Northern Mariana Islands, 1991.

(48) 今泉裕美子前掲稿「日本統治下ミクロネシアへの移民研究」八〜九頁。

(49) 同前稿、一八〜二〇頁。

(50) 今泉裕美子「解題」(前掲『沖縄県史　資料編一八』)一一〜一二頁。

(51) 今泉裕美子前掲稿「朝鮮半島からの『南洋移民』」。やまだあつし「植民地台湾から委任統治領南洋群島へ―南進構想の虚実」(浅野豊美編前掲書『南洋群島と帝国・国際秩序』)。小林玲子「植民地朝鮮からの朝鮮人労働者移入制限と差別問題」(同前書)。

(52) 矢内原を考察対象とした研究の可能性については、以下を参照のこと。今泉裕美子「南洋群島研究の立場から」(『エコノミア』第五二巻二号、二〇〇一年)。上原や高岡といった、戦前の北海道大学における植民学関係者による樺太および南洋群島への関与については、以下を参照のこと。竹野学「北大植民学者の樺太調査」(『北大樺太研究の系譜―サハリンの過去・現在・未来』北海道大学総合博物館、二〇〇六年)。

(53) 南進政策と南洋群島の関わりについては、以下を参照のこと。波多野澄雄「日本海軍と南進政策の展開」(杉山伸也、イアン・ブラウン編『戦間期東南アジアの経済摩擦―日本の南進とアジア・欧米』同文舘出版、一九九〇年)一四八〜一五二頁。同「国防構想と南進論」(矢野暢編『講座 東南アジア学　第一〇巻(東南アジアと日本)』弘文堂、一九九一年)一五五〜一五六頁。

(54) 浅田喬二「日本植民史研究の現状と問題点」(『歴史評論』第三〇〇号、一九七五年)一九七頁。

(55) 同前。

(56) 柳沢遊・岡部牧夫「解説・帝国主義と植民地」(柳沢遊・岡部牧夫編『展望日本歴史　二〇(帝国主義と植民地)』東京堂出版、二〇〇一年)。なお、当該書巻末の「文献目録」には、いくつかの南洋群島研究が収録されている。

(57) 同前稿、二頁。

(58) 今泉裕美子前掲稿「南洋群島委任統治政策の形成」五一〜五二頁。

(59) 例えば、日本統治下朝鮮を扱った近年の研究が提示する「植民地近代論」など。

第７章

満　州

山本　裕

はじめに

「満州」[1]研究についての現状と課題を述べていくことが、日本植民地研究会運営委員の諸氏から筆者に要請された課題である。とはいえ、ここ数年における満州研究のサーヴェイ論文は数多く提出されており、また、「東北アジア」研究に関する詳細な文献リストも刊行されている。[2]そこで本論に入る前に、植民地研究として満州を見る上での留意点について、筆者の視点を述べておきたい。[3]

「植民地満州」を時期的に定義すれば、日露戦後から満州国崩壊までの期間がそれにあたる。戦後の、植民地研究の理論的出発点となった井上晴丸・宇佐美誠次郎『国家独占資本主義論』が潮流社から刊行されたのは一九五〇年のことであったが、[4]その影響下のもと実証研究が本格的に展開されたのは一九六〇年代中葉以降であった。その一方で、満州統治・経営関係者や「満州—植民地—経験者」の回顧録は、引揚経験の記録も含めれば一九四〇年代末には早くも刊行が始まっていた。[5]その後も、植民地経営の「主観的善意」、そしてノスタルジーな想いに依拠した満州に関する出版物が、「植民地経験」者のライフ・ヒストリーも含めて多数刊行された。一九八〇年代末に山室信一は、「最後の『満州国』ブームを読む」[6]と題する論説を著したが、それから二十年弱の歳月が流れた今日においても、日本の満州支配期全般について、「植民地経験」者のみならず、その次世代が親の世代を追憶して著したものまで旺盛に積み重ねられている現状にある。[7]また二〇〇六年は満鉄創立百周年にあたり、これに前後して満鉄初代総裁後藤新平を扱った研究、彼の伝記の復刻が実施されるなど、時ならぬ「再顕彰」ブームが勃発している。[8]

以上のように、日本における満州へのまなざしはこれらのノスタルジックな回想・伝記を基底に持ちつつ、その上層に学術研究が積み重ねられていったという歴史的経緯は確認されておいてよい。加えて、大学が「開かれた知」を目指して主催するシンポジウムにおいて満州を取り扱う際に、多くの非研究者のシンポジウムへの参加が、結果として「植民者からのまなざし」を強調することとなり、これが主催者の「意図しない形」での研究成果の伝達へと転じてしまうケースも存在する。[9]

さて、本章が昨今のサーヴェイ論文、ならびに、詳細な文献リストという先行研究に対して何を付け加えることができるのか。第一に、サーヴェイ論文において主張された論点整理と現状の研究動向との距離を考察すること。一見すると拡大傾向にある満州研究について、その理由と「環境」を改めて検討するというのがもう一点である。

第一の点については、満州研究のたどった道のりを長い眼で点検すると同時に、近年の研究が、サーヴェイ論文で指摘されていた諸論点と、どの程度のズレや接点をもっているのかを解明する。

第二の点については、サーヴェイ論文で指摘された諸論点とあまり関わりをもたない研究が多数提出されている事実に注目する。複数の精緻なサーヴェイ論文が何故、これらを指摘し得なかったのか。その理由は、研究者、研究「受容者」をとりまく「環境」を等閑に付した点にあると思われる。本章ではこの「環境」の一端の解明を目指していく。

第一節　研究サーヴェイ論文において提出された成果と課題
——一九九〇年代以降を中心に

まず、近年の満州に関する研究サーヴェイ論文において提出された成果と課題を再確認することから始めよう。本章では、日本帝国主義史、および、「満州国」政治史の観点から提出された成果と課題を見ていくこととする。

一　日本帝国主義史の立場から見た成果と課題の整理

日本帝国主義史の観点から、研究サーヴェイを行った論説として、ここでは、柳沢遊・岡部牧夫編『展望日本歴史二〇（帝国主義と植民地）』（東京堂出版、二〇〇一年）、そして、柳沢遊「日本帝国主義の『満州』支配史研究」（田中明編『近代日中関係史再考』日本経済評論社、二〇〇二年）を取り上げる。

まず、柳沢遊・岡部牧夫「解説・帝国主義と植民地」、柳沢遊「コメント三　移民と植民」においては、一九九〇年代以降の植民地研究が、従来手薄だった研究領域についても対象を拡大して、日本人各層のアジア認識や植民地経験、植民地下の社会変容を問い直す研究が活発化していったことが指摘されている。特に、ミクロレベルでの地域社会の対応や応答の具体相が分析されていることに留意すべきであるとしている。全体としては、「植民地社会」を取り巻く全諸相が研究対象として把握され、研究が進展しているとまとめられている。

次に、柳沢遊「日本帝国主義の『満州』支配史研究」について。一九八〇年代後半以降、「帝国主義と植民地」という方法的枠組みが見直され、相対化される状況にあり、九〇年代以降、方法論も多様化すると共に、中国東北地域史の歴史的文脈の中に日本支配を位置付ける志向が強まりつつある状況にあることを指摘している。

この点は、早くからイギリス「帝国」史研究を進めてきた川北稔が、「帝国主義史」の方法的限界について、①一国史的な歴史理解ないし一国資本主義論からの脱却、②「発展段階」論からの脱却、という二つの側面から指摘していること[10]と部分的に重なる論点である。戦後歴史学において、「発展段階」論にもとづく歴史研究は数多くの成果を生み出したが、一九八〇年代後半以降、その見直しとともに、時間軸でなく空間把握を重視する「帝国史」、地域史が盛んになったと川北は述べている。

一方で、帝国主義支配の実態をめぐる研究においても、支配の総体を考察するにあたって、『「支配の内面化」メカニズム』の究明に留意を呼びかけている点が注目される。

加えて、満州研究においては、一九九〇年代以降、中国東北に残された日本支配期の諸資料の多くが外国人研究者にも公開されるようになり、日本側・中国側双方で資料の復刻出版が活発に行われるようになった[11]。このことが、研究の裾野の拡大を支えるひとつの要因になったことを指摘しておく。

二　「満州国」政治史の立場から見た成果と課題の整理

次に、「満州国」政治史の観点から研究サーヴェイを行った論説として、ここでは田中隆一「『満洲国』政治史研究の射程―その問題の所在」(『新しい歴史学のために』第二四六号、二〇〇二年三月)を取り上げる。同論説では、「近代主権国家」論の再検討と「日本帝国」論との関係の二点に焦点をあてて論点の所在を明らかにしようとし、権力基盤・上部構造、国家運営等の統治の実態解明を通じて「傀儡国家」の「傀儡性＝植民地性」と「国家性」を統一的に把握する視角こそが新たに求められると主張する。近年の研究で盛んになった「『日本帝国』論」は、東アジア世界を一つの地域として、いわゆる「日本本国」（内地）の統治体制と植民地・占領地のそれとが、相互にどのような影響を及ぼしあったのかを明らかにしたいという問題意識があるという。

田中は、帝国史研究が被支配層にとっての植民地支配の意味という問いへのこだわりを欠いたときの、支配層にとっての被支配地域史研究へと回収される危険性について、駒込武の論説を引いて説明し[12]、水野直樹、小川原宏幸のコメントを踏まえて〝日本の帝国支配により植民地の側が被った刻印をより多面的に検討しなければ、「日本帝国」史研究は植民地化された地域の人々をどこまでも客体としてしか描きえないという陥穽に陥りかねない〟（同稿、七頁）、とまとめている。

田中の論説は、政治史の観点から近年の満州国研究の新潮流のひとつである「日本帝国」論について、従来の帝国主義論との相違点を指摘しつつ、何故、帝国主義論ではなく日本帝国論の観点からの研究が活発化しているのかを描き出している。

以上、一九九〇年代以降の満州研究における新たな潮流と、それらを規定する問題意識について再確認を行った。次節では、本節で取り上げた研究サーヴェイ論文で取り上げられた研究トピックについて、その現状を明らかにしていく。

第二節　研究トピックの現状

一　「帝国史」・「帝国」研究の現状

田中論文で取り上げられた「帝国史」・「帝国」研究について、まずは、先にも触れた駒込武の論説[13]を用いることで、その特徴を確認していきたい。

同論説で駒込は、「帝国史」研究の特徴として四つの点を指摘している[14]。第一に、複数の植民地・占領地と日本本国との構造連関を横断的に捉える志向。第二に、植民地の状況が本国に与えたインパクトの解明。第三に、政治史、文化史の領域の重視。そして第四に、「日本人」、「日本語」、

「日本文化」の形成と変容の過程への注目である。かつての帝国主義史研究では、「同化政策」対「民族解放闘争」という二項対立的な図式が暗黙の前提とされてきたのに対し、「帝国史」研究はこうした枠組みにとらわれずに、さまざまな次元での相互作用に着目しながら、植民地政策にはらまれた内部矛盾や、支配者と被支配者のインターフェイスに生ずる諸問題をさらに立体的に解明しようとする点にあるというのが駒込の主張である。加えて、「帝国史」研究の陥穽として、支配される民衆にとって「支配」とは何を意味したかというこだわりが持続しにくい側面を指摘している。

駒込の論説は、「日本史」という制度のために見えにくくなっている事実関係や解釈の可能性を発掘しながら、「朝鮮史」「台湾史」研究の成果に接合していくことの重要性を指摘している[15]。すなわち、「領域」の歴史を、歴史的に存在した「支配―被支配」の関係にそのまま流し込むことなく、考察していくという姿勢に、「帝国史」研究の特徴を見出している。その後、駒込は欧米植民地主義との「敵対的共犯関係」にも考察を深め、「帝国」日本のアジア支配の普遍性と特殊性の両面を見据えることで、植民地主義研究における「複眼的思考」の重要性を示唆している[16]。

次に「帝国史」研究の前提の一端をなす「帝国」研究に精力的に取り組んできた山本有造・山室信一の帝国論を概観していく。日本植民地研究会第一二回全国研究大会共通論題[17]を手掛かりにしていく。

同共通論題では、山本有造、山室信一の両名がそれぞれ報告を行った。「帝国研究の射程」の中で山本は、部分の総和は活きた全体を作らないとの立場から「一国史観」的な植民地研究史の限界を指摘し、また、近代日本と、植民地とを分離して考える潮流が、「帝国史」を阻むひとつの要因であることを指摘する。そして、「日本帝国」という視点から行われた研究として、小林英夫（一九四〇年体制と満州[18]）、山室信一（知の周流・人材の周流）、川村湊（近代日本文学と植民地）、駒込武（日本文化と文化統合）、安田敏明（国語と東亜語）等の諸研究を位置付けた。

明治以降の近代日本を「日本植民地帝国」と位置付けた山本報告は、その世界史的特質として①後発帝国主義②近隣侵略主義③植民地同化主義④工業開発主義の四点が存在したとする。このうち③については、同化主義における二類型（イギリス型／フランス型）と日本のそれとの関連を、

④については朝鮮・台湾における工業開発主義への影響と、「日本植民地帝国」期の関連を追及することが今後の課題になるとした[19]。

山室報告「日本帝国史への一視角」では、「帝国」をシステム、「帝国主義」を政策とすることを前提とした上で、日本を「国民帝国」と位置付けた場合にその存在はどのような領域として捉えられるかを考察し、空間論の必要性を指摘する。その際に、①近代世界秩序とそのアクターについて②国際関係論からグローバル・ヒストリーへの視点、という二点を重視すべきと主張した。

山室は「国民帝国」とは、本国と植民地の相互連関に見られるような多様な政治社会を持つ体系であり、この多様性を理解するひとつの視点として「異法域結合」を挙げる。そしてその具体例として、大東亜法秩序における「有機的等差関係」を指摘する。次いで、「空間編成としての『国民帝国』」について、「生活の場としての社会空間―帝国の生活誌／帝国とジェンダー」に留意すると共に、権力表象としての建築・都市計画、物動計画としての都市計画統治様式の遷移と統治人材の周流といった、各地域間での相互影響についても重視すべきであると主張する。また、「大東亜共栄圏」内における「定点観測地」としての満州国の特異性―満州国に流入した人材・統治様式が「大東亜共栄圏」内の各地域に拡散した史実―を指摘し、満州に凝縮されたものを通じて、「近代日本の『逆見立て』」が可能になるとする仮説を提示する。最後に、「国民帝国」を構成する知識とイデオロギーの重要性について、「学知」や統治技法としての「実践知」が、暗黙の裡に孕んできた権力性をも解明する必要性を指摘して報告をまとめた。

山室報告については、同時期に、共同研究の成果「文化相渉活動の諸相とその担い手」[20]において、研究実践として着手された[21]。この共同研究の力点は、問題発見と課題提出に置かれていた[22]。

ただし、山室の上述の問題提起は、『岩波講座「帝国」日本の学知』（全八巻）において具体化された。同講座は一九九二－九三年に刊行された『岩波講座　近代日本と植民地』（全八巻）を受けて、植民地を抱え込む「帝国」がそれゆえに生み出す「学知」のありかたを再審する企図で刊行された。すなわち、〝日本の「帝国」化の過程で構築されていった日本の諸学の形成過程に改めて焦点をあてることで、いわば帝国的認識空間の位相を明らかにすること[23]〟が同講座刊行の目的と位置付けられた。

以上まとめれば、山本・山室の報告は、共に、「帝国論」を日本に適用する上での問題提起と、具体的実践についての学問的営為と位置付けられよう。しかし今日においては、未だ問題提起の枠組みを超える段階には到達しておらず、「帝国論」に基づく研究は途上の段階にある。[24]

これらの「帝国」研究で提出された諸課題に基づいて、近年の満州に関する諸研究を再分類してみよう。

二 「帝国」研究で提起された課題に、研究はどう応えたのか

前項で提出された諸課題を、「植民地の状況が本国に与えたインパクトの解明」、「生活の場としての社会空間・生活誌／ジェンダー」、「『学知』の解明」という三点に集約して、近年の満州に関する諸研究を中心に再分類していく。

まず、「植民地の状況が本国に与えたインパクトの解明」について。満鉄調査部門（満鉄経済調査会等）、関東軍、満州国政府による制度創出（計画立案）に関わる諸研究と、本国への還流（制度／人的資源）について言及した研究が該当する。先駆的には、一九七〇年代における原朗による満州国経済政策に関するクロノジカルな検討[25]において、満州―日本本国間の「相互規定」が論じられてきた。そして九〇年代以降、「制度創出・調査」という観点から研究は進展を遂げた。具体的には、井村哲郎の一連の研究[26]や小林英夫の諸研究等[27]が、それに該当する。これに加えて、「人的資源」の側面に着目すれば、近年では満州国政府高官の個人文書[28]や、満鉄経済調査会主要メンバーの日記・個人資料が復刻された[29]。また、満鉄内部における「人的資源」に関する分析等も発表された[30]。

以上のように、満州発の日本本国へのインパクト・還流の側面に注目が集められてきたが、今後は満鉄調査の学問的水準を世界史的視点から考察することが求められている[31]。

次に、「生活の場としての社会空間・生活誌／ジェンダー」について。第一に注目されるのは移民に関する研究である。満州移民に関する研究は、農業移民に関する研究が一九七〇年代にひとつのピークを迎え[32]、八〇－九〇年代においては都市商工業移民に関する研究が陸続と発表された[33]。しかしこれらの研究は、研究の端緒の段階にあったこともあり政策面が中心であったこと、そして、社会階層と移民の社会経済的活動に関する分析に主眼が置かれたことから、

生活の実態に焦点を当てた研究はさほど進展を示さなかった。[34]しかし二〇〇〇年代に入ってから、今井良一による農業移民に関する諸研究に代表される、満州農業移民の生活実態の解明に焦点を当てた研究が登場した。[35]また、満州へ農業・林業移民として渡った日本人の送出地における生活実態と移民後の生活実態の双方を視野に入れる研究も提出された。[36]そして、満州移民の「終幕」に位置する「引揚」（引揚、留用、帰国、残留、定着）問題についても、近年、多角的な視点から旺盛に研究が発表されつつある。[37]

また、ジェンダー問題[38]を含む教育史研究が、近年、飛躍的に増大しており、[39]研究のみならず、満州国期を中心とした教育史料の復刻が旺盛に行われつつある。[40]そして、満州教育史研究において特に重要な特徴として指摘すべきは、研究の担い手に一定数を占める「外国名」研究者が存在することである（後述）。[41]

以上、「生活の場としての社会空間：生活誌／ジェンダー」に関わる研究について簡単な紹介を行ったが、日本人移民に焦点を当てた生活誌的研究、そして、ジェンダーをも含む満州被支配層の教育を中心とした社会空間の実態分析は、近年、着実に進展しているといえよう。特に、朝鮮族・蒙古族といった、満州被支配層の中でもマイノリティに属する民衆に焦点を当てた研究が増大している。

三点目の「『学知』の解明」については、前項で記した『岩波講座「帝国」日本の学知』（全八巻）の刊行が真っ先に挙げられよう。[42]加えて、既述の調査関連研究と共に、宗教、[43]メディア、[44]図書館・博物館、[45]衛生・医療研究[46]の飛躍的増大がみられた。これらの研究は上述した「制度創出・調査」研究とも関連を有し、今後ともこれら分野の研究は旺盛に成果が提出されるものと判断される。[47]

以上、「帝国」研究で提出された三つの論点に則して、近年の満州に関する諸研究を紹介した。

さて、以上の行論を踏まえた上で、次の論点を考えてみたい。第一には、上述したこれらの検討課題は、従来の「満州支配・侵略」研究において、本当に見過ごされてきた領域であったのだろうか、という問題である。

第二には、岡部牧夫、柳沢遊の帝国主義史研究に立つサーヴェイ論文では、近年の経済史・産業史・企業史の研究成果の動向は、カヴァーし切れていないのではないか、という問題である。

第三には、本節で触れた教育史研究の担い手に一定数を占める「外国名」研究者の存在と彼らの問題関心は、従来の／新たな研究潮流と如何なる関係を有しているのか、という問題である。

第三節　新たな論点の提起と考察

一　「満州支配・侵略」研究・再考

前節では、「帝国史」・「帝国」研究の現状を概観し、「帝国」研究の観点から提出された諸論点を「植民地の状況が本国に与えたインパクトの解明」、「生活の場としての社会空間：生活誌／ジェンダー」、『学知』の解明」という三点に集約した上で、近年の研究について再分類を試みた。しかし、第一節で扱った、柳沢「日本帝国主義の『満州』支配史研究」より展望された課題は多岐に渡り、加えて、〝こうした諸研究と、衛生・医療・教育・宗教、メディアを媒介とした「支配の内面化」メカニズムにかかわる新研究を結合させていくことにより、日本帝国主義による満州支配史研究は、単なる東北地域史研究の地平とは異なる新たな歴史像を構築しうる研究史的可能性を有している〟（同稿、三八頁）と、まとめている。

すなわち、前節において縷々紹介してきた諸研究と、日本帝国主義史の観点からの満州研究は、「生活の場としての社会空間」を解明する上で、統合こそ求められ、決して両者は対立しないのである。

では、日本帝国主義史研究は、被支配・被侵略の側を見てこなかったのだろうか。

今日の「帝国」研究の立場からすれば、「限られた」視点であったという批判があろうが、日本帝国主義史研究が被支配・被侵略の「傷痕」を詳細に解明してきたことは改めて想起すべきであろう。むしろ、「帝国」研究、地域史研究の立場から、「被支配・被侵略」がどのように照射されたかを考えてみたい。

ここで対象となるのは、日本帝国主義史研究が「支配の強化」と位置付けた統治の問題を新たな観点から論じた、塚瀬進の昨今の研究である。ここでは、塚瀬進「一九四〇年代における満洲国統治の社会への浸透」（『アジア経済』第三九巻第七号、一九九八年七月）、同「満洲国社会への日本の統治能力の浸透」（姫田光義・山田辰雄編『中国の統治政権と日本の統治』慶應義塾大学出版会、二〇〇六年）

を取り上げることとする[48]。

両論説は共に、満州国社会に対する統治政策の実態と政策が満州社会をどの程度包摂し影響が及んでいたかを論じているが、前者は一九四〇年代を中心に検討し、後者は満州国期の全期間を対象に検討している。まずは先行研究への批判が鮮明に打ち出されている『アジア経済』所収論文に則して先行研究整理を見ていこう。

前者の論説では、一九四〇年代の満州国を取り上げた研究として鈴木隆史の著書と解学詩の著書を俎上に置いて検討を加えている。塚瀬は鈴木の著作[49]の行論について、〝統治政策が社会におりていく過程で生じていた矛盾、摩擦の検討なしに、統治政策が満洲社会を規定していたとするような論法は、満洲社会を視野に入れていない[50]〟と批判する。同様に解学詩の著作[51]についても、末端社会を掌握しようとする目的から設けられた興農会や協和会が「人民」の抵抗によって名義だけの存在になってしまったとしながらも、「人民」の抵抗の実態を描いていないことを指摘する。また、同著作の別の部分で、一九四一年に成立した「国民隣保組織確立要綱」に基づいて実施された隣保組織の育成により「人民」は奴隷状態になったとの記述を取り上げ、興農会や協和会の組織化が形骸化していたにもかかわらず、隣保組織による「人民奴隷化」は可能であったのかと、疑問を呈する[52]。

姫田・山田編前掲書所収の論説の「はじめに」では、「支配と抵抗」という二元論的観点からではなく、満州社会の地域性という観点から満州国統治が社会に及ぼした影響を明らかにすることの重要性が指摘されている。地方行政、農業政策、商業統制、財政政策の四点について政策の内容、執行過程、その結果を検討した[53]。特に従来未解明であった商業統制・財政政策の整備とその影響を解明した点に本論文のメリットがある。商業統制については、満州国期における「中国人」商人の商習慣・経済観念を、満州国側の調査から解明し、当該期の日本人との商習慣・経済観念の差異を提示した。財政政策については、徴税機構の整備の実態と日中全面戦争勃発の一九三七年以降の税制の変化（全般的な増税。間接税重視から直接税重視へのシフト）を解明し、満州国の政策意図と行政能力の限界という両者の隔たりが、満州国政府の目論見が未達成に終わった原因であったとする。

塚瀬の研究の方法的特徴は、日本帝国主義史研究が「支配と抵抗」という二元論的観点から位置付けていた統治の問題を、「行政力の浸透」という用語を用いて、地域社会を視るという観点に立脚して実証研究を行ったことである。特に商業統制・税制の影響については、客体である「中国人」への影響を解明した点にその研究史上の貢献が存在する。しかし、「支配と抵抗」の、「抵抗」については、満州国農業の政策と実態を検討した風間秀人・飯塚靖の論説[54]、風間秀人の著書[55]において、「中国人」農民の慣習と「選好」にまで立ち入った成果が提出されている。そして、行政力の浸透の内実の検討を通じて、行政力の浸透を阻んだ要因に満州国政府の政策が満州社会や「中国人」の民族性についての理解が不充分であった点を掲げ、敗戦後の中国共産党による土地改革や資本主義改造の中で満州社会が持つ固有性の変革が行なわれたとしている[56]。しかし見方を変えれば、満州社会・民衆におけるインセンティヴを無視した政策施行こそが、満州国期に満州国政府の行政力の浸透を阻害した要因の第一である点では、風間も塚瀬も共通の理解にたっている。帝国主義史的アプローチでは、「異民族」からの強権的な統治を帝国主義的「支配」と呼び、民衆・社会からの「応答」を、広い意味で「抵抗」とみなすことが可能となろう。インセンティヴの観点からは合理的ではない「服従」が、柳沢の言う「支配の内面化」の一端を成すのではないだろうか。「行政力の浸透」という歴史性を取捨した用語を選択するか、「帝国主義支配の深化」という、歴史の段階的変容を重視した捉え方をするかの立脚点の違いは残るにしても、問われている歴史の内実はさほど変わらないのである。

すなわち、「支配と抵抗」という視点に立った研究においても、「抵抗」の多様な内実を詳細に検討することによって「被支配・被侵略」の側の実態を解明することは可能であり、必ずしも、「帝国」研究、地域史研究からの批判が当てはまるとは言えないのではないか。両アプローチ共に、見ている実態は同一であり、歴史学としての概念使用の力点の違いで、異なる歴史像が提出されるという当然のことを改めて指摘しておきたい。

二　満州経済史・産業史・企業史研究の現状

前項で見たように、帝国主義史的観点に立った研究が見ようとしている研究領域は、近年の「帝国」研究、地域史研究が指摘するほどには狭隘ではなかった。その手掛りを示したのは本章でたびたび触れた岡部牧夫・柳沢遊の二〇〇一年稿、柳沢遊の二〇〇二年稿という二つのサーヴェイ論文であった。しかしこれらの両論説は時期的限界もあり、近年の満州経済史・産業史・企業史研究の現状についてはカヴァーしきれていない。そこで本項では、近年の満州経済史・産業史・企業史の成果について見ていこう。

満州経済史について見れば、山本有造『「満洲国」経済史研究』(名古屋大学出版会、二〇〇三年)がまずは挙げられよう。同書の研究史上における最大の貢献は、満州国国民所得統計と国際収支統計についての資料の発掘、精査、加工処理を丹念に施した上で分析を行なった点にある。これにより、マクロな観点から満州国の経済的パフォーマンスが全期間にわたって解明された。

だが、本書のマクロ的分析からは捉えきれない領域として、流通(=配給)の問題、および、生産物の質の問題がある。一九三〇年代後半期-四〇年代前半期の満州石炭業を考察した山本裕は、当該期に増産を果たした石炭のストック率(=貯炭率)は上昇傾向にあり、かつ、品質は悪化の一途を辿っていったことを明らかにした[57]。石炭のみならず数々の工業部門における生産物においても同様に、配給の不円滑や品質悪化問題が生じていたと想定される。すなわち、満州国期における生産指数の上昇の「内実」究明が、満州国経済史研究の今日的課題として浮上する。生産指数の推移をただ辿るだけでは、経済実態との乖離を見逃すことがあるのであり、生産物の品質、輸送・配給、消費の遅滞や偏倚の実態こそが満州国経済実態を見る上で重要となろう。今後の課題として、満州経済のミクロ的領域の実態解明がますます求められよう。

また、同書の第三章「『満洲国』生産力の水準と構造―生産指数および生産実績の検討―」では、一九三一年から四三年までの産業部門別生産額を比較して、〝農業(「国」)的構造から、「終戦」前、工業生産が全生産の五〇%を越える工業(「国」)的構造への変化、すなわち、「工業化」の進展がこれである[58]〟と述べている。筆者は、戦時下に進展した「工業化」であるのに対して、満州固有の史実に対する説明不足のまま「工業化」と称したことに疑問を提示したが[59]、一九三〇-四〇年代の「帝国」経済に関する近年の研究が、「工業化」を焦点にしていることは見逃せない重要な点である。この点について、植民地全体について議論を展開している堀和生の近年の研究[60]に言及しておこう。

堀は、両大戦間期の日本が、一九三〇年代に東南アジアのみならず全地域的に輸出拡大を示していたことに注目して、当該期の東南アジア貿易に関する杉原薫・籠谷直人の研究を批判し[61]、さらに、当該期の世界市場への輸出増加と並行して、日本帝国圏の植民地への輸出が急増していることを指摘する。すなわち、一九三〇年代後半～末期には、朝鮮・台湾・満州経済が日本本国経済および日本帝国圏への包摂度が極端に高くなり、且つ、日本が植民地に対して膨大な出超を累積したことから植民地への資本財投入が急激に増加したことを指摘して、インフラ部門の建設進展により大規模な生産力が移転されて植民地工業化が急速に進んだと主張する。結論として、戦後の日本と韓国・台湾の解放後の経済関係と発展は、戦前からの通時的歴史的条件と戦後の共時的国際的条件の組み合わせの中で成立してきたとまとめている。

堀の論稿は、「工業化」の進展と経済発展を規定するものとして、両大戦間期以降の日本と植民地（朝鮮・台湾）の「密接」な経済的関係を重要視するものである。しかし、両国（地域）の戦後の国際環境と満州とは条件が異なり、かつ、日本の敗戦＝満州国の崩壊以後の設備の残存状況と技術移転をめぐる環境も当然のことながら異なっていた。よって、日本支配下で達成された「工業化」と中華人民共和国建国後のそれを直接的に繋げて捉えることには問題がある。この点について、鞍山鉄鋼業に着目して満州国期後半期～人民共和国建国初期の実態を詳細に検討した松本俊郎の著作[62]がひとつの手がかりとなる。

松本の著作は一九四〇年代から五〇年代前半までの鞍山鉄鋼業の分析を行い、「植民地支配解放のその後」という困難なテーマを引き受け、植民地支配期からの断絶・連続面をほぼ網羅的に実証分析した点で、研究史上画期的な意義を持つ。松本は、一次史料、回想録、日本人関係者のみにとどまらないヒヤリング等を駆使して、満州鉄鋼業の動態的な考察を行った。特筆すべきは、満州国崩壊以後のめまぐるしい情勢の変転の中で、工場設備の損傷・復旧状況と復興に向けた生産活動を詳細に検討している点にある。「工業化」をめぐる連続・非連続面に則して同書の実証分析が明らかにしたのは、損傷を受けた諸施設は復旧の可能性を根本から断たれていたわけではなく、多くの工場はパーツの補充と労力の投入あるいは生産内容を変更する施設の改造によって再興が可能な状態にあったことである。工場の急速な再建を実現した最大の推進力を中国人技術者、労働者の奮闘に求めると共に、日本人技術者からの技術継承、国民党系中国人技術者・ソ連からの技術導入も位置付けた。

松本の詳細な分析は、技術移転をめぐる複雑な諸相の史実を鞍山鉄鋼業に則してありのままに提示した点に貴重な価値が存在する。他の産業の技術移転の実態はどうか。そこで、峰毅による化学工業に関する論説[63]、飯塚靖のオイルシェール工業に関する論説[64]を見ていこう。

峰の論説は、満州における化学工業の開発・発展と新中国への継承を同時期の中国関内（＝中華民国）の継承にも留意しつつ検討したものである[65]。同稿によれば中華人民共和国建国後の化学工業において、ビニロン、塩ビ、クロロプレンの国産化に重要な役割を果たしたのは、東北地区の研究機関や工場であった。化学工業においては、満鉄中央試験所の留用日本人技術者の存在が極めて大きかったことを峰は指摘している。ただし峰は別稿[66]において、中華民国の化学工業の持つ優れた技術水準にも言及しており、新中国の技術の骨格は、中華民国と満州国と（新中国）第一次五ヶ年計画で流入したソ連の技術が融合して、新中国成立初期に形成されたというのが、化学工業技術継承をめぐる峰の結論である。

飯塚の論説は撫順オイルシェール事業の企業化過程を調査・研究期から精緻に検討した上で、戦後中国経済への影響についても展望したものである。同稿も満州国崩壊～混乱下（＝国共内戦期）の撫順オイルシェール工場の破壊・復旧実態を解明し、新中国建国後の同事業の展開を考察している。特に一九五〇年代前半期において満州国下で進められた技術開発の延長線上に技術が発展したこと、満鉄中央試験所に在籍していた留用技術者が果たした役割の重要性を明らかにし、同時に、朝鮮戦争のための燃料確保の必要から、五〇年代初頭には総力を挙げて粗油生産に邁進したと述べている。

次に、鉄道業における技術移転について、長見崇亮の論稿から見ていこう[67]。

長見は、その後の中国の鉄道発達に貢献した満鉄の鉄道技術の発展過程を、満鉄鉄道技術研究所の機能に則して考察した。高度に汎用性のある技術の移植である「一次移転」と、その地域への「土着」化を果たした特定の機能を具備する「二次移転」の両者を技術移転において重視し、

「二次移転」については日本人の留用技術者によって属人的に継承されたとする。ただし、中国が独自に機関車の修理能力を有したのは一九五二年、独自の機関車製造は五六年であることから、その後の中国の歴史の歩みを見ればなお技術移転が完了したわけではなかったと主張する。[68]そして最後に植民地本国たる日本の戦後では、満州で培われた鉄道技術は開花し得なかったと述べている。

以上、鉄鋼、化学、交通（鉄道）という三つの産業を中心に「工業化」と技術移転の実態を概観した。比較的満州国期の技術移転・「工業化」の継承が色濃く見られるのは化学産業であり、鉄鋼業では技術移転は「中継」的役割であったと解釈され、鉄道業では技術の「二次移転」が如何に困難であるかが示された。今後もより広い視野から、各種産業における満州国期の技術水準・「工業化」の進展レベルと、中華人民共和国建国後の技術水準の関係を、中華民国・ソ連等についても検討の対象としつつ、実証的に解明することが求められている。

最後に、企業史の研究動向を見ていこう。筆者は過去に日系企業に絞って一九六〇年代から二〇〇〇年代初頭までの研究成果を検討したが、[69]その際に以下の三点を論点として提示した。第一に植民地における企業行動を規定する経済環境において、植民地の「本国化」、ないしは植民地―本国間の「相互浸透」が企業行動においてどのように作用したか。第二に、「国策」と営利の関連性は如何なるものであったか。そして第三に、植民地企業の相互関係の実態解明である。行論では、満鉄・満鉄系企業、財閥系企業、「国策」的企業に分類して検討した。同稿の結論は、満州日系企業を研究する上で、企業の活動を規定する「経済環境」に留意すること、「国策」という言葉の多様性についての検討が必要になることであった。[70]本来であれば資本系統別、ないしは産業別に系統立てた上で分類し検討することが企業史研究として重要であり、加えて、民族資本系企業は考察の埒外であったこともこの研究動向論文の限界を示すものであった。

さて、満州企業史研究において、注目すべき成果が提出された。それが鈴木邦夫編『満州企業史研究』（日本経済評論社、二〇〇七年）である。同書の構成は、第一部を資本系列、第二部を産業別企業分析として、一八八〇年代から敗戦（一九四五年）と戦後処理までの満州における企業、とりわけ日系企業の活動を包括的に分析することを課題に掲げている。資本類型別・産業別個別企業の投資実態を解明する観点から進められたこの分析は、基礎的作業として各種の包括的な法人データを収集し、データベースを作成した点に最大の特徴を有する[71]。加えて、第一部第一章「経済政策と企業法制（小林英夫・柴田善雅稿）」は、企業をめぐる「経済環境」について、満鉄経済調査会による満州国の経済政策形成の全般的背景を考察し、企業活動に直結する税制と会社法制について検討を加えている。すなわち、資本類型（資本系列）の側面と産業内における各企業の位置という二つの方向から企業を検討することで、企業や資本系列が満州の産業全体の中でどのような活動をしたかを立体的に明らかにする。しかし、上述の二つの視角から設定された課題は、投資実態を中心とした企業活動の分析であり、それ以外の活動領域については同書においても分析には濃淡があるように思われる。満州企業史研究という研究領域は、同書の刊行を契機として今後の「収穫」が期待される状況にあると言えよう。なお、同書で定めた課題の焦点からは外れた民族資本系企業の動向については、個別民族資本系企業を俎上に載せた研究よりも、都市・地域における集積した民族資本系企業、あるいは、個別産業内の民族資本系企業を総体として論じる研究が増加しつつある[72]。すなわち、企業史・産業史と、都市史・地域史を接続することで、広く満州における民族資本の位置を問う研究が今後も活発に提出されていくものと思われる。

三　新たな『研究の「担い手」』の登場
――その環境と「担い手」の問題意識

一九八三年に発表された「留学生受け入れ一〇万人計画」以降、日本で学ぶ留学生は少しずつ増加していった。加えて、大学のみならず、大学院に留学する学生も増加していった。ここでは近年の大学院における人文科学・社会科学・教育学分野での留学生の推移と、同諸分野における中国、韓国朝鮮国籍の学生数の推移を提示していく。

一九九七年度から二〇〇六年度までの一〇年間における外国人大学院生の総体を見ていくと[73]、九七年度の一七一七二人（うち留学生一六五〇四人）から、〇六年度の二八三〇四人（二七一〇六人）へと増加している。次に、人文科学・社会科学・教育学分野における当該期間の留学生総計は、それぞれ、一七二六（一八六一）[74]→三五六六（三七五五）、三三八二一（三五二一九）→七八七七（八一九一二）、九八一（九九八）→一三四一（一三八二）と、分野にもよるが、おおよそ四割弱から一三〇％以上の増加を示した。そして、三分野における、外国人大学院生に占める中国、韓国朝鮮国籍の大学院生の当該期間の占有率の推移を見れば、人文科学では四八・七％→五九・六％（中国）、三六・二％→二一・一％（韓国朝鮮）。社会科学では五四・三％→六八・八％（中国）、二四・一％→一〇・三％（韓国朝鮮）。教育学では六八・五％→七三・九％（中国）、二〇・三％→一四・七％（韓国朝鮮）と、推移した。すなわち、これら文系諸専攻の研究科では、中国・韓国朝鮮国籍という東アジア出身の学生は、外国人学生の総和に比して八割弱から九割弱という圧倒的な存在感を示している。ただし、中国国籍学生は増加の一途を辿っているのに対して、韓国朝鮮国籍学生は鈍い増加率ないしは横這いを示している点が見受けられる。[75]

さてこのような状況は、博士号修得の局面においても少なからず影響を与えている。当該期間に満州・中国東北に関する歴史研究で博士号を修得した「外国名」研究者の一覧が表7－1である。

同表から明らかなように、一九九七年度から二〇〇六年度の一〇年間において、二〇人の「外国名」研究者が当該分野で博士論文を執筆し、博士号を修得している。研究内容を分類すれば、教育史：七、（広義の意味での）労働史・移民史：五（内、論文博士：一）、経済史・産業史・農業史：三、メディア史・思想史：二、文学史：二、「帝国」史：一（論文博士）となり、教育、労働・移民といった、ヒトへの問題意識が顕著に看取される。また、博士号修得者の九割が課程博士である点も注目される。

一方、紙幅の都合で詳細は提示しないが、当該期間における上述した領域について、「日本名」研究者で博士号を修得したのは一三人であった。[76] 研究内容を分類すれば、経済史・産業史・経営史：五（内、論文博士：二）、メディア史・「社会史」：三（内、論文博士：二）、外交史：一（論文博士）、移民史：二、教育史：一（論文博士）、「帝国」史：一となり、「外国名」研究者の博士論文とは研究領域と問題意識の双方において、若干の相違が看取されよう。また、論文博士の割合が「外国名」研究者のそれに比して高いのも特徴である。

前節で教育史研究の担い手に一定数を占める「外国名」研究者が存在することを指摘したが、当該期間において満

表7－1　「外国名」研究者による博士号修得者（1997～2006年度）

学位修得者名	学位論文題目	学位授与大学名	博士号名称	課程博士／論文博士	学位授与年月日
何治濱	中国東北と日本の経済関係史— 1910～20年代のハルビンを中心に	東京大学	経済学	課程	1998年3月30日
劉麗娜	近代日本植民地の学校教育史とその研究（1905年－1945年）	東京都立大学	教育学	課程	1999年3月25日
Watts, GARY Cragun	Dislocating the Modern : Japan's Maboroshi Manchurian Moments	大阪大学	人間科学	課程	1999年3月25日
張欣	梅娘と中国「淪陥区」文学	東京大学	文学	課程	1999年11月8日
王紅艶	「満洲国」の労工に関する史的研究—華北地区からの入満労工を中心に	一橋大学	社会学	課程	2000年6月28日
張乃麗	1930年代満州鉄鋼業の分析—日本鉄鋼業との関連において	日本大学	経済学	課程	2001年3月25日
申奎燮	帝国日本の民族政策と在満朝鮮人	東京都立大学	史学	論文	2002年3月20日
庾炳富	南満州鉄道株式会社撫順炭鉱における労務管理—把頭制度を中心として	九州大学	比較社会文化	課程	2002年3月25日
王勝今	戦前北東アジアにおける移民研究—中国東北地方を中心に	新潟大学	文学	論文	2002年3月26日
劉含発	日本人満洲移民と中国東北農民 —満洲移民の土地問題をめぐる日中農民関係	新潟大学	文学	課程	2002年3月26日
于逢春	中国東北地方における少数民族の教育に関する研究 — 1902年「壬寅学制」公布から1945年「満洲国」崩壊まで	広島大学	教育学	課程	2003年3月23日
尹東燦	「満洲」文学の研究	日本大学	芸術学	課程	2004年3月25日
権哲男	「満洲国」農業経済分析	東京経済大学	経済学	課程	2004年7月14日
高媛	観光の政治学—戦前・戦後における日本人の「満洲」観光	東京大学	社会情報学	課程	2005年2月16日
金美花	中国東北延辺地区の農村社会と朝鮮人の教育 —吉林省延吉県楊城村の事例を中心として（1930－1949）	一橋大学	社会学	課程	2005年3月28日
宝鉄梅	満州国および蒙疆政権におけるモンゴル人教育に関する研究	新潟大学	文学	課程	2005年9月20日
黄英蓮	「満洲」における近代的労務管理体制の萌芽—昭和製鋼所の労務管理の研究	一橋大学	社会学	課程	2005年11月29日
周軍	「満州国」における高等教育の研究	広島大学	学術	課程	2006年3月7日
許寿童	中国東北部における朝鮮人教育の研究1906～1920 —間島における朝鮮人中等教育と日中の政策を中心に	一橋大学	社会学	課程	2006年3月28日
張暁紅	1920－1945年中国東北部の綿業—奉天市の綿織物業を中心として—	九州大学	経済学	課程	2007年3月26日

（出所）「東京大学文学部・大学院人文社会系研究科 学術データベース 博士論文」（http://www.l.u-tokyo.ac.jp/cgi-bin/thesis_top.cgi）、「一橋大学 大学院社会学研究科・社会学部：研究活動 博士論文」（http://www.soc.hit-u.ac.jp/research/thesis/doctor/）、「国立情報学研究所　学術研究データベース・リポジトリ 博士論文書誌データベース」（http://dbr.nii.ac.jp/infolib/meta/CsvDefault.exe?DB_ID=G0000016GAKUI&GRP_ID=G0000016&DEF_XSL=default&IS_TYPE=csv&IS_STYLE=default)より、検索・作成（検索キーワードは、「満州」、「満洲」、「中国東北」、「満鉄」、「在満」、「日満」。最終検索確認：2008年1月20日）。なお、張暁紅氏の博士論文の詳細は、同氏へのヒヤリングより作成。

（註）本表では、分析対象期間に「日本支配期」（1904～1945年）を含む博士論文のみを掲示した。

州教育史研究で課程博士号を修得したのは「外国名」研究者だけであること、加えて、満州被支配層の中でもマイノリティに属する民衆を対象にした教育史研究による博士号修得が相次いでいることは注目に値する。そこでこれらの研究から、書籍化された前掲金美花の著作[77]について見ていきたい。

中国吉林省延辺朝鮮族自治州にかつて存在した楊城村を事例に、延辺（当時の呼称は間島）農村社会の変動と教育の展開を考察した同書は、生活構造と密接にかかわって展開された教育課程を描き出すことを課題に掲げた。間島における朝鮮人の教育のほとんどは民間の朝鮮人が協力して設立された学校で展開され、朝鮮人が教育を重視した理由は子どもの社会的上昇を望むという目的と関連していた。その背景には当該地域の朝鮮人農民の大多数が小作農であったという経済的要因が存在し、結果として、高い教育費等の負担が求められる都市部学校ではなく、村の私立学校で学業を終えることが多かった。しかし、ごく少数の中学校卒業生が間島朝鮮人社会において果たした役割は大きく、卒業生は村においても知識人としてリーダーになったり、共産主義運動・抗日運動を指導する立場に立ったりしたものもいた。そして、国共内戦期においては、朝鮮人の子ども達・農民達にとってハングルの教科書が延辺朝鮮人としての共通意識を醸成したことが示された。

さて、同書の序論では、近代中国研究において、「生きている人間の視点、生活者の視点」と、多民族国家中国を「周縁から見る」視点が存在することを指摘している。しかし、多民族国家中国の現代社会において、少数民族として位置付けられる朝鮮族の教育史研究たる同書の読解を通じて、民族の歴史的経験の復元を行なうことにより、民族の「誇りある」歴史を忘却しないための実践的活動という観点からも評価されるべきであるとの思いを抱くに至った。このことは同書がとりもなおさず、強い現状への問題意識に裏打ちされた歴史研究であることを意味しよう。そしてこれこそが、「外国名」研究者の研究のひとつの特徴であり、「日本名」研究者の研究では比較的弱い部分であろう。

前節第一項で取り上げた駒込武の論説において、帝国主義史研究と「帝国史」研究の問題意識の相違が提示されたが、彼ら「外国名」研究者の成果においては、駒込の指摘する検討課題の一つに則して研究が進展するものの、その問題意識は、駒込が退けようとしたクラシカルなものが基底に存在すると判断されよう。ここに、「帝国」研究の問題意識との相違が確認される。今後も、「外国名」大学院生、わけても東アジア諸国出身者は増大していくと思われ、彼らが手掛ける満州研究においては、現代中国社会への問題意識を強く有する歴史研究が提出されていくものと思われる。

おわりに

満州研究の現状と課題を論じるにあたって、本章では第一に、サーヴェイ論文において主張された論点の整理に対して近年の研究動向がどのような到達点を示しているかについて私見を述べた。第二節で見てきたように、近代日本の対外進出と植民地支配を見る分析視角として、「帝国」論が、従来の帝国主義史的アプローチに比して多く用いられるようになった。そして、「帝国」研究の視点から、これまでの満州に関する諸研究を再分類した結果、新たな研究アプローチの登場によって、植民地満州を問い直そうとする研究を旺盛に提出させていくのに効果を発揮したことが明らかになった。

一方で、「帝国」研究で提出された諸課題は、従来の「満州支配・侵略」研究においても、研究の必要性としては見過ごされてきたわけではなかったことが本章の主論点である。従来の「満州支配・侵略」研究も、地域史的観点からの研究も、見ている社会・経済の実態は同一であり、研究者の何に重点を置くかという視点の相違により異なる歴史像が提出された面があるのである。

また、近年、満州経済史・産業史・企業史研究において多くの重要な成果と新たな論点が提出された。植民地下の工業化と、ポスト植民地期の技術移転の問題について、一層の解明が進展した。加えて、日系企業に関する共同研究が刊行されたこと、そして民族資本に関しては、企業史・産業史と、都市史・地域史を接続することで、広く満州における民族資本の位置を問う研究が活発に提出された。

本章の第二の焦点は、研究潮流とは一定の距離を置いた研究が多数提出されている事実について、その「環境」を解明する点にあった。それが第三節第三項で示した留学生を中心とした「外国名」研究者による旺盛な成果提出であった。博士号の修得では、近年では「外国名」研究者の方が「日本名」研究者を上回る状況にあり、加えて、「外国名」研究者の問題関心は、満州被支配層の中でもマイノリティに属する民族・民衆とそれを対象にした教育史研究が一定の割合を占めた。これらの成果が提出される一端には、多民族国家である中国社会への、強い現状に対する問題意識が存在すると同時に、近年の「帝国」研究が退けようとしたクラシカルなものが基底に存在すると判断されよう。

最後に満州研究の今後にとって重要な課題を二点述べておく。

第一には、研究手法の多様化は旺盛な成果提出につながってきたが、経済・社会各領域の段階的変容に関する実証研究の進化こそが、「帝国」研究・地域史研究において、未解明の領域を解明する効果を果たすであろうということである。

第二には、満州という「場」の独自性は、植民地本国・他の植民地との相互規定、植民地本国への「還流」が、他の植民地と比して少なくない点からも明らかである。満州という「場」において貫かれた、「支配・侵略」の実態を多面的に考察することは、他の植民地との比較をする上で重要な意味を持つと同時に、日本以外の植民地研究や帝国史に対しても、有益な示唆を与えることが可能になろう。

二一世紀において満州研究を新たに活性化していく上で、上記二点の課題に留意すると共に、「外国名」研究者の成果が示してくれた、現状と国境を越えた人々の経験に対する強い問題意識を持続することこそが、求められよう。

注

(1) 以後、本章においては、「満州」、「満州国」、「満鉄(=南満州鉄道株式会社)」等については、歴史的用語であり、本来は「」を付すべきであるが、繁雑のため、特に断らない限りは「」を付さないこととする。

(2) これら諸研究については、後述するように、本論において触れていくが、文献リストのみ、ここで紹介を行う。上田貴子・小都晶子「東北アジア近現代史関係文献目録(一九九九〜二〇〇五年)」(近現代東北アジア地域史研究会『News letter』第一七号、二〇〇五年一二月)。

(3) 以下の記述の内、研究生成期の動向については、柳沢遊・岡部牧夫「解説・帝国主義と植民地」(柳沢遊・岡部牧夫編『展望日本歴史 二〇 帝国主義と植民地』東京堂出版、二〇〇一年)二〜五頁に基づく。

(4) 後に、『危機における日本資本主義の構造』(岩波書店、一九五一年）として刊行。

（5）北条秀一『道は六百八十里―満洲から日本へ―』（引揚者団体全国連合会出版部、一九四八年）。

（6）山室信一「最後の『満州国』ブームを読む」（『中央公論』一九八九年六月号）。

（7）別冊『環』vol.12（満鉄とは何だったのか）（藤原書店、二〇〇六年）に所収されている「回想の満鉄―満鉄二世の目から」。小川薫『父と娘の満州―満鉄理事犬塚伸太郎の生涯』（新風社、二〇〇六年）等が、近年刊行されたものとして挙げられる。

（8）御厨貴編『時代の先覚者・後藤新平一八五七－一九二九』藤原書店、二〇〇四年。鶴見祐輔（一海知義校訂）『〈決定版〉正伝 後藤新平』（全八分冊）』藤原書店、二〇〇四－二〇〇六年。藤原書店編集部編『後藤新平の「仕事」』藤原書店、二〇〇七年。

（9）筆者が参加したシンポジウムは、早稲田大学アジア太平洋研究センター・魅力ある大学院教育イニシアティブオフィス主催「公開シンポジウム『〝満洲〟とは何であったのか』」（二〇〇七年一月三一日、早稲田大学国際会議場）であった。

（10）川北稔「帝国主義史から帝国史へ―日本におけるイギリス帝国史研究の変遷―」木畑洋一編『現代世界とイギリス帝国』ミネルヴァ書房、二〇〇七年。

（11）中国東北地方の図書館、档案館、資料館等が所蔵している日本支配期の諸資料の多くが外国人研究者に公開されるようになった（一部、依然として非公開のものもある）。この中では遼寧省档案館が比較的活発に所蔵資料の一部を分野別に精選して、復刻出版を行っている。また、旧大蔵省が長く保存していた閉鎖機関整理委員会の原資料が国立公文書館に移管され、一定の手続きを踏まえれば資料の閲覧も可能な状況にあることは、満州のみならず植民地研究全般において、今後更なる研究の前進を担保する資料的環境の整備として理解されよう。ただし、植民地企業＝在外活動機関については、接収した資料が内地の本社・支社等に残存していたものが中心であることに留意する必要がある。同資料に所収された在外活動機関の詳細については、閉鎖機関整理委員会編『閉鎖機関とその特殊清算』（在外活動機関特殊精算所、一九五四年。クレス出版復刻、二〇〇〇年）、平山勉「『閉鎖機関関係資料』をめぐって」（『日本植民地研究』第一四号、二〇〇二年六月）を、これら資料を用いた研究（ただし、在外機関についてはほとんど触れられていない）については、原朗・山崎志郎編『戦時日本の経済再編成』（日本経済評論社、二〇〇六年）を参照されたい。

（12）駒込武「『帝国史』研究の射程」（『日本史研究』第四二五号、二〇〇〇年四月）。実際の叙述は、「帝国史研究は『朝鮮人や台湾人にとっての植民地支配はどのような意味を持ったのか』という問いへのこだわりを欠く時、きわめて容易に『日本人』による『日本人』のための『朝鮮史』『台湾史』研究へと回収されてしまうであろう」（一二四頁）。

(13) 同前稿。この論説は、一九九九年度日本史研究会大会統一テーマ「戦後歴史学の総括―時空の分節化とその方法―」、第四分科会（近現代史部会）「帝国日本の支配秩序―一五年戦争期を中心に―」におけるコメントとして執筆されたものである。

(14) 同前稿、二二四頁。

(15) 同前稿、二二五頁。

(16) 駒込武「『帝国のはざま』から考える」（『年報・日本現代史』第一〇号（「帝国」と植民地―「大日本帝国」崩壊六〇年―）現代史料出版、二〇〇五年）。

(17) 同大会は、二〇〇四年七月四日に立教大学太刀川記念館で開催された。なお、同共通論題の「報告と討論」は、『日本植民地研究』第一七号（アテネ社、二〇〇五年六月）七七～七八頁に記載されている。ここでは同稿と、大会当日に配布された資料、報告者の報告を筆者がメモした内容に基づき述べていく。なお、同共通論題が設定されたひとつの要因として、山本有造編『帝国の研究』（名古屋大学出版会、二〇〇三年）の刊行が挙げられる。

(18) なお、（ ）内は研究者が取り組んだ研究テーマを説明したもので、それに該当する諸研究は、紙幅の関係上省略する。

(19) 後に、山本は、「近代日本帝国における植民地支配の特質」（『経済志林』第七三巻第四号、二〇〇六年三月）において、同報告をより日本に則して議論を展開している。また、同報告に先立って、「『満洲国』論―日本植民地帝国と「満洲」―」（同『「満洲国」経済史研究』名古屋大学出版会、二〇〇三年）において、日本植民地帝国五〇年の歴史における「満洲」の役割とその意味を概観している。

(20) 京都大学人文科学研究所『人文学報』第九一号（特集 文化相渉活動の諸相とその担い手）京都大学人文科学研究所、二〇〇四年一二月。

(21) 同共同研究では文化について、「予めその内実を規定することなく、人と人、集団と集団が遭遇し、衝突し、交流していく中で、そこで生じた事象や現象から文化とは何かについてみていく」方法を取ったと述べている（山室信一「序文―文化相渉理論の形成をめざして―」同前『人文学報』ii頁）。

(22) このことは、同共同研究における山室信一「文化相渉活動としての軍事調査と植民地経営」（同前『人文学報』第九一号）の論説においても確認される。なお、山室信一「国民帝国・日本の形成と空間知」をはじめとする『講座「帝国」日本の学知第八巻（空間形成と世界認識）』（岩波書店、二〇〇六年）は、本報告と共同研究の具体的な成果と見ることができる。

(23) 「編集にあたって」（『講座「帝国」日本の学知』各巻）V頁。

(24) なお満州に関して「帝国」的把握による新たな歴史像を提示した著作として、L・ヤング（加藤陽子他訳）『総動員帝国―満洲と戦時帝国主義の文化』（岩波書店、二〇〇一年）が存在する。

(25)　原朗「一九三〇年代の満州経済統制政策」(満州史研究会編『日本帝国主義下の満州』御茶の水書房、一九七二年)。同「『満州』における経済統制政策の展開―満鉄改組と満業設立をめぐって―」(安藤良雄編『日本経済政策史論』下巻、東京大学出版会、一九七六年)。

(26)　ここでは、以下の論説と資料集を挙げることとする。井村哲郎編『満鉄調査部―関係者の証言―』アジア経済研究所、一九九六年。同編『一九四〇年代の東アジア―文献解題』アジア経済研究所、一九九七年。同「拡充前後の満鉄調査組織（I）～（II）―日中戦争下の満鉄調査活動をめぐる諸問題―」(『アジア経済』第四二巻八号、九号、二〇〇一年八月、九月)。同「『日満支インフレ調査』と満鉄調査組織」(『アジア経済』第四四巻第五・第六号、二〇〇三年六月)。同「辛亥革命と満鉄―奉天公所の情報活動を中心に―」(新潟大学東アジア学会編『東アジア』第一五号、二〇〇六年三月)。同「日本の中国調査機関―国策調査機関設置問題と満鉄調査組織を中心に」(末廣昭編『講座「帝国」日本の学知　第六巻（地域研究としてのアジア）』岩波書店、二〇〇六年)。

(27)　ここでは小林による近年の論説、資料集、主導した共同研究の内、本文に掲げた「制度創出・調査」に関わる成果を挙げることとする。小林英夫『満鉄―「知の集団」の誕生と死―』吉川弘文館、一九九六年。遼寧省档案館・同編『満鉄経済調査会史料（全六巻）』柏書房、一九九八年。同「満鉄調査部と旧ソ連調査」(多賀秀敏編『国際社会の変容と行為体』成文堂、一九九九年)。同編『近代日本と満鉄』吉川弘文館、二〇〇〇年。同「後藤新平と満鉄調査部」(同前書)。同「日中戦争と満鉄」(同前書)。同・加藤聖文・南郷みどり編『満鉄経済調査会と南郷龍音―満洲国通貨金融政策史料―』社会評論社、二〇〇四年。同・福井紳一編『満鉄調査部事件の真相―新発見史料が語る「知の集団」の見果てぬ夢―』小学館、二〇〇四年。同『満鉄調査部―「元祖シンクタンク」の誕生と崩壊』平凡社新書、二〇〇五年。同『満州と自民党』新潮新書、二〇〇五年。同・張志強編『検閲された手紙が語る満洲国の実態』小学館、二〇〇六年。同『満鉄調査部の軌跡―一九〇七‐一九四五―』藤原書店、二〇〇六年。

(28)　武部六蔵（田浦雅徳・古川隆久・武部健一編）『武部六蔵日記』芙蓉書房出版、一九九九年。同日記の解説書として、古川隆久『あるエリート官僚の昭和秘史―「武部六蔵日記」を読む』(芙蓉書房出版、二〇〇六年)が存在する。ただし同解説書の記述においては、満州・満鉄の歴史的事実に関する誤認・誤表記が散見されており注意を要する。

(29)　小林英夫・加藤聖文・南郷みどり編前掲書『満鉄経済調査会と南郷龍音』。

(30)　平山勉「満鉄社員会の設立と活動―会社経営への参画問題を中心に―」(『三田学会雑誌』第九三巻第二号、二〇〇〇年七月)。山本裕「『満州国』における鉱産物流通組織の再編過程―

日満商事の設立経緯 一九三二―一九三六年」(『歴史と経済(旧土地制度史学)』第一七八号、二〇〇三年一月)。

(31) この点については、満鉄調査部門の調査活動の実態に着目した共同研究の成果として、松村高夫・江田憲治・柳沢遊編『満鉄調査の研究―その「神話」と実態―』(青木書店、二〇〇八年)が存在する。

(32) ここではその代表的な研究として、満州移民史研究会編『日本帝国主義下の満州移民』(龍渓書舎、一九七六年)を挙げるにとどめる。

(33) ここでは、書籍にまとめられた研究、まとめられた共同研究に都市商工移民に関する論説が所収された書籍の中で代表的なものを挙げるにとどめる。波形昭一『日本植民地金融政策史の研究』早稲田大学出版部、一九八五年。波形昭一編『近代アジアの日本人経済団体』同文舘、一九九七年。柳沢遊『日本人の植民地経験―大連日本人商工業者の歴史―』青木書店、一九九九年。そしてやや時期はずれるが、柳沢遊・木村健二編『戦時下アジアの日本経済団体』(日本経済評論社、二〇〇四年)を挙げておく。

(34) ただし、オーラルヒストリーの手法を用いた満州移民に関する成果が、一九九〇年代半ば頃より発表され始めたことは注目に値する。九〇年代における代表的な研究として、蘭信三『「満州移民」の歴史社会学』(行路社、一九九四年)、相庭和彦ほか『満州「大陸の花嫁」はどうつくられたか』(明石書店、一九九六年)が存在する。また、オーラルヒストリーと強い親和性を持つ、「記憶」に関する共同研究の成果として、山本有造編『満洲―記憶と歴史―』(京都大学学術出版会、二〇〇七年)が刊行された。

(35) 今井良一「『満州』農業移民の経営と生活―第一次移民団『弥栄村』を事例として」(『土地制度史学』第一七三号、二〇〇一年一〇月)。同「『満州』試験移民の地主化とその論理―第三次試験移民団『瑞穂村』を事例として」(『村落社会研究』第九巻第二号、二〇〇三年三月)。同「戦時下における『満州』分村開拓団の経営および生活実態―長野県泰阜分村第八次大八浪開拓団を事例として」(『村落社会研究』第一二巻第一号、二〇〇五年九月)。なお、農業移民に関する研究は九〇年代後半以降、再び活発化するに至った。「帝国」日本の農業政策に焦点を当てた玉真之介の諸研究と、満州国における移民政策に焦点を当てた小都晶子の諸研究をここでは挙げておく。玉真之介「総力戦下の『ブロック内食糧自給構想』と満州農業移民」(『歴史学研究』第七二九号、一九九九年一〇月)。同「満洲産業開発政策の転換と満洲農業移民」(『農業経済研究』第七二巻第四号、二〇〇一年三月)。小都晶子「『満洲国』政府による日本人移民政策実施体制の確立と『日満一体化』」(『現代中国』第七七号、二〇〇三年一〇月)。同「日本人移民政策と『満洲国』政府の制度的対応―拓政司、開拓総局の設置を中心に」(『アジア経済』第四七巻第四号、二〇〇六年四月)。

(36) 猪股祐介「『満洲移民』の植民地経験―岐阜県郡上村開拓団を事例として―」(『相関社会科学』第一二号、二〇〇三年三月)。玉真之介「満洲林業移民と営林実務実習生制度」(『青森県史研究』第八号、二〇〇三年一二月)。藤巻啓森「青森県における満州林業移民」(『日本植民地研究』第一七号、二〇〇五年六月)。細谷亨「『満洲』農業移民の社会的基盤と家族―長野県下伊那郡川路村を事例に―」(『飯田市歴史研究所年報』第五号、二〇〇七年八月)。

(37) ここでは、「満州引揚」に絞って、石堂清倫『大連の日本人引揚の記録』(青木書店、一九九七年)、加藤聖文「戦後東アジアの冷戦と満洲引揚―国共内戦下の在満日本人社会―」(『東アジア近代史』第一二号、二〇〇六年三月)を挙げるにとどめる。

(38) 女性史研究については、相庭和彦ほか前掲書『満州「大陸の花嫁」はどうつくられたか』、沈潔「戦時期の満洲における女性生活の構図」(『歴史評論』第六一二号、二〇〇一年四月)、早川紀代「女性の対抗するアイデンティティー―帝国日本と傀儡国家満洲国―」(東海ジェンダー研究所『ジェンダー研究』第五号、二〇〇二年一二月)、沈潔・魯岩「「満洲国」における女性政治団体の構成及び対抗」(『高知女子大学紀要』第五二号、二〇〇三年三月)を参照。

(39) なお、これら研究の活性化を担保するものとして、一九九八年に、満州のみならず植民地全般に関する教育史研究をカヴァーする、『植民地教育史研究年報』の刊行が開始された。教育史に関する研究業績は膨大な数が提出されており、以下に、近年、書籍としてまとめられた研究を挙げるにとどめることとする。竹中憲一『「満州」における教育の基礎的研究(第一巻~第六巻)』柏書房、二〇〇〇年。渡部宗助・竹中憲一編『教育における民族的相克(日本植民地教育史論一)』東方書店、二〇〇〇年。王智新・君塚仁彦・大森直樹・藤澤健一編『批判植民地教育史認識』社会評論社、二〇〇〇年。王智新編『日本の植民地教育・中国からの視点』社会評論社、二〇〇〇年。竹中憲一『大連アカシアの学窓―証言・植民地教育に抗して』明石書店、二〇〇三年。山根幸夫『建国大学の研究』汲古書院、二〇〇三年。斉紅深編(竹中憲一訳)『「満州」オーラルヒストリー―〈奴隷化教育〉に抗して―』皓星社、二〇〇四年。竹中憲一『「満州」における中国語教育』柏書房、二〇〇四年。志々田文明『武道の教育力―満洲国・建国大学における武道教育―』日本図書センター、二〇〇五年。金美花『中国東北農村社会と朝鮮人の教育―吉林省延吉県楊城村の事例を中心として(一九三〇―四九年)―』御茶の水書房、二〇〇七年。

(40) 磯田一雄他編『在満日本人用教科書集成(第一巻~第一〇巻)』柏書房、二〇〇〇年。竹中憲一編『「満州」植民地日本語教科書集成(一~七)』緑蔭書房、二〇〇二年。同編『「満州」植民地中国人用教科書集成(一~八)』緑蔭書房、二〇〇五年。

(41) 「外国名」研究者の教育史研究の成果について、以下に挙げていく。満州における少数民族教育に関する于逢春の一連の研究。于逢春「中国朝鮮族教育をめぐる中日両国の競争―一九〇五～三一年の『間島』を中心に」（『アジア文化研究』第八号、二〇〇一年六月）。同「『満州国』の蒙古族に対する日本語教育に関する考察」（『広島大学大学院教育学研究科紀要 第三部 教育人間科学関連領域』第五〇号、二〇〇二年二月）。同「『満洲国』及び『蒙疆政権』のラマ教僧侶教育政策」（『日本の教育史学』第四五集、二〇〇二年一〇月）。同「中国朝鮮族宗教団体による民族教育に関する一考察―一九〇〇～一九三〇年代の中国東北地方を中心に―」（『国際教育』第八号、二〇〇二年一〇月）。同「清末民初期、中日両国の朝鮮族に対する教育政策の一側面―間島墾民教育会の教育活動を中心に―」（『広島東洋史学報』第七号、二〇〇二年一一月）。同「『満洲国』における朝鮮族教育制度の成立過程」（『教育制度学研究』第九号、二〇〇二年一一月）。同「中華民国期における蒙旗教育に関する一考察―奉天東北蒙旗師範学校を中心に―」（『広島大学大学院教育学研究科紀要 第三部 教育人間科学関連領域』第五一号、二〇〇三年三月）。同「『満洲国』の蒙古族留学政策の展開」（『植民地教育史研究年報』第五号、二〇〇三年三月）。

中国朝鮮族の教育に関する朴龍玉の諸研究。朴龍玉「中国における朝鮮族私立学校の形成発展とその教育課程の特質―『九・一八事変』以前の民族教科内容の考察を中心に」（『名古屋大学教育学部紀要 教育学科』第四五巻第二号、一九九九年三月）。同「中国の朝鮮族に対する日本側の教育政策の展開―『満洲国』成立以前の公立普通学校の教育過程に注目して」（『名古屋大学大学院教育発達科学研究科紀要教育科学』第四八巻第二号、二〇〇二年三月）。

間島地域における教育政策と実態を研究した許寿童の諸研究。許寿童「日本の在満朝鮮人教育政策 一九三一―一九三七―間島の朝鮮人私立学校を中心に」（『一橋研究』第二七巻第二号、二〇〇二年七月）。同「間島における日本人教育―満洲事変前を中心に―」（『朝鮮史研究会論文集』第四一号、二〇〇三年一〇月）。

満州（中国東北部）の朝鮮人（朝鮮族）教育問題に関する権寧俊の諸研究。権寧俊「清末における中国東北部の朝鮮民族教育と日中両国政府の教育関与」（『現代中国』第七五号、二〇〇一年一〇月）。同「『近現代中国の朝鮮民族における民族教育と言語文化』をめぐる研究成果と史料について」（近現代東北アジア地域史研究会『News letter』第一六号、二〇〇四年一二月）。同「朝鮮人の『民族教育』から朝鮮族の『少数民族教育』へ」（『文教大学国際学部紀要』第一五巻第二号、二〇〇五年一月）。

王智新編前掲書『日本の植民地教育・中国からの視点』。斉紅深編前掲書『「満洲」オーラルヒストリー』。金美花前掲書『中国東北農村社会と朝鮮人の教育』。

(42) わけても、同講座の第六巻は、『地域研究としてのアジア』と題し、満州を含む広くアジアにおける日本の調査研究活動を、学知として位置付けている。同書の総論であり、近代日本のアジア調査の歴史的地位を考察した論説として、末廣昭「アジア調査の系譜―満鉄調査部からアジア経済研究所へ」を参照。

(43) 木場明志「『偽満州国』首都新京の日本仏教による満州仏教組織化の模索―一九三五年(康徳二年)の様相」(『大谷学報』第八一巻第四号、二〇〇二年一一月)。同「満洲国の仏教」(『思想』第九四三号、二〇〇二年一一月)。孫江「宗教結社、権力と植民地支配―『満州国』における宗教結社の統合」(国際日本文化研究センター『日本研究』第二四号、二〇〇二年二月)。槻木瑞生「アジアにおける日本宗教教団の活動とその異民族教育に関する覚書―満洲における仏教教団の活動―」(『同朋大学仏教文化研究所紀要』第二二号、二〇〇三年三月)。大澤広嗣「宗教学研究者と「満洲国」―建国大学の松井了穏―」(『仏教文化学会紀要』第一五号、二〇〇七年一月)。なお、大阪経済法科大学アジア研究所『東アジア研究』第四八号(二〇〇七年三月)において、「日中戦争期の外地における日本の宗教活動」について特集が組まれ、槻木瑞生「満洲国時代の宗教教団の活動と教育」、倉橋正直「満州キリスト教開拓団」が所収された。

(44) メディアに関する研究は、近年、活発に研究が提出されつつある現状にある。ここでは、以下の研究を挙げるにとどめる。橋本雄一「声の勢力版図―『関東州』大連放送局と『満洲ラヂオ新聞』の連携」(『朱夏』第一一号、一九九八年一〇月)。李相哲『満州における日本人経営新聞の歴史』凱風社、二〇〇〇年。佐藤純子「満洲国通信社の設立と情報対策」(『メディア史研究』第九号、二〇〇〇年三月)。同「同盟情報圏形成期の満洲国通信社」(『日本歴史』第六三五号、二〇〇一年四月)。林惠玉「東アジアにおけるマス・メディア史研究―日本統治下の台湾、満州における放送事業」(『中央大学経済研究所年報』第三二号(I)、二〇〇二年三月)。貴志俊彦「日中戦争期、東アジア地域のラジオ・メディア空間をめぐる政権の争覇」(宇野重昭・増田祐司編『北東アジア世界の形成と展開』日本評論社、二〇〇二年)。山本武利「満州における日本のラジオ戦略」(『インテリジェンス』第四号、二〇〇四年五月)。川島真「満洲国とラジオ」(貴志俊彦・川島真・孫安石編『戦争・ラジオ・記憶』勉誠出版、二〇〇六年)。西原和海「満洲における弘報メディア―満鉄弘報課と『満洲グラフ』のことなど」(『國文學』第五一巻第五号、二〇〇六年五月)。須永徳武「メディア産業」(鈴木邦夫編『満州企業史研究』日本経済評論社、二〇〇七年)。

(45) これらの領域の研究について以下に挙げていく。村上美代治『歴史のなかの満鉄図書館―図書館活動の構図と原動力―』(私家版、一九九九年)。満州の図書館に関する岡村敬二の以下にあげる一連の研究。岡村敬二「満鉄大連図書館館長柿沼介の事績」(『朱夏』第一二号、一九九九年四月)。なお、同誌の同号は、「特集 満洲の図書館とライブラリアン」と銘打っている。同「満洲図書館協会の歴史―附論 奉天省図書館聯合研究会の創設と活動」(京都学園大学人間文化学会『人間文化研究』第九

号、二〇〇二年一一月）。博物館に関する君塚仁彦の以下にあげる諸研究。君塚仁彦「植民地博物館史研究を問う―『満州国』に関する研究動向を中心に」（王智新・君塚仁彦・大森直樹・藤澤健一編前掲書『批判 植民地教育史認識』）。同「『満州国』社会教育政策と博物館に関する考察（1）～（2）」（『東京学芸大学紀要 第一部門 教育科学』第五二号、第五四号、二〇〇一年三月、二〇〇三年三月）。大出尚子「『満洲国』国立中央博物館と「満洲国」の建国理念―副館長藤山一雄の『民族協和』構想」（『社会文化史学』第四六号、二〇〇四年一〇月）。大場利康「満洲帝国国立中央図書館籌備処の研究」（『参考書誌研究』第六二号、二〇〇五年三月）。小黒浩司「満鉄児童読物研究会の活動：満鉄学校図書館史の一断面」（『図書館界』第五七巻第一号、二〇〇五年五月）。

(46) 松村高夫・解学詩・郭洪茂・李力・江田いづみ・江田憲治『戦争と疫病 七三一部隊のもたらしたもの』（本の友社、一九九七年）。飯島渉「近代中国における『衛生』の問題―二〇世紀初頭『満州』を中心に」（『歴史学研究』第七〇三号、一九九七年一〇月）。同「植民地主義と医学―開拓医学と満州」（前掲『環』vol.10（満洲とは何だったのか）藤原書店、二〇〇二年）。松村高夫「『新京・農安ペスト流行』（一九四〇年）と七三一部隊（上）～（下）」（『三田学会雑誌』第九五巻第四号、第九六巻第三号、二〇〇三年一月、二〇〇三年一〇月）。沈潔「『満洲国』社会事業の展開―衛生医療事業を中心に」（『社会事業史研究』第三一号、二〇〇三年一二月）。江田いづみ「満州医科大学と『開拓衛生』」（『三田学会雑誌』第九七巻第二号、二〇〇四年七月）。

(47) 今後、これら分野の研究を活性化させる基礎的整備として、資料状況に関する書籍の刊行も進められつつある。ここでは、岡村敬二『「満洲国」資料集積機関概観』（不二出版、二〇〇四年）、植民地文化研究会編『《満洲国》文化細目』（不二出版、二〇〇五年）を挙げておく。

(48) 同氏による満州国の統治問題に関する論説は、これ以外に、塚瀬進『満洲国―「民族協和」の実像―』（吉川弘文館、二〇〇〇年）が存在するが、概説書という性格から、本文に掲げた両論説を検討対象に選択した。なお、一九二〇～三〇年代前半期における満州社会の特徴を通貨流通という観点からミクロ的に検討した成果として、安冨歩・福井千衣「満洲の県流通券―県城中心の支払共同体の満州事変への対応」（『アジア経済』第四四巻第一号、二〇〇三年一月）が存在する。

(49) 鈴木隆史『日本帝国主義と満州―一九〇〇～一九四五』（全二巻）塙書房、一九九二年。

(50) 解学詩『偽満洲国史新編』人民出版社、北京、一九九五年。

(51) 塚瀬進前掲稿「一九四〇年代における満洲国統治の社会への浸透」二頁。

(52) 同前稿、二一～三頁。

(53) 塚瀬進前掲稿「満洲国社会への日本の統治能力の浸透」一

二〇頁。
(54) 風間秀人・飯塚靖「農業資源の収奪」(浅田喬二・小林英夫編『日本帝国主義の満州支配』時潮社、一九八六年)。
(55) 風間秀人『満州民族資本の研究―日本帝国主義と土着流通資本』緑蔭書房、一九九三年。
(56) 塚瀬進前掲稿「満洲国社会への日本の統治能力の浸透」一二八頁。
(57) 山本裕「『満州』における石炭業」(原朗・山崎志郎編前掲書『戦時日本の経済再編成』)二一八～二二〇頁。
(58) 山本有造前掲書『「満洲国」経済史研究』八四頁。
(59) 山本裕「書評　山本有造著『「満洲国」経済史研究』」(『日本植民地研究』第一八号、二〇〇六年六月)八四頁。
(60) 堀和生「日本帝国と植民地関係の歴史的意義―両大戦間期の貿易分析を通じて―」(堀和生・中村哲編『日本資本主義と朝鮮・台湾―帝国主義下の経済変動』京都大学学術出版会、二〇〇四年)。
(61) 同前稿、五～二〇頁。
(62) 松本俊郎『「満洲国」から新中国へ―鞍山鉄鋼業より見た中国東北の再編過程』名古屋大学出版会、二〇〇〇年。
(63) 峰毅「『満洲』化学工業の開発と新中国への継承」(『アジア研究』第五二巻第一号、二〇〇六年一月)。
(64) 飯塚靖「満鉄撫順オイルシェール事業の企業化とその展開」(『アジア経済』第四四巻第八号、二〇〇三年八月)。
(65) なお、現代の中国化学工業の源流を検証する観点から永利化工、天原電化、満州化学、満州電化の四企業に則して中華民国期から中華人民共和国までの時期について分析した成果として、田島俊雄「中国化学工業の源流―永利化工、天原電化、満州化学、満州電化」(『中国研究月報』第五七巻第一〇号、二〇〇三年一〇月)が存在する。
(66) 峰毅「戦間期東アジアにおける化学工業の勃興」(田島俊雄編『二〇世紀の中国化学工業』(東京大学社会科学研究所調査研究シリーズNo.17)、二〇〇五年三月)
(67) 長見崇亮「満鉄の技術移転と中国の鉄道復興―満鉄の鉄道技術者の動向を中心に―」(『日本植民地研究』第一五号、二〇〇三年六月)。同「留用技術者と満鉄の技術移転【満鉄中央試験所と鉄道技術研究所を中心に】」(前掲別冊『環』vol.12)。ここでは、よりコンパクトに論旨を示した後者の論稿を中心に触れていく。
(68) 長見はまた、一九五三年頃より活発化したソ連からの技術導入は、六〇年のソ連技術者の総帰国の結果、ソ連が関与したプロジェクトは一斉に頓挫し、機械設備が全く非稼動のまま遂に復旧しなかったことから、「一次移転」すらも完了しなかったことを指摘している(長見崇亮同前稿「満鉄の技術移転と中国の鉄道復興」二〇四頁)。
(69) 山本裕「『満州』日系企業研究史」(田中明編『近代日中関係史再考』日本経済評論社、二〇〇二年)。

(70) なお、江夏由樹・中身立夫・西村成雄・山本有造編『近代中国東北地域史研究の新視角』(山川出版社、二〇〇五年)、「第一部 経済と組織」に所収された四論説について、大沢武彦は論者間において「国策」という言葉に共通の理解があるのかについて、「第一回戦後『満洲』史研究会」(二〇〇六年四月一日開催)における同氏の報告と質疑応答の議論を踏まえた上で疑問を呈している(大沢武彦「書評 江夏由樹・中身立夫・西村成雄・山本有造編『近代中国東北地域史研究の新視角』」(『日本植民地研究』第一八号、二〇〇六年六月))。

(71) 法人企業データベースの全体像については、鈴木邦夫編『満州企業史研究』(日本経済評論社、二〇〇七年)の第二章の疋田康行「資本系列の概要」を参照。

(72) ここでは近年の研究として、奉天市の民族資本系紡績業に関する張暁紅の一連の研究をあげる。張暁紅「満州事変期における奉天工業構成とその担い手」(九州大学大学院経済学会『経済論究』第一二〇号、二〇〇四年一一月)。同「一九二〇年代の奉天市における中国人綿織物業」(『歴史と経済』第一九四号、二〇〇七年一月)。また、中国人商人により結成されていた商務会に関しては、松重充重「植民地大連における華人社会の展開—一九二〇年代初頭大連華商団体の活動を中心に—」(曽田三郎編『近代中国と日本—提携と敵対の半世紀』御茶の水書房、二〇〇一年)、大野太幹「満鉄附属地華商商務会の活動—開原と長春を例として—」(『アジア経済』第四五巻第一〇号、二〇〇四年一〇月)を挙げるにとどめる。

(73) 以下、本段落におけるデータは特に断らない限りは、文部省(文部科学省)『学校基本調査報告書(高等教育機関)』平成九年度~平成一八年度に掲載され、筆者が算出したものである。

(74) ( )内は、留学生の人数に、外国籍非留学生の人数を合算したものを表す。以下、同様。

(75) なお、原資料においては一九九七年度のみ、「香港」項目が設置されていたが、九八年度以降は「中国」項目に抱合されていることから、本章で引用するにあたっても合算した数値を提示した。

(76) 調査にあたっては、表7-1に記載した同様の手法に加えて、「大阪外国語大学中国文化フォーラム」http://homewww.osaka-gaidai.ac.jp/~c-forum/index.htm の検索結果を付け加えた。なお、一人の博士論文は満州の記憶に関する研究であるが、記憶の対象が「満州」期であることから含むこととした。

(77) 金美花前掲書『中国東北農村社会と朝鮮人の教育』。

あとがき

本書の刊行は日本植民地研究会の創立二〇年の記念という意味合いをもつ。ここで日本植民地研究会創立の経緯と活動の一端を簡単に紹介しておきたい。当時の日本植民地史研究の代表的な研究者の一人であった駒澤大学の浅田喬二を中心として日本植民地研究会は一九八六年一二月に設立された。研究会は毎月第一土曜日に駒澤大学で開催され、「原則として東京周辺に在住し、例会に参加可能な者」を会員とした。設立時に簡単な会則が定められたが、そこには役員の規定もなく、会員数も十数名と小規模な研究会であった。その際に掲げられた目標は、「各植民地、占領地間の研究交流を促進し、若手研究者の新鮮な問題意識をふまえ、新たな植民地像を作り」あげることであった。事務局はやはり当時駒澤大学にいた小林英夫が担当し、都立大学助手だった山田朗や駒澤大学の大学院生だった飯塚靖が若手の事務局員として研究会の運営を支えた。このように小規模で緩やかな組織として日本植民地研究会は出発したが、設立から約二年後の一九八八年一二月に年報『日本植民地研究』の創刊号を発行する。この創刊号は三本の論文と三本の書評を収録した二〇〇ページにおよぶ冊子であり、会員数が二〇名程度の発足間もない研究会の機関誌としては分不相応に立派なものであった。明らかに発行所であった龍渓書舎の意気込みと支援の賜物であった。こうして研究会は順調に毎月の例会を重ね、年報『日本植民地研究』第四号では「日本の資本輸出」をテーマに特集号を発行するまでになった。この頃には研究会の存在も少しずつ知られるようになり、様々な大学の大学院生が研究会に入会し、例会で報告する機会も増えていった。例会終了後は駒澤大学周辺の居酒屋に場所を移し、例会での議論の延長戦や研究動向、史料情報など様々な話題が交わされた。会員の年齢やキャリアは多様であったが、権威主義や格式ばったところは皆無で、研究会全体で大学院生など若手研究者を育てるという雰囲気が濃厚であった。当時に比べれば規模は格段に大きくなったが、今でも日本植民地研究会にどことなくアットホームな雰囲気があるとすれば、この発足当初の空気が今も残っているからなのかもしれない。

しかし、このような小規模な研究会の分を超えた年報の発行は、発行所の負担で維持されたもので、それにも限界があった。一九九二年に龍渓書舎から年報の発行所辞退の申し出がなされ、研究会は年報第五号を自主出版することとなった。また、これを機に研究会を全国組織とすることになり、一九九二年九月に全国一三〇名の植民地研究者に対し加入の呼びかけ文が送付され新たに一〇〇名以上が会員となった。この際に会則も定められ、最初の代表委員に大森とく子、事務局長に疋田康行、編集長に高橋泰隆がそれぞれ就任し、現在の代表委員、事務局長、編集長を中心とする運営体制がつくられた。そして一九九三年七月に中国の代表的な満鉄研究者であった蘇崇民（吉林大学日本研究所）の記念講演「中国における日本帝国主義の『満州』支配史研究について」を中心に第一回全国研究大会が駒澤大学で開催された。これ以降、毎年全国研究大会が開催され、二〇〇七年七月一日に立教大学を会場として開催された第一五回大会に至っている。一九八六年一二月の創立からこれまでに開かれた研究会の数は延べ一三九回、そこでの報告数は延べ一五七報告にのぼる。こうした通常の研究会に加えて、一九九六年一一月九日には中国の吉林省档案館および満鉄資料館の訪日代表団との研究交流会がアジア経済研究所を会場に開催され、二〇〇一年二月二四日には鉄道史学会・東アジア近代史研究会との共催で趙煥林遼寧省档案館副館長による「遼寧省档案館所蔵『満鉄史資料』について」を開催するなど、中国の研究者や他学会との研究交流も行なわれてきた。年報第五号は自主出版であったが、この形式では市販ができず年報の普及に難があるため、第六号からは新たに総和社を発行所とした。この総和社を発行所とする体制は第一二号まで続くが、年報の製版がアテネ社、印刷・発売が総和社と別々に行なわれていた結果、年報の作成費がかさみ研究会の財政を圧迫する状態が続いた。その後、製版を委託していたアテネ社も出版を行なえることが分かり、年報の作成経費の削減を目的に発行所をアテネ社に一元化することになった。こうして年報『日本植民地研究』は第一三号からアテネ社を発行所として最新の第一九号まで発行されている。

その時々に問題や課題に直面しながらも、研究会活動は二〇年にわたって継続され、現在、日本植民地研究会は約一六〇名の会員を擁する学会となった。この二〇年の間に植民地研究の方法や対象も変化し多様化した。こうした変化や多様化しつつある植民地研究の研究動向を、今回、研究会の若手研究者を中心に総括し、新たな研究地平に向かうための礎として世に問うものが本書である。これは二〇年にわたる日本植民地研究会の活動の一つの到達点であると同時にこれからの活動への出発点でもある。これまで長く研究会活動を支えてきた会員の皆様や関係者の方々に、現在の事務局担当として感謝したいと思います。

なお、年報『日本植民地研究』に所収された論文等については日本植民地研究会のホームページでご覧いただけます。
(Http://wwwsoc.nii.ac.jp/sjcs/index.html)

二〇〇八年五月

須永　徳武

＊　＊　＊

本書は、二〇〇六年六月に開かれた日本植民地研究会の第一四回全国研究大会・共通論題報告「日本植民地研究の現状と課題」での報告と議論をもとにしている。この大会は、小林英夫代表委員、須永徳武事務局長、そして私が編集長という役員体制（任期二年）になって一年目に開催したものであったが、このような内容を役員で企画した背景には、本研究会が持つ独自の存在意義を再度確認したいとの想いがあった。植民地に関する研究は、近年、著しく進展するとともに、多様化・分散化している。こうしたなかで、研究対象地域・研究分野・研究方法などの違いを超えて研究者が集まっている本研究会の特色を、十分に活かした大会を開きたいと考えた。その結果、かつて「大日本帝国」の植民地であった地域を網羅するように、研究状況を地域ごとに並べて概観することで、研究全体の動向を把握し、今後の研究が取り組むべき課題や方向を議論するという企画が浮かんできたのである。また、研究会発足からおよそ二〇年が経ち、これまでの研究成果を振り返る時期にきていたことも、この企画を進めた要因になった。こうして、各地域に対する研究動向のレビューについては、研究会の「若手」である本書第二部の五つの章を執筆して頂いた方々に、コメントを岡部牧夫氏と加藤聖文氏に依頼したのであった。

この大会報告を、一冊の本にまとめようと話し始めたのは、実は大会前であった。五月に準備報告会を開いたとき、各報告の内容が充実していて、その相互関係も大変興味深かったため、何とか形として残すことができないかと考えるようになった。年報の発行でお世話になっているアテネ社に出版について打診をしたところ、幸いにも前向きな回答を得られた。大会は例年になく多くの人が集まり、活発な議論が交わされたので、アテネ社に正式にお願いしたところ、快く引き受けて下さることになって、本格的に出版に向けて動き出したのである。各地域の報告を担当した五人の方々に、出版の話をすると、すぐに賛同して頂いた。また、本としてまとめることになると、やはり各地域に対する研究のレビューだけでなく、次々と提示されている新たな研究視角や方法論について、その全体的な変化についても概観し展望する内容が必要であると考えた。これについては、岡部牧夫氏、戸邉秀明氏にお願いしたところ、こちらもすぐに引き受けてくださった。この年の秋には具体的なスケジュールが定まり、翌年発行の年報では刊行の予告を出すことができた。

このように、出版にむけて順調に進んでいたのだが、諸般の事情により、予定から大幅に遅れて、大会から二年が経つのを目前にして、ようやく刊行に漕ぎつけることができた。ひとえに編集を担当した私の力不足によるものであり、早くに原稿を提出して頂いた執筆者の方、またアテネ社、関係者の方々には、大変、ご迷惑をおかけした。この場をお借りしてお詫び申し上げたい。大会から二年が経つが、その分の研究動向も盛り込んで頂き、第二部各章の内容は報告当時からさらに充実したものになったと思う。第一部の二つの章についても、大変な力作を頂いたと考えている。快く執筆を引き受けて下さった七名の執筆者の方々には、心からの感謝を申し上げます。

論文集の編集を担当するのは初めてのことで、その難しさを知った。とりわけ、参照・引用文献の表記方法を統一することが、なかなか大変であった。執筆要領で統一を図ったつもりであったが、様々なタイトル表示などがあって、入稿後に再度、基準をつくらなければならなかった。なるべく統一を図ったつもりであるが、なお見落としているものもあるかもしれない。この点については、どうかご容赦頂きたい。研究会の編集長の任期は昨年六月に終わったが、その後も編集委員として残って、本書の編集に当ってきた。いま思えば、編集長として作業した時間よりもむしろこちらの編集作業にあたった時間の方が長かった気がする。その任が終わり、ホッとするとともに、研究会初めての編著の編集を担当させて頂いたことに感謝している。私を育てて頂いた研究会に、僅かばかりの恩返しができたとすれば幸いである。

刊行に当たって、編集作業を手伝って頂いた柳沢遊代表委員、平山勉編集長、谷ヶ城秀吉事務局員、そして企画当初から支えて頂いた小林英夫前代表委員、須永徳武事務局長、河西晃祐編集委員に、心から感謝申し上げます。最後に、出版事情が厳しい折りにもかかわらず出版を快く引き受けて下さり、多くの要望を受け入れて下さったアテネ社の吉村親義社長に、厚く御礼を申し上げます。

安達　宏昭

二〇〇八年五月

■**執筆者一覧**（掲載順・執筆時）

小 林 英 夫　早稲田大学大学院アジア太平洋研究科教授

岡 部 牧 夫　著述業（日本近現代史・国際関係）

戸 邉 秀 明　日本学術振興会特別研究員
早稲田大学非常勤講師

三ツ井　崇　同志社大学言語文化教育研究センター専任講師

谷ヶ城秀吉　立教大学経済学部助教

竹 野　　学　札幌医科大学医学部非常勤講師

千 住　　一　神奈川大学外国語学部非常勤講師

山 本　　裕　中国・大連理工大学外国語学院外籍文教専家
慶應義塾大学通信教育部経済学部兼任講師

須 永 徳 武　立教大学経済学部教授

安 達 宏 昭　東北大学大学院文学研究科准教授

日本植民地研究の現状と課題

発行日――2008年6月30日　初版第1刷
　　　　　2009年3月6日　　　第2刷

編　者――日本植民地研究会

発行者――吉村　親義

発行所――株式会社　アテネ社
〒101-0061
東京都千代田区神田三崎町2-11-13-301
電話03-3239-7466　FAX03-3239-7468
http://www.atene-co.com
郵便振替　東京00140-3-486413

 ISBN978-4-900841-42-0 C3030